LADY D.

ISABELLE RIVÈRE
et CAROLINE BABERT

LADY D.

roman

ROBERT LAFFONT

ISBN 978-2-221-10605-1

« Ils ont cru pouvoir me traiter comme une petite fille. Je vais leur montrer qui est la reine de ce pays. »

Victoria, le premier jour de son règne.

RÉSUMÉ DES ÉPISODES PRÉCÉDENTS…

1er septembre 1995	Diana fait la connaissance du docteur Hasnat Khan lors d'une visite au Royal Brompton Hospital de Londres.
30 novembre 1995	Un photographe du tabloïd *News of the World* surprend la princesse quittant l'hôpital au milieu de la nuit.
28 août 1996	Son divorce d'avec Charles est officiel. Elle fait part à ses plus proches amis de son intention de se remarier.
3 novembre 1996	La presse britannique révèle sa liaison avec Hasnat Khan.
14-15 janvier 1997	Diana est en Angola, où elle soutient le combat mené par la Croix-Rouge internationale contre les mines antipersonnel.
11 juin 1997	La jeune femme accepte l'invitation du milliardaire égyptien Mohammed Al-Fayed pour les vacances d'été.

19 juin 1997	Elle rend visite à Hillary Clinton, à la Maison-Blanche, avant de s'envoler pour New York, où elle retrouve Mère Teresa.
21 juin 1997	Elle passe la journée dans la famille d'Hasnat Khan, à Stratford upon Avon.
25 juin 1997	Christie's New York vend soixante-dix-neuf de ses robes du soir aux enchères, au profit de la lutte contre le sida et le cancer.
1er juillet 1997	La princesse fête son trente-sixième anniversaire.
11 juillet 1997	Début des vacances de Diana et de ses fils, William et Harry, dans la propriété tropézienne du clan Al-Fayed.
14 juillet 1997	Ils sont rejoints par Dodi, le fils de Mohammed Al-Fayed.
20 juillet 1997	La jeune femme et ses enfants rentrent à Londres.
22 juillet 1997	Rupture entre Diana et Hasnat Khan.
31 juillet 1997	La princesse et Dodi Al-Fayed entament une croisière en Méditerranée à bord du yacht *Jonikal*.
8 août 1997	L'ex-épouse du prince Charles s'envole pour la Bosnie, afin d'y poursuivre sa campagne contre les mines antipersonnel.
10 août 1997	Publication par le *Sunday Mirror* de photos montrant Diana et Dodi en train de s'embrasser.
28 août 1997	Lors d'une conversation téléphonique avec l'un de ses amis, la princesse qualifie leur liaison de « romance estivale ».

30 août 1997

15 h 20 : le jet privé du couple, qui rentre de Sardaigne, se pose sur l'aéroport du Bourget.

16 h 35 : arrivée des deux jeunes gens à l'hôtel Ritz, place Vendôme.

19 heures : ils quittent le palace pour rejoindre l'appartement de la famille Al-Fayed, rue Arsène-Houssaye, où ils comptent passer la nuit.

21 h 45 : Diana et Dodi renoncent à dîner Chez Benoît, un restaurant proche du Centre Georges-Pompidou, et regagnent le Ritz.

Minuit : fatiguée, la princesse convainc son compagnon de rester dormir dans la suite impériale de l'hôtel. Dodi fait rapatrier leurs bagages de la rue Arsène-Houssaye…

1.

1er septembre 1997

Un rayon de soleil se posa sur ses cheveux et caressa sa peau hâlée. Diana s'étira longuement entre ses draps de satin blanc, frissonnant de plaisir à l'idée de se savoir enfin de retour à la maison. Elle entendait les premiers promeneurs envahir les allées des jardins de Kensington et le pas pressé de Paul, son majordome, en train de s'affairer dans les pièces du rez-de-chaussée. Cette fois, c'était sûr, l'été était bel et bien terminé.

L'ex-épouse du prince Charles regarda la bague en or et diamants qui brillait à son annulaire droit. Elle revoyait le sourire de Dodi lorsque, la veille, à l'heure de partir pour l'aéroport, il avait passé l'anneau à son doigt.

— Merci, avait-il murmuré. Merci pour tout ce que tu m'as donné…

— Dans les histoires que me racontait mon père autrefois, les cadeaux de ce genre étaient des cadeaux de fiançailles, pas des cadeaux d'adieu, avait-elle répondu. Que vas-tu dire à ton père ?

— La vérité. Que nous nous aimons aussi tendrement qu'un frère et une sœur. Que ma princesse, libre et changeante comme un ciel d'orage, préférera toujours un toubib sans le sou à un millionnaire dans mon genre... Et qu'il était écrit que sa course vers le bonheur ne s'arrêterait pas avec moi.

Ils s'étaient quittés pleins d'affection l'un pour l'autre, sans même savoir s'ils se reverraient un jour. C'est ce qu'il allait falloir expliquer à Hasnat. Hasnat, son beau chirurgien, sa blessure... Elle l'avait voulu tout à elle. Trop, peut-être ?... Après un an et demi d'amour fou, ils avaient rompu en juillet. Depuis, ses lettres, les messages désespérés qu'elle avait laissés chez lui, sur son portable et au domicile de ses oncle et tante, Omar et Jane, à Stratford, étaient tous demeurés sans réponse.

Trois coups brefs la délivrèrent de ses sombres pensées. Paul Burrell passa la tête dans l'entrebâillement de la porte. « Votre Altesse Royale a-t-elle bien dormi ? » Le rire de la jeune femme résonna dans la chambre comme une petite musique légère et cristalline. Voilà plus d'un an qu'elle avait divorcé de Charles et dégringolé du piédestal où l'avait longtemps placée son appartenance au clan Windsor. Altesse royale, elle n'était plus, sauf pour son majordome qui, lui, n'arrivait toujours pas à s'y faire... Burrell posa le plateau chargé de porcelaine blanche au pied du lit.

— Son Altesse Royale a bien dormi, Paul, je vous remercie. Et pour fêter ça, Son Altesse Royale prendra un jus de citron dans un grand verre d'eau chaude, suivi de deux toasts avec un café.

— Mr Al-Fayed a fait livrer un très beau bouquet de roses jaunes pendant que vous dormiez. Où dois-je les placer ? Dans votre chambre ?

— Plutôt dans le grand salon... Je crois que je ne

connais pas d'homme plus gentil, plus prévenant… Une âme blessée, comme la mienne. Et Hasnat ?

— Toujours pas de nouvelles, Ma'am, je suis désolé.

— Je vous donnerai une lettre, tout à l'heure. Je voudrais que vous la lui remettiez en main propre.

— Avec plaisir, Ma'am.

— Arrêtez donc cinq minutes avec vos Ma'am… Ah ! avant que j'oublie… Vous vous êtes occupé du chauffeur ? demanda-t-elle en esquissant une grimace.

— Oui, je lui ai signifié son congé, comme vous me l'aviez demandé.

— Il n'a pas fait d'histoires ?

— Pas plus que ça, non…

— Je ne pouvais plus le supporter. Il m'espionnait, j'en suis sûre… Comment la presse aurait-elle pu imprimer toutes ces choses sur Hasnat et moi si elle n'avait pas été renseignée par quelqu'un d'ici ? Et qui d'autre que lui, vous pouvez me dire ?

— Je vais chercher quelqu'un pour le remplacer.

— Non, non, c'est inutile. Je n'ai besoin de personne, je peux parfaitement me débrouiller toute seule. Ça nous permettra en plus de faire des économies… Au fait… je ne vous ai même pas encore demandé comment vous trouviez la nouvelle déco du premier étage. Pas mal, hein ?

— L'ensemble est très réussi, Ma'am, vraiment très réussi.

— Savez-vous si Brandon a pu passer une facture ou deux sur le compte de Charles ?

— Je crois que le prince de Galles a consenti à régler une partie des travaux du couloir parce que les murs avaient été touchés par la fuite de la gouttière *avant* que votre divorce soit prononcé. Mais j'ai cru comprendre que c'était à peu près tout.

— C'est tout lui, ça !... En même temps, je peux difficilement lui en vouloir. Vous savez quoi ? reprit Diana en étouffant un bâillement. Il me semble que Charles et moi ne commençons à nous comprendre que maintenant. C'est bizarre, non ? Quand il est venu prendre le thé ici... C'était quand ? En juin ?... Je l'ai trouvé calme, drôle, en pleine forme. Sa blonde lui fait apparemment un bien fou... Qu'est-ce qu'il y a, Paul, vous ne dites rien ?

— Vous n'allez pas à votre cours de gym, ce matin ? Nous sommes lundi...

— Je viens à peine de rentrer et vous voudriez déjà me voir repartir ! Tssss... Après le petit déjeuner, j'irai passer un moment dans le jardin. J'ai plusieurs coups de fil à donner et une montagne de courrier à éplucher. Comme ça, vous aurez le champ libre pour changer les fleurs dans toute la maison. Je suppose que c'est à ça que vous pensez, non ?

Elle marqua un temps d'arrêt.

— Sinon, quelles nouvelles ?

— Si vous souhaitez jeter un œil aux quotidiens de ces quinze derniers jours, je les ai posés sur la console. Autant vous prévenir, on n'y voit que vous...

— Je n'ai fait que leur donner ce qu'ils voulaient, vous savez. Une princesse bronzée jouant la comédie du bonheur sur un yacht de milliardaire... Je me demande d'ailleurs ce que tous ces journaux vont bien pouvoir trouver à écrire, maintenant que Dodi et moi sommes séparés. Vous les croyez capables de me ficher la paix ? Moi, ça m'étonnerait...

Au ton de sa voix, le domestique comprit que la « patronne » se trouvait à nouveau aux prises avec d'insolubles conflits intérieurs. Tout au long du mois d'août, Diana avait fait en sorte d'offrir aux journalistes et aux photographes du monde entier le spectacle d'une femme heureuse et libre, enfin délivrée des démons de son passé. Dans les bras de Dodi Al-Fayed, elle s'était livrée à la curiosité du public, précédant les moindres désirs des paparazzi, telle une actrice prête à toutes les compromissions pour s'attirer les faveurs d'un metteur en scène. Son exclusion de la « firme[1] », il y a un an presque jour pour jour, n'avait fait que renforcer sa détermination à rester coûte que coûte dans le *royal show*. La médiatisation planétaire de ses aventures en Méditerranée avait achevé de faire d'elle la plus grande vedette de tous les temps. À l'avenir, Charles, ses conseillers et sa famille devraient, certes, continuer de compter avec elle. Mais à quel prix...

— Je ne suis pas fâchée d'être rentrée..., poursuivit la princesse en enfilant un peignoir. Cet étalage de luxe commençait à me donner le tournis. Et les sièges de l'avion d'hier soir ! Roses ! Non mais, quelle rigolade ! En revanche, vous savez quoi ? Dodi m'a fait visiter la maison du duc et de la duchesse de Windsor, près de Paris. Impressionnant... Il paraît que, de son vivant, l'oncle David avait fait accrocher des portraits de Wallis sur tous les murs. C'est là qu'on voit qu'il était très amoureux... très très amoureux, même...

Burrell n'ignorait rien des dangers qui guettaient la princesse. Il n'était encore qu'un simple valet quand la timide et rougissante Lady Spencer avait emménagé à Buckingham, peu après l'annonce de ses fiançailles avec l'héritier du trône. Il gardait le

1. Terme employé par plusieurs membres du clan Windsor pour désigner la famille royale.

souvenir d'une petite fille aux grands yeux apeurés, peinant à retrouver son chemin dans le dédale des corridors du palais et qui, dans les moments de spleen, se laissait aller à pleurer sur son épaule. Les manières enjouées du fidèle majordome masquaient tant bien que mal une inquiétude qu'il n'était pas sûr de pouvoir dissimuler encore bien longtemps. Depuis qu'elle ne bénéficiait plus de la protection de Scotland Yard, Diana était une proie facile et sans défense, offerte à la curiosité insatiable – jusqu'à en devenir malsaine – de ses admirateurs. Dans les dîners, il n'était pas rare de voir d'autres invités – des femmes, surtout – tourner autour de sa table en essayant de la toucher. Idem sur les pistes de danse, où certains couples n'hésitaient pas à la bousculer légèrement dans l'espoir de croiser son regard ou, mieux encore, de lui arracher un sourire. Il ne lui était plus possible non plus de faire ses achats tranquillement dans un magasin ni de laisser les rideaux des fenêtres ouverts dans les hôtels où elle descendait. Et que dire de tous ces parasites qui se bousculaient autour d'elle ? Autrefois promise à un destin de reine, la jeune femme menaçait de basculer dans l'univers caviar-champagne-paillettes des jet-setteurs. Lancée dans une quête d'identité qui semblait ne devoir jamais finir, elle découvrait depuis peu un monde nouveau pour elle, bien plus excitant que l'univers vieillot et compassé de l'aristocratie dans lequel elle avait grandi, à mille lieues de ces cercles royaux qui avaient étouffé sa jeunesse et brisé sa vie de femme. Dodi était généreux et sincère, mais avait-il jamais représenté autre chose pour elle que la tentation d'une vie facile ?

— Voyons, Paul, vous savez bien que vous êtes le seul homme qui compte vraiment pour moi ! lui lança Diana sur un ton moqueur. Impossible de rien lui cacher... Cette diablesse avait le don de lire dans les pensées... Allez donc vous chercher une tasse, vous aussi, reprit-elle. Nous avons des milliers de choses à nous raconter.

Burrell commença à verser le thé.

— Vous apprendrais-je quelque chose si je vous disais que le prince de Galles s'est mis en tête d'épouser Mrs Parker-Bowles ? demanda-t-il d'une voix qui trahissait un soudain embarras, tout en disposant un demi-pamplemousse, une corbeille de pain chaud et un pot de miel sur une petite table ronde.

— Alors là, aucun risque... Je suis prête à parier ma chemise que jamais Mummy ne le laissera faire.

— On raconte que le mariage pourrait avoir lieu d'ici deux ou trois ans.

— Pffft ! La Rottweiler n'a aucune chance de se faire accepter ! Souvenez-vous de ce que m'a un jour écrit Philip : « Dans sa position, Charles serait fou de tout risquer pour Camilla. » Mon ex est bien trop faible pour affronter ses parents sur ce terrain, vous le savez aussi bien que moi. Pendant des années, je me suis battue pour essayer de rétablir un semblant de dialogue entre eux et lui. Et je sais aujourd'hui qu'il n'y a plus rien à espérer de ce côté-là.

— Qui sait ? Les temps changent, Ma'am... Et avec l'arrivée au pouvoir de Tony Blair... On le dit favorable à une régularisation rapide du statut de Mrs Parker-Bowles.

— Bouh ! Il n'osera pas... Il aurait trop peur de me faire de la peine. Mais vous avez peut-être raison, après tout... J'ai un déjeuner prévu dans quelques jours avec sa femme... Je vais tâcher d'aborder le sujet d'une manière ou d'une autre... Tony Blair ! Et moi, je deviens quoi dans tout ça ? Peut-être aimerait-on me voir quitter la scène gentiment, sur la pointe des pieds ? Jamais, Paul, vous m'entendez, ja-mais !

Sa tasse à la main, Diana faisait à présent les cent pas sur la moquette de la chambre.

— Ils s'imaginent qu'ils vont réussir à me mettre à l'écart, mais ils se trompent tous lourdement. Et d'ailleurs, quand j'y réfléchis, je ne vois pas Charles se remarier aussi vite. Il a ce qu'il voulait, non ? Le voilà désormais seul en pleine lumière, discrètement épaulé par une femme pas trop voyante... Et puis, il est si indécis... Non, vraiment, j'ai beaucoup de mal à y croire. D'ailleurs, j'ai presque de la sympathie pour la Parker-Bowles. Dépendre comme ça d'un homme torturé par le doute, coincé par sa famille et ses obligations... pas terrible, vous serez d'accord avec moi...

La sonnerie du téléphone interrompit le monologue de la jeune femme. Paul se précipita pour décrocher.

— Le prince William, Ma'am !

La princesse poussa un petit cri de joie et lui arracha littéralement le combiné des mains. Le majordome s'éclipsa discrètement.

Wills avait mal vécu la publicité faite aux amours de sa mère tout au long de l'été, mais n'en laissa rien paraître. Il commença par lui donner des nouvelles de la famille et de l'Écosse :

— Il pleut à seaux, comme d'habitude, lui dit-il. Grand-père a été super, on a fait plein de balades dans les collines. Harry, lui, s'est éclaté en 4 × 4 avec ses gardes du corps. Je ne pourrai pas te le passer, d'ailleurs, il est encore en vadrouille. Avant-hier, il a failli être puni après avoir plié l'avant d'une des

Rover de grand-mère. Papa a un peu râlé, mais bon, tu le connais… ça s'est vite tassé.

— Et Granny ?

— En pleine forme. J'ai l'impression qu'elle a passé un peu moins de temps que d'habitude sur ses boîtes rouges[1]. Grand-père m'a dit qu'elle était contente que nous soyons restés avec elle tout le mois d'août.

Diana réalisait que son aîné était en train de devenir un Windsor, un vrai. Sérieux, réfléchi, mais aussi très angoissé à l'idée de devoir un jour embrasser un destin qu'il n'avait pas choisi, il s'était beaucoup rapproché de Charles et de la reine Elizabeth, à qui le liait désormais une très grande complicité. La princesse de Galles n'était pas jalouse. Depuis qu'il était né, William n'avait jamais cessé de faire son bonheur et sa fierté.

— On est contents de rentrer ce soir. Je me ferai préciser les horaires par papa, si tu veux, mais je crois que ce sera un peu tard dans la nuit.

— Ne t'inquiète pas, mon chéri. Je m'étais dit que nous pourrions peut-être aller dîner tous les trois chez Da Mario, mais nous remettrons ça à un autre jour.

Avant de raccrocher, mère et fils échangèrent quelques réflexions amusées sur les dernières farces du prince Andrew et les nouveaux gadgets fabriqués par Philip pour son barbecue. Au son de la voix de son aîné, Diana avait retrouvé toute sa bonne humeur. Oubliés Hasnat, Dodi… De toute façon, la journée s'annonçait bien remplie. Sam, son coif-

1. Désigne les mallettes de cuir rouge dans lesquelles sont transmis quotidiennement à la souveraine toutes sortes de documents officiels en provenance des ministères et du Parlement.

feur, serait là un peu avant onze heures. Suivraient Lily, son acupuncteur, qui avait promis de la soulager de ses insomnies, puis Brandon Waite, son conseiller et comptable. Elle avait ensuite donné rendez-vous à son amie Rosa pour un déjeuner entre filles chez Thomas Goode, sur South Audley Street. L'après-midi serait consacré à des essayages avec Jacques Azagury.

Et ce soir ? Voilà encore sept ou huit ans, Sarah et elle auraient pris la voiture et roulé, roulé, sans autre but que celui de profiter de l'instant présent. Fergie, sa copine Fergie et sa tête de cartoon… Depuis leur dernière dispute, il y avait déjà plusieurs mois de cela, elle avait bien dû lui laisser une vingtaine de messages. « Allez, Duch', *pleaaaase*, fais pas la tête, rappelle-moi… » Une belle amitié ? La princesse avait longtemps souffert de voir les Windsor lui préférer la duchesse d'York, « plus avenante, plus rigolote », disaient-ils. Sans rien en laisser paraître, l'épouse du prince Andrew avait, quant à elle, ressenti comme une criante injustice la popularité planétaire de sa belle-sœur. Il y avait eu beaucoup de jalousies, d'indiscrétions, de rivalités qui n'avaient jamais osé dire leur nom. Jusqu'à cette histoire idiote racontée par Fergie dans ses mémoires… « Des verrues plantaires qu'elle aurait attrapées en essayant mes chaussures… Quelle punaise, celle-là ! Bon, allez… Ne restons pas comme ça, c'est trop bête… », se dit Diana en fouillant dans son sac à main à la recherche de son portable. Voyant la porte de la chambre ouverte, Paul entra dans la pièce et déposa trois robes sur le lit. À la réflexion, une réconciliation avec « Calamity Fergie » pouvait bien attendre encore quelques heures. L'urgence, c'était de choisir une tenue pour le dîner de gala du lendemain, sa première grande apparition publique de la rentrée. Les cheveux blondis par le soleil, la silhouette mâtinée de rondeurs nouvelles nourries de farniente estival, la princesse se sentait plus glamour que jamais. Laquelle des trois mettrait le mieux sa beauté en valeur ? La noire, tout en satin et strass ? La blanche tissée de fils d'argent, qui rehausserait son bronzage ? Ou la rouge, rouge comme ce feu qu'elle sentait monter en elle à l'approche de ses retrouvailles avec ses fans ? La jeune femme contempla longuement son image dans la psyché. Elle ébouriffa ses cheveux et prit la pose, comme si les flashes des photographes crépitaient autour d'elle. Puis elle ôta son pyjama et glissa ses formes nerveuses et souples dans le fourreau vermillon. Marchant sur la pointe des pieds, elle alla se poster en haut du grand escalier qui menait au rez-de-chaussée de ses appartements.

— Paauuul !

— Oui, Ma'am, répondit Burrell en apparaissant au bas des marches.

— Qu'en pensez-vous ? Vous verriez ça avec des escarpins ou avec des talons aiguilles ? Et pour les boucles d'oreilles ? Diamants, rubis, rien du tout ?

Le majordome, qui penchait plutôt pour les escarpins et les rubis, donna gentiment son avis. Satisfaite, Diana retourna dans sa chambre, se déshabilla et se rendit dans la salle de bains. Elle fit couler l'eau dans la baignoire, y versa quelques gouttes d'huiles essentielles de géranium et de lavandin. « Va pour les talons aiguilles. Et maintenant, à nous deux, Londres… Me revoilà ! »

2.

Septembre 1997

Le carillon de Big Ben sonna une heure. De la brume qui montait des eaux noirâtres de la Tamise jaillit une silhouette recroquevillée sous un manteau de pluie. Novembre, fenêtre grande ouverte sur l'hiver, avait pris Londres par surprise... Un froid glacial rendait plus impénétrable encore cette nuit sans lune où des nappes cotonneuses s'enroulaient autour des réverbères. L'homme se glissa entre les grilles entrouvertes d'Old Palace Yard, l'une des cours du Parlement de Westminster. Une lampe torche à la main, il s'engouffra à l'intérieur du bâtiment par une petite porte grinçante et se retrouva dans un hall triste et froid comme une nef de cathédrale. « Edward Hyde, où est-il déjà, celui-là ?... » Arrivé à hauteur de la statue du premier comte de Clarendon, il passa la main entre les pieds du vieux lord et actionna un mécanisme caché dans les plis de son manteau de pierre. Un large pilier gravé de roses Tudor s'ouvrit en deux, découvrant l'entrée d'une galerie que baignait une lumière sourde dont l'extrémité semblait se perdre dans les entrailles de la terre.

Le pas lourd de frère Régent résonnait à présent sur de larges dalles aux contours irréguliers. Tout en marchant, il regardait son ombre se projeter sur les statues monumentales des grandes figures de l'histoire de l'Angleterre alignées le long des murs. Edward le Confesseur, Guillaume le Conquérant, Richard Ier Cœur de Lion… Les colosses se détachaient de la pénombre, fixant du regard leur visiteur nocturne, un demi-sourire accroché à leurs lèvres de marbre. Après avoir dépassé l'extrémité sud de Westminster Hall, il bifurqua légèrement sur la gauche et, se courbant à demi, pénétra dans un tunnel aux parois boueuses, consolidées çà et là par des planches de bois. Le boyau zigzaguait dans le ventre du Parlement sur près d'une centaine de mètres. Il lui fallut plus d'un quart d'heure pour traverser la Chambre des communes et parvenir, plus à l'est, aux premiers murs de soubassement de la Chambre des lords.

Frère Régent entra dans une cave voûtée où flottait une odeur de moisissure et de suie, faiblement éclairée par la flamme dansante de douze cierges disposés autour de ce qui ressemblait à un autel. Il se débarrassa de son imperméable et tira de l'une de ses poches un cordon ivoire où pendait une figurine représentant un chevalier en armure, qu'il passa autour de son épaule gauche et ajusta à hauteur de sa taille. Il enfila ensuite une cape de velours brun doublée de taffetas blanc qu'il avait trouvée pliée à ses pieds, sur un coffre. Après avoir revêtu un béret de couleur identique bordé de plumes, il sortit de son manteau un long collier formé d'anneaux d'or encerclant des croix de Saint-George. Onze silhouettes, drapées comme lui de brun et de blanc, sortirent alors de la pénombre et prirent place en silence sur des sièges disposés en cercle au centre de la pièce. Les visages, dont il était malaisé de distinguer les traits, étaient tournés vers l'autel, recouvert d'un linge brodé d'inscriptions en latin.

— Nous n'attendions plus que vous pour commencer.

Sous une petite voûte en berceau était assis le Vénérable Tannifer, que rien ne distinguait de ses condisciples, sinon la chevalière ornée d'un lapislazuli qui brillait à l'index de sa main droite. Lorsque le retardataire eut gagné sa chaise, il se leva lentement. D'un geste dont on sentait que le caractère théâtral avait dû être longuement étudié, il invita le frère qui lui faisait face à énoncer l'ordre du jour. Un livre épais comme une bible, relié d'une fine pellicule d'argent, était ouvert sur les genoux du Veilleur. Sur la double page n'était écrit qu'un seul mot : Athelstan.

— Mes frères, commença le Vénérable, l'ordre de Chester va devoir se montrer digne de la mission qui lui a été confiée il y a plus de mille ans. Les âmes damnées qui détiennent la couronne d'Athelstan menacent à nouveau le trône d'Angleterre.

Frère Lester se leva brusquement de son siège.

— Comment le savez-vous ?

— Un dessin représentant une fleur de mandragore est arrivé hier matin au courrier de la reine Elizabeth.

Un murmure d'effroi parcourut l'assemblée des Douze.

— Vous n'en avez pas soupé, vous, de cette histoire ? s'énerva frère Régent. Le fameux réseau Athelstan ! Composé d'hommes sans identité ni visage, supposés comploter depuis plus de dix siècles dans le but de renverser la monarchie et de plonger le pays tout entier dans le chaos… De Guy Fawkes et sa conspiration des Poudres[1] à la débauche du duc de Clarence en passant par la guerre des Roses et la décapitation de Charles Ier, on les a rendus responsables de tout. Mais a-t-on seulement l'ombre d'un indice qui puisse laisser penser que Fawkes appartenait bien à la nébuleuse Athelstan ? Eh bien, non ! Personne n'a jamais vu ni ces types ni la couronne dont ils sont supposés se réclamer, si tant est qu'elle existe.

— Nous n'avons jamais pu apporter le moindre début de réponse à toutes ces questions, admit le Vénérable. La seule chose dont nous sommes sûrs, c'est que chaque réapparition de la fleur de mandragore précède invariablement de longues périodes d'instabilité pour le trône. Réfléchissez… Il a bien fallu une main pour le poster, ce dessin, non ?

— Soit, interrompit frère Régent, alors à quoi ressemble-t-elle, cette couronne ?

— Ceci est de la compétence de frère Sentinelle. Je vous en prie, avancez-vous, frère Sentinelle…

Un homme au visage long et pâle, creusé de rides qui paraissaient lui dévorer le visage, vint se placer sous la lumière des cierges de l'autel.

— La couronne d'Athelstan aurait été un simple bandeau d'or de facture assez grossière, surmonté de quatre fleurs de lys disposées à la manière des quatre points cardinaux. Chacune d'elles serait sertie d'un rubis de taille assez significative, symboli-

1. Fomenté par un groupe de catholiques, ce complot visait à tuer le roi protestant James Ier, sa famille ainsi qu'une grande partie de l'aristocratie en faisant exploser plusieurs dizaines de barils de poudre au palais de Westminster pendant la cérémonie d'ouverture du Parlement, le 5 novembre 1605. Guy Fawkes fut arrêté alors qu'il s'apprêtait à y mettre le feu.

sant l'œil du monarque, la surveillance de chaque instant qu'il était censé exercer sur toutes les provinces du royaume. À l'intérieur du bandeau se trouveraient des fragments de la pierre du couronnement. Pas celle que nous avons rendue l'année dernière aux Écossais, non… Je parle de la pierre d'origine… de la vraie, si vous préférez.

— Qu'est-ce que c'est encore que cette histoire ? s'exclama le Voyageur.

— Un peu de silence !… tonna le Vénérable. Poursuivez, frère Sentinelle, poursuivez…

— L'authenticité de la pierre sur laquelle Elizabeth II a été sacrée reine en 1953 est un sujet qui a toujours fait débat. L'histoire officielle dit que Lia Fail – son nom en gaélique – a été rapportée d'Écosse en 1296 par le roi Edward Ier. Quelques années plus tard, elle a été encastrée à l'intérieur du socle de la fameuse chaise sur laquelle, par la suite, tous les rois d'Angleterre ont été couronnés. Mais plusieurs experts ont contesté cette version…

Fascinés, les membres de l'ordre de Chester en oubliaient l'humidité qui suintait des murs de la salle des Éphémères et les odeurs lourdes et grasses, échappées de la Tamise toute proche, qui refluaient jusqu'à eux.

— À l'approche des troupes d'Edward Ier, les moines écossais de l'abbaye de Scone, gardiens de la pierre depuis plusieurs siècles, l'auraient en fait cachée dans un endroit connu d'eux seuls et remplacée par une copie. Un récit, transmis de génération en génération dans la famille des comtes de Mansfield, propriétaire des terres sur lesquelles se trouvait autrefois l'abbaye, laisse entendre qu'à la fin du XVIIIe siècle, deux employés du domaine ont découvert l'existence d'une chambre secrète creusée dans le flanc de la colline de Dunnsinnan. Comme il pleuvait à torrent ce jour-là, il est possible que celle-ci ait réapparu à la suite d'un glissement de terrain. Les garçons de ferme ont raconté avoir vu à l'intérieur une pierre posée sur quatre pieds. La description qu'ils en ont faite ressemblait étrangement à celle de Lia Fail, mais le temps que quelqu'un retourne sur les lieux, la tempête avait à nouveau masqué l'entrée de la cavité.

— Peut-être pourriez-vous nous rappeler brièvement l'importance de cette pierre..., l'interrompit le Vénérable.

— Lia Fail symbolise à elle seule les fondements de la monarchie britannique, le roc sur lequel l'édifice royal tout entier repose. La légende veut qu'elle ait servi d'oreiller à Jacob, la nuit où Dieu lui est apparu. Moïse lui-même l'aurait tenue entre ses mains. Elle aurait été apportée en Écosse en l'an 330 avant Jésus-Christ. C'est là qu'un ange aurait été envoyé pour enseigner aux hommes le rituel du couronnement sur la pierre elle-même, rituel demeuré quasiment inchangé jusqu'à aujourd'hui.

— Athelstan aurait découvert l'existence de Lia Fail après sa victoire sur Constantin II, roi des Scots, à Brunanburh, en 937, poursuivit le Vénérable. Une fois la bataille terminée, Constantin lui aurait fait porter des fragments de la pierre en gage de sa soumission. Athelstan, qui était un souverain très pieux, collectionneur de reliques, a fait enchâsser ces fragments à l'intérieur de sa couronne afin d'asseoir une fois pour toutes le caractère divin de son autorité. Un document de l'époque, considéré par certains experts comme l'un des textes fondateurs de nos institutions, désigne d'ailleurs clairement celle-ci comme le symbole à tout jamais inaliénable de l'origine divine du pouvoir royal. *Æthelstanus Rex Anglorum per omni patrantis dexteram totius Bryttaniae regni solo sublimatus*… « Athelstan, roi de tous les Anglais, placé sur le trône par la main du Tout-Puissant… » Si l'on s'en tient à ce qui est écrit, seul l'homme ou la femme qui ceint cette couronne a le droit de régner sur la Grande-Bretagne.

— Comment a-t-elle été perdue ? demanda frère Voyageur.

— Elle n'a pas été perdue mais volée, six ans après la mort d'Athelstan. Le 26 mai 946, une rixe causée par une certaine Leofa éclate à la cour alors que le roi Edmund et sa suite se trouvent à Pucklechurch, dans le Gloucestershire. En tentant de s'interposer, Edmund est poignardé à l'estomac par un inconnu. Profitant de la panique, un ou plusieurs individus réussissent à s'emparer de la couronne et de tous les autres attributs du pouvoir royal – sceptres, crosse, bracelets… – et à quitter les lieux sans être inquiétés. Résolus à protéger coûte que coûte leur légitimité, les successeurs d'Edmund, Edred, Edwig et Edgar, feront en sorte que le vol ne soit jamais relaté dans aucun document. L'affaire deviendra ainsi une sorte de secret de famille. On fera d'abord croire que la couronne a été enfermée dans un lieu secret afin de la soustraire à de prétendus envahisseurs venus du continent. Puis il n'en sera plus jamais fait mention.

— Voilà pourquoi saint Dunstan, soucieux de protéger les futurs occupants du trône d'Angleterre contre d'éventuelles tentatives de renversement, a créé l'ordre de Chester en 950, conclut le Vénérable. À l'origine, les Douze étaient des chevaliers recrutés dans les meilleures familles du royaume et formaient la garde rapprochée du souverain.

— Nous sommes en septembre 1997 et plus au Moyen Âge…, intervint frère Veilleur. Une poignée d'hurluberlus voudrait renverser Elizabeth II ? Mais l'armée les en empêchera ! Un coup d'État ! Et pourquoi pas une révolution ?

— Dans l'Histoire, des dizaines de rois ont été chassés puis remplacés par d'autres sans que la Terre s'arrête de tourner pour autant, rétorqua frère Prieur. Les hommes politiques sont peu dignes de confiance, les opinions publiques versatiles… Il me semble que le monde n'est pas moins instable aujourd'hui qu'il y a deux cents ou cinq cents ans.

— Les membres de la famille royale pourraient-ils se trouver directement… je veux dire… physiquement menacés ? interrogea le Voyageur.

— Difficile à dire, répondit frère Régent. Il est bien évident que nous allons renforcer la surveillance autour de la reine Elizabeth et de son époux, le prince Philip. De nouvelles mesures seront prises pour protéger le prince Charles et ses fils, William et Harry, tout comme la princesse de Galles. Bien qu'elle soit divorcée, sa popularité fait d'elle une cible de choix.

Diana se réveilla en sursaut. « Pfff…, murmura-t-elle. Quel cauchemar, mes aïeux ! » Elle tendit le bras pour atteindre l'interrupteur de sa lampe de chevet et cligna des yeux sous l'effet de la lumière. Puis elle jeta un œil à sa montre. Deux heures… Trop tôt pour se lever. Trop tard pour papoter au téléphone. « Mmmm… Et pourquoi pas, après tout ? On ne sait jamais… » Elle attrapa son portable et composa le numéro d'Hasnat Khan. Après quatre sonneries, la voix chaude et grave du médecin retentit sur sa messagerie. « C'est moi, *darling*, s'enharditelle. Je sais qu'il est tard, mais je n'arrive pas à dormir et je me disais que si tu étais de garde, nous aurions pu… je ne sais pas… prendre le temps de discuter un peu. Voilà. Rappelle-moi quand tu veux. » La princesse posa son mobile à côté d'elle sur le matelas, et se cala confortablement contre ses oreillers. « Il ne va pas pouvoir résister, j'en suis sûre… » Son esprit se mit à vagabonder. La soirée organisée à l'hôtel Dorchester au bénéfice de l'hôpital pour enfants de Great Ormond Street avait tenu toutes ses promesses. Une bonne centaine de photographes l'attendaient à sa descente de voiture. « Tournez la tête par ici, Ma'am ! Non, par ici, Ma'am, s'il vous plaît ! Encore une seconde, Ma'am !… » Elle avait bien fait de mettre cette nouvelle robe blanche Catherine Walker : décolletée, moulante et en même temps d'une élégance folle… « Ça donnera sûrement de très jolies photos, se dit-elle. Il ne faut pas que Paul oublie d'aller me chercher les journaux… » Fêtée comme une reine, elle s'était fendue d'un petit discours, ma foi très applaudi, et avait rassuré son auditoire sur la poursuite de son engagement au service des malades et des plus démunis. « Aujourd'hui dégagée de mes obligations officielles, je suis plus que jamais déterminée à intensifier mon action humanitaire et caritative et à me battre à vos côtés. » Voilà qui était bien formulé. Diana ferma les yeux. « Il ne faut pas que je me rendorme, Hasnat va sûrement rappeler. Oui… il va sûrement rappeler… »

« D'autres questions ? »

Dans l'assemblée des Douze de Chester, aucune voix ne s'éleva. Un mince filet d'air glacé faisait maintenant frissonner les membres de l'assemblée et vaciller la flamme des cierges. Dressés dans le froid et l'humidité, ceux-ci dégageaient une fumée âcre qui imprégnait les bouches, les cœurs et les vêtements. Une odeur entêtante de cire tiède engourdissait les esprits. Le Vénérable s'avança au centre de la pièce et leva doucement les deux mains vers le ciel, invitant ses frères à quitter leur siège. L'heure de lever la réunion était venue.

Dehors, Big Ben sonna trois heures. Les pas des Douze, redevenus de simples messieurs en redingote, glissèrent à nouveau sans bruit sur les dalles des souterrains de Westminster. Les épaules courbées, comme alourdies par la certitude d'événements terribles à venir, leurs silhouettes fantomatiques s'éparpillèrent dans la nuit londonienne, rapidement englouties par l'obscurité. Un épais brouillard nimbait la dentelle de pierre des bâtiments de la Chambre des communes et les lampadaires de Westminster Bridge. Frère Régent s'engagea sur le pont à longues enjambées. Le menton rentré sur la poitrine, le visage perdu dans la pénombre, il fixait la pointe de ses souliers sans même jeter un œil aux eaux noires et scintillantes que la Tamise déroulait sous ses pieds. Les Douze, et lui-même peut-être plus encore que les autres, avaient conscience des menaces qui pesaient sur le trône de saint Edward. S'il est vrai que les rois et les reines sont l'âme de l'Angleterre, alors Elizabeth II ne pouvait pas, ne devait pas, être la dernière…

À l'invitation du majordome du 10, Downing Street, la princesse de Galles prit place dans un confortable sofa. Tony Blair lui avait fixé rendez-vous à dix-sept heures. En jetant un rapide coup d'œil à sa montre, elle réalisa qu'elle était en avance de quelques minutes. «J'espère qu'il ne va pas me faire poireauter trop longtemps», songea-t-elle en promenant distraitement son regard sur les tableaux de maître accrochés aux murs. La jeune femme et le Premier ministre s'étaient déjà vus à plusieurs reprises. Avant même son arrivée au pouvoir, début mai, le leader du New Labour avait demandé à la rencontrer et l'avait conviée à un dîner informel en famille dans sa résidence de Trimdon Colliery, au nord-est du pays. Jeune, ambitieux et brillant, il avait immédiatement mesuré l'énorme bénéfice qu'il pourrait tirer, en termes de popularité, d'une collaboration avec la «Reine des cœurs», et soutenait ouvertement le combat contre les mines antipersonnel qu'elle menait depuis le début de l'année au côté de la Croix-Rouge internationale. Moins de trois semaines après son entrée en fonction, son ministre des Affaires étrangères, Robin Cook, avait annoncé l'abandon définitif par la Grande-Bretagne de toute forme de commerce et d'utilisation de ces engins de mort. Manifestement, Blair était un homme pressé de faire bouger les choses. Diana aimait ça.

Fin mai, au cours d'un déjeuner dans sa résidence officielle de Chequers, il lui avait laissé entendre qu'il pourrait rapidement proposer sa nomination aux fonctions d'ambassadrice de bonne volonté du royaume pour toutes les questions humanitaires. «Il faudra simplement veiller à ce que votre action n'empiète pas sur des terrains déjà occupés par d'autres membres de la famille royale, avait-il suggéré. Et, surtout, faire en sorte que jamais vous ne vous trouviez en concurrence avec le Prince's Trust, l'organisation caritative de votre ex-mari.» Mais tout se goupillait à merveille. Bien que Charles n'ait jamais exprimé publiquement la moindre opinion politique – son statut d'héritier du trône le lui interdisait –, la princesse savait qu'il s'était réjoui lui aussi de la victoire des travaillistes aux élections générales. Entre le futur roi d'Angleterre et le nouveau maître de Downing Street existait une vraie communauté d'idées autour de la lutte contre le chômage et de l'insertion des jeunes. « Aie confiance, ma fille, se dit-elle. Si tout se passe comme tu le crois, alors le poste dont tu rêves sera bientôt à toi. »

La porte s'ouvrit sur un Tony Blair souriant et en bras de chemise.

— Heureux de vous revoir, Ma'am !

— Heureuse de vous revoir, moi aussi. Comment vont Cherie et les enfants ?

— Bien, bien, merci.

— Vous vous êtes remis sans trop de difficulté de votre premier week-end à Balmoral ? Pour ne rien vous cacher, Charles m'en a touché deux mots et... Ne le prenez pas mal, mais j'ai bien ri.

— Aïe !... Il vous a donc raconté Balmoral ?...

— Ne vous tracassez pas... Ça fait toujours cet effet-là, la première fois.

— Le plus dur, ç'a a été les corgis. Quelles... quelles sales bestioles !

— Chhhh... Surtout ne redites jamais une chose pareille ! Ma belle-mère, pardon, mon ex-belle-mère ne vous le pardonnerait pas...

— Vous saviez que ces trucs-là avaient une passion pour les escarpins mauves ? Le samedi soir, ma femme a passé tout le dîner les jambes à quatre-vingt-dix degrés parce que Willow en voulait à ses chaussures et à ses mollets. Demandez-lui de vous raconter... Depuis qu'on est rentrés, elle est intarissable...

— La survie en milieu royal hostile, c'est comme

tout, ça s'apprend... Je lui donnerai quelques astuces qui pourront lui servir.

— Il faudra bien qu'elle s'y fasse, puisque nous y aurons droit une fois par an ! s'esclaffa Tony Blair. Mais passons à côté, si vous le voulez bien, le thé doit être servi.

Le chef du gouvernement fit entrer la princesse dans un petit salon rouge et l'invita à s'asseoir dans une des deux bergères disposées de part et d'autre d'une table basse chargée de porcelaine et de gâteaux secs.

— Oh ! s'exclama la jeune femme, les biscuits Duchy Originals de Charles ! Entre nous..., susurra-t-elle avec un léger sourire en coin, il vous en a déjà fait envoyer combien de boîtes ?

— Nous en avons déjà un plein placard, aux cuisines. Cela dit... cette gamme de produits biologiques qu'il a lancée pourrait bien finir par se révéler une énorme réussite commerciale. Je ne sais pas où il va chercher toutes ces idées. J'ai beaucoup discuté avec lui cet été et, sincèrement, il m'épate. C'est un homme intéressant et plein de bon sens. Qui, en prime, ne m'a dit que du bien de vous.

— Vous devriez écrire à tous les rédacteurs en chef de ce pays pour les en informer...

— Je verrai ce que je peux faire. Un sucre ? Deux ?

— Rien du tout, merci.

Diana ignora le coup d'œil amusé de Tony Blair – toutes les femmes surveillent leur ligne, non ?

— Je vous ai fait venir pour deux choses, Ma'am. La première, c'est que nous préférerions que vous ne vous rendiez pas à l'enterrement de Mère Teresa, le 13.

— Mais...

— Je sais quelle place elle tenait dans votre existence et quel... quel impact Mère Teresa a eu sur votre propre engagement humanitaire. Mais votre sécurité sera très difficile à assurer à Calcutta, voilà pourquoi je vous demande de renoncer à ce voyage en Inde.

— Il n'en est pas question, répondit calmement la princesse.

— Considérez cela non pas comme une simple recommandation, mais plutôt comme un ordre du gouvernement, Ma'am. Je suis désolé...

Diana blêmit, attrapa son sac à main et se leva pour prendre congé.

— Attendez ! l'arrêta le Premier ministre. Rasseyez-vous, je vous en prie.

La jeune femme s'exécuta de mauvaise grâce.

— Ne réagissez pas comme ça... Je fais tout ce que je peux pour vous aider et faire avancer vos projets, croyez-moi. Mais, dans ce pays, la sécurité des membres de la famille royale est un sujet avec lequel on ne plaisante pas, vous le savez aussi bien que moi.

— On vous force la main, c'est ça ? On n'a pas envie de me voir voler la vedette à celui de mes ex-beaux frères qui sera envoyé là-bas à titre officiel ! Et, bien entendu, ce sera encore Edward !

— Calmez-vous... Personne n'est contre vous. Vous avez plus d'amis que vous ne le croyez, y compris au palais. Parlez-moi plutôt de ce que vous comptez faire dans les mois qui viennent.

— Ma priorité reste pour l'instant la lutte contre les mines antipersonnel, répondit froidement la princesse. J'ai cru comprendre qu'un traité international visant à les interdire une fois pour toutes était en cours de négociation. J'espère que, le moment venu, la Grande-Bretagne le ratifiera.

— Elle le fera, soyez sans crainte. Je lis... je lis une telle méfiance dans vos yeux... Alors que j'aimerais tant pouvoir vous convaincre que je suis votre allié... Je sais que vous avez été profondément blessée par la manière dont vous avez été critiquée par le précédent gouvernement, mais je peux vous assurer que ça ne se reproduira plus. J'ai beaucoup trop d'admiration pour votre travail, et notamment pour le cran que vous avez montré en Bosnie et en Angola.

— On n'a jamais peur quand on fait le bien autour de soi. Je viens d'ailleurs d'accepter un autre déplacement avec la Croix-Rouge, le mois prochain. En Géorgie, cette fois. Mais puisque vous vous dites mon allié... répondez-moi franchement. J'ai cru comprendre que vous vous montriez favorable à un éventuel remariage de Charles avec Mrs Parker-Bowles...

— C'est exact.

— Peut-on savoir pour quelles raisons ?

— Mon point de vue sur cette question est un point de vue d'homme d'État et ne reflète en rien mon opinion personnelle. En tant qu'héritier du trône, votre ex-époux ne peut pas se permettre de rester trop longtemps dans une situation... disons... confuse. Le futur chef de l'Église anglicane ne peut pas vivre indéfiniment en concubinage. Et je suis persuadé que les Britanniques finiront un jour ou l'autre par lui demander des comptes. Beaucoup d'entre eux ne lui pardonnent pas votre divorce, dont ils le rendent directement responsable. Admettraient-ils qu'il ne daigne même pas épouser la femme pour laquelle il est censé vous avoir abandonnée ? Permettez-moi d'en douter.

— ...

— Comprenez-moi bien. À titre privé, je me

fiche éperdument des histoires de cœur de votre ex-mari. La seule chose qui m'importe, c'est que la monarchie constitutionnelle en vigueur dans ce pays reste pour bon nombre d'années encore une institution populaire et stable, aimée et respectée aussi bien par les Anglais que par les Écossais ou les Gallois. La Grande-Bretagne a besoin de cette famille, besoin qu'elle la rassure et lui montre l'exemple. En vous disant ça, je ne vous apprends rien, je suppose ?

— Et moi, dans tout ça ?

— Vous êtes désormais appelée à vivre autre chose, autrement. C'est de toute façon ce que vous souhaitez, non ? Mon gouvernement ne vous laissera pas tomber, Sa Majesté la reine ne vous laissera pas tomber, et le prince Charles lui-même veillera, il me l'a dit, à ce que vous soyez toujours traitée avec le respect et la considération que vous méritez.

— Bien, dit Diana en jetant ostensiblement un coup d'œil à sa montre. Je crois que nous avons fait le tour de ce que nous devions voir ensemble. J'ai vraiment été ravie de cette conversation, *mister* Blair… Ah ! au fait… Ce petit dîner de bienfaisance auquel votre charmante épouse m'a si gentiment invitée… La semaine prochaine, c'est ça ? Vous m'excuserez auprès d'elle, mais… je crains de ne pas pouvoir me libérer. Une autre fois, peut-être ?

3.

Octobre 1997

Shelby était assis en terrasse de Tootsie's, sur Holland Park. Attablé devant un demi de bière blonde, le détective observait d'un œil distrait le chassé-croisé des véhicules qui, dans un bruit assourdissant, montaient et descendaient l'avenue. Il lui restait une vingtaine de minutes à attendre avant de rejoindre l'un de ses informateurs chez Julie's, sur Portland Road, un restaurant élégant et discret où il aimait donner ses rendez-vous. Voilà des semaines que l'inspecteur du MI5 travaillait à une sombre affaire de chantage à l'adultère dont se retrouvait victime un lointain cousin de la reine Elizabeth. La journée qui venait de s'écouler ne lui avait pas permis de progresser dans son enquête. Sa hiérarchie le pressait d'accélérer ses investigations mais, pour tout dire, l'affaire l'ennuyait. En ce début de soirée, le trafic commençait à se faire plus dense. Le ciel, qui était resté blanc et voilé tout l'après-midi, fondait dans une lumière quasi métallique les couleurs des voitures et des taxis. Arrêté à quelques mètres de lui, le chauffeur d'une Audi cabriolet noire, prisonnier comme les autres des embouteillages de l'Ouest londonien, faisait vrombir son moteur en signe d'impatience. Shelby était maintenant comme hypnotisé par le numéro inscrit sur la plaque d'immatriculation : Diana, princesse de Galles, rentrait au palais de Kensington.

L'ex-belle-fille d'Elizabeth II s'écroula sur un canapé vert et envoya valser ses escarpins Jimmy Choo à l'autre bout du salon. « Quelle idée d'avoir mis des chaussures neuves un jour pareil ! » Un déjeuner à Earl's Court, une visite dans un centre d'accueil pour SDF à St John's Wood, puis un cocktail dans les locaux de l'English National Ballet… Sans compter ces photographes accrochés à ses basques, dont il allait bien falloir trouver le moyen de se débarrasser.

Elle appuya sa tête sur le dossier et ébouriffa ses cheveux. Cinq minutes pour souffler… Celles-là, elle ne les avait pas volées. Elle embrassa du regard le décor de la pièce. Des lampes, un pouf et des coussins jaunes, des fauteuils orange… Et cette tapisserie XVIIIe qui recouvrait un pan de mur entier derrière le sofa, à côté de la porte. « J'en ai marre de cette tapisserie, se dit-elle. J'aurais dû la changer avant de divorcer, ça ne m'aurait pas coûté un penny… » La sonnerie du téléphone résonna dans la cage d'escalier toute proche. Diana entendit Paul se diriger à pas rapides vers le petit standard du rez-de-chaussée. Quelques secondes plus tard, le voyant de la ligne 1 se mit à clignoter sur l'appareil posé à sa droite, sur un guéridon.

— Ma'am ? interrogea Burrell, vous avez un appel de James Hewitt.

— Qu'est-ce qui vous prend, Paul ? Ne me dites pas que vous n'avez pas su quoi dire pour l'envoyer balader !

— Je suis très ennuyé, Ma'am, mais il a déjà appelé trois fois aujourd'hui, et il semble que ce soit important…

— Bon… Après tout, allons-y, je suis de bonne humeur. Passez-le-moi… Jaaaames ?

— Désolé de te déranger, Diana, mais…

— Tu pourrais peut-être déjà me demander comment ça va…

— Excuse-moi, oui, bien sûr. Comment vas-tu ?

— Pas mal, merci de t'en soucier. Tu veux quoi, au juste ?

— Les lettres que j'avais gardées de toi ont été volées à la maison la nuit dernière. J'ignore absolument comment ça a pu se faire…

— Mes lettres ? Mais… mais comment ?

— J'ai dîné chez des amis. Lorsque je suis rentré, j'ai vu que quelque chose avait changé dans le living-room. Certains objets avaient été retournés, d'autres légèrement déplacés. Je me suis précipité sur le petit tiroir secret de la bibliothèque… Tes lettres avaient toutes disparu. Il n'en reste plus une seule.

— Je n'arrive pas à y croire ! Je t'avais dit de les détruire, pourquoi ne m'as-tu pas écoutée ? C'est un désastre, je suis…

— Je préférais te consulter avant d'appeler la police. À vrai dire, je ne suis pas très sûr que ce soit une bonne idée. La presse risquerait d'avoir vent de l'affaire, et là…

— Il faut que je réfléchisse. Pffff… Si j'avais su, quand j'ai écrit tout ça… j'aurais fait plus attention… J'aurais été moins…

— À l'époque, tu m'aimais. Tout le monde le sait, maintenant, c'est pourquoi je te supplie de ne pas t'inquiéter. Le contenu de ces lettres ne trahit rien d'autre que les sentiments que nous avions l'un pour l'autre.

— Je te rappelle que la femme dont tu parles était alors mariée à l'héritier de la couronne d'Angleterre et n'était pas supposée parler sexe avec un autre homme.

Un silence lourd de souvenirs et de chagrins enfouis s'installa entre les anciens amants.

— Le problème, excuse-moi de te le dire, James, mais ce n'est pas toi. Tu as déjà tout dit dans ce livre, ce… ce torchon que tu as écrit sur notre histoire il y a trois ans. Tu n'as plus grand-chose à perdre, en tout cas pas la face, ça c'est déjà fait !

— Venge-toi sur moi, si tu veux, ça ne nous ramènera pas ces lettres. Et, quoi que tu puisses en dire, cette histoire nous atteint tous les deux.

— Mais tu vois où tu en es, toi, aujourd'hui ? Tu vis dans un appart' minable, tu t'affiches au bras de filles sans intérêt, tes ex-copains de régiment t'ont tourné le dos, tu n'es plus rien, James, rien ! Et voilà qu'aujourd'hui tu déboules à nouveau dans ma vie comme si tu voulais la détruire. Tu es un monstre, James, un monstre ! Et tu ne sauras jamais combien je regrette d'avoir gâché toutes ces années avec toi…

— …

— Tu m'entends, oui ou non ?

— Nous pourrions passer des heures à déverser notre amertume l'un sur l'autre ou à nous rendre mutuellement responsables de tous nos maux que ça ne changerait rien au problème. Il est un peu tard pour régler nos comptes, tu ne crois pas ?

La princesse de Galles marqua un temps d'arrêt. Les mots se brouillaient dans son esprit, sa respiration devenait courte et saccadée.

— Ne fais rien, surtout n'en parle à personne,

reprit-elle. Je vais essayer de joindre l'ami d'un ami… Quelqu'un dont on m'a parlé, un type qui a la réputation d'être à la fois efficace et discret. Je te tiendrai au courant.

Sans un mot de plus, elle reposa le combiné et poussa un long gémissement en se prenant la tête entre les mains. Ces lettres… de pures folies… Au milieu des années quatre-vingt, son bel officier lui avait fait perdre la tête. L'irrésistible James était alors tout ce que Charles n'était pas : un amant fougueux, disponible, plein d'attentions. Il avait été son fantasme, son ailleurs, son antidote au poison du quotidien. Autres temps, autres errances… « Voilà ce qui arrive quand on se laisse bourrer le crâne avec les âneries de Barbara Cartland, l'avait un jour gentiment grondée tante Margo. On prend tous ses coups de cœur pour des signes du destin, et hop ! les ennuis arrivent ! Je t'en parle en connaissance de cause. Ne fais pas comme moi, ma belle, laisse la sagesse te venir avec l'âge. » La princesse Margaret ne l'avait jamais jugée durement, contrairement à la plupart des autres membres du clan Windsor. À soixante-sept ans, elle fuyait les mondanités et ne quittait plus que rarement ses appartements voisins du palais de Kensington.

Diana se leva d'un bond, sortit du salon et descendit précipitamment l'escalier. « Paul, je file ! lança-t-elle en passant devant l'office. Si les enfants appellent, dites-leur que je ne serai pas longue. »

John, le majordome, l'invita à patienter quelques minutes dans la vaste entrée de l'appartement 1A. Un sol en marbre à damier noir et blanc, des murs tendus de vert émeraude : l'ensemble respirait le chic fané et désuet des demeures d'antan. Le regard de la jeune femme s'attarda sur l'immense portrait en pied de la sœur d'Elizabeth II. Elle avait toujours aimé ce tableau. Figée dans une jeunesse éternelle, tante Margo, sublime dans une robe du soir d'un bleu très pâle, fixait ses beaux et grands yeux violets sur ses visiteurs, comme si elle n'avait toujours attendu qu'eux. Généreuse et magnifique Margaret… La princesse de Galles admira son teint d'albâtre, la ligne élancée de son cou, le caractère fier et altier de son port de tête. L'impression générale de noblesse et de grandeur d'âme qui émanait du portrait apaisait son anxiété. Une porte s'ouvrit à droite du hall. Sans attendre d'y être invitée, elle s'engouffra dans le couloir qui menait au petit salon. Comme à son habitude, la fille cadette de Queen Mum et du roi George VI était postée devant la fenêtre, immobile, les yeux perdus dans la contemplation de quelque paysage qui n'existait que dans son imagination. Dehors, le jardin, fait de pelouses rectangulaires séparées les unes des autres par d'étroites allées de gravier et des treilles couvertes de rosiers grimpants, était gagné peu à peu par les ombres du soir. Au bruit que firent les talons de Diana sur le parquet, elle se retourna lentement. L'ex-épouse du prince Charles esquissa une courte révérence.

— Ah non, pas ça, je t'en prie !

— Vous oubliez, tante Margo, que je ne fais plus vraiment partie de la famille…

— Laissons-là ces bêtises, veux-tu ? Approche-toi… Je suis contente de te voir. Encore un après-midi passé toute seule et je crois que je me jetais par la fenêtre.

— Tssss tsssss… Je ne suis pas venue pour entendre des horreurs pareilles.

— Tu as raison. Quel bon vent t'amène ?

— C'est que… vous êtes toujours de si bon conseil…

— Vous vous êtes donné le mot, avec ma sœur, ou quoi ? Pourquoi faut-il toujours que vous ne vous souveniez de mon existence que lorsque vous ressentez le besoin de vider votre sac ?

— Je suis très inquiète, tante Margo… Des lettres compromettantes ont été volées chez James Hewitt. Je croyais avoir enfin réussi à tirer un trait sur toutes ces années, mais non. Depuis que je l'ai appris, c'est comme si… comme si de vieux fantômes revenaient me hanter.

— On ne tire jamais un trait sur son passé, Diana, jamais. Je croyais que ça, au moins, tu l'avais compris…

— James a été si imprudent de garder toutes ces vieilleries chez lui !

— Bien sûr… Les hommes sont imprudents et les femmes folles de leur faire confiance.

— Que feriez-vous à ma place ?

— Comme d'habitude. Je sortirais mon argenterie des deux vitrines que tu vois là-bas, j'irais chercher un bidon de Mirror et des chiffons, et je ferais briller toutes ces cochonneries jusqu'à tomber d'épuisement. Ça ne résoud rien, mais ça défoule. Ou alors je m'installerais au piano. Je chanterais les airs que mon père aimait tant m'entendre jouer quand j'étais enfant. Tiens, comme cette comptine… *There was a little girl who had a little curl in the middle of her forehead*, fredonna-t-elle. *When she was nice she was very very nice, but when she was bad she was horrid…*

Les deux princesses éclatèrent de rire.

— Ah, Diana ! soupira Margaret. L'amour n'a été inventé que pour rendre les femmes malheureuses.

L'amour… c'est un jeu auquel j'ai moi-même beaucoup perdu. L'indulgence de ma mère, l'estime de ma sœur, la considération du reste du monde…

— Ne dites pas ça, tante Margo ! Vous êtes notre idole à tous, vous le savez bien.

— Revenons plutôt à toi… Je te vois de nouveau toute… toute nouée par l'angoisse alors que, ces deniers temps, tu m'avais semblé au contraire prête à tous nous clouer sur place. Dis-moi franchement : c'était quoi, ce Dodi ?

— Quelqu'un de bien, une sorte d'âme sœur. Des parents divorcés, une existence dorée à laquelle il essaie par tous les moyens de donner un sens… Nous avions beaucoup de choses en commun.

— *Avions* ?

— Nous nous sommes laissé emporter, mais… au fond, nous avons toujours su l'un et l'autre que nous étions surtout faits pour être de très grands amis. Je lui dois beaucoup, d'ailleurs. Il m'a pourrie gâtée tout l'été… Quand je suis rentrée de vacances, je me sentais incroyablement forte, je n'avais plus peur de rien. Cette histoire de lettres m'ennuie, mais… je me rends compte que quelque chose en moi a changé. Je ne suis plus prisonnière du regard de Charles, je ne suis plus l'esclave d'une image fabriquée par les médias. Je n'ai plus besoin de l'approbation de quiconque, je me sens libre, libre !

— Tu as bien de la chance…

La pièce s'enfonçait doucement dans la pénombre. De la semi-obscurité n'émergeaient plus que les contours indéfinis de quelques bibelots posés ici et là. Une lampe à pied en porcelaine de Chine, un fouillis de cadres photo en métal argenté perchés sur un piano, le marbre rose d'un manteau de cheminée, un portrait de Queen Mum dans le parc de son château de Mey… Pensive, la sœur d'Elizabeth II quitta le canapé sur lequel elle avait pris place et s'en retourna à sa fenêtre.

— Qu'est-ce qu'ils s'imaginent, d'après toi, tous ces gens qui passent à quelques mètres de nous sans jamais s'arrêter ? reprit-elle. Quelle vision ont-ils de nos vies, ces vies de château comme ils disent ?

— Je ne sais pas, tante Margo, mais vous ne devriez pas…

— Quand nous étions petites, Lilibet et moi, nous nous postions devant les baies vitrées de la nursery, tous les soirs à la même heure, pour guetter la charrette du laitier. Chaque fois qu'il pleuvait, nous tremblions pour ce pauvre cheval, dont les sabots dérapaient sur le pavé mouillé. Plus de soixante années se sont écoulées et me revoilà, toujours à ma fenêtre, cherchant des yeux je ne sais quoi… Je ne connais rien de plus ingrat que le métier de princesse.

— Vous ne devriez pas dire ça…

— J'aurais pu devenir une grande artiste, j'étais tellement douée pour le piano, le chant, la danse… la comédie, même ! Au lieu de ça, on m'a forcée à jouer une partition qui n'était pas la mienne. Il a suffi qu'oncle David s'amourache de cette fichue Wallis pour que le destin de Lilibet bascule, et le mien avec.

— S'il vous plaît, tante Margo…

— Ne me regarde pas comme ça. J'ai l'impression de ne plus être qu'une… une vieille femme malheureuse, égoïste et aigrie. Tu sais que, quand mon oncle a abdiqué et que papa est devenu roi, sur le moment, personne ne nous a rien dit ? Ma sœur a appris la nouvelle par un domestique. Du jour au lendemain, tout a changé, nous ne nous appartenions plus. Mon père est mort trop jeune, rongé de l'intérieur par ses devoirs de monarque. Et j'ai définitivement perdu Lilibet quand elle lui a succédé. Elle était reine, et moi rien. Ou plutôt si... le mouton noir de la famille, la gamine indisciplinée que quelques fonctionnaires zélés se sont ensuite employés à briser histoire d'avoir la paix. Tout ce que j'ai connu, l'amour, les voyages, les honneurs, les fêtes... foutaise, oui ! Au fond de moi, il y a toujours cette petite fille que rien ni personne n'a jamais pu consoler...

Une pluie fine et glacée tombait maintenant sur le palais de Kensington. Margaret était ailleurs, égarée dans une attente dont elle seule connaissait le secret. Diana frissonna. Il était temps de prendre congé.

Cette nuit-là, son sommeil fut étrangement agité. Les paroles de sa tante résonnaient à ses oreilles comme autant de sinistres présages. Sur les coups de trois heures du matin, n'y tenant plus, la jeune femme se leva, enfila un peignoir et commença à feuilleter les journaux entassés sur une console près de la fenêtre. Le *Sun*, le *Daily Mail*, le *Mirror*, le *Morning Standard*, le *Daily Express*... « Quel homme pour Di ? » interrogeait l'un, « Dodi a-t-il lui aussi été abandonné par Diana ? » se demandait un autre, « William et Harry traumatisés ! » s'indignait un troisième. Il n'y aurait donc jamais de répit ! La lune jouait avec les nuages et jetait une lumière blafarde sur sa collection d'animaux en peluche, sagement alignés sur un sofa jaune. La princesse choisit un petit ours couleur caramel et se recoucha.

Elle connaissait bien la solitude, en qui elle avait appris à voir une amie fidèle. Frances, sa mère, avait en vain tenté de la mettre en garde contre la tentation qu'ont toutes les jeunes divorcées de tirer un trait sur leur vie d'« avant ». Oubliées Kate et Carolyn, ses amies de toujours… Rayées de sa vie, sa complice Fergie et ses deux adorables fillettes Beatrice et Eugenie… Combien de fois mummy lui avait-elle répété qu'on ne peut pas renier son passé, qu'on ne construit pas une nouvelle existence sur les ruines de celle qui l'a précédée ? Diana, empêtrée à l'époque dans les difficiles négociations de son divorce, n'avait rien voulu entendre. Bien que brouillée depuis des années avec sa mère, elle ne put s'empêcher d'avoir la gorge serrée en pensant à cette figure infiniment triste et solitaire, retirée là-bas, sur l'île de Seil, au large des côtes de l'Écosse. Trop fières l'une et l'autre pour en finir enfin avec l'abîme de silence qui les séparait. Et, à bien y réfléchir, peut-être trop fières aussi pour se dire qu'au-delà de l'incompréhension et des disputes, elles n'en finiraient jamais de s'aimer…

Son ours à la main, la jeune femme bondit à nouveau hors de son lit et alluma le plafonnier de la chambre. Elle se rendit ensuite dans la petite cuisine du premier étage à la recherche d'un jus de pamplemousse. Appuyée contre la porte du réfrigérateur, elle se mit à siroter le liquide à petites gorgées. « Faire le point sur ma vie ? Rien de plus facile. Situation sentimentale : néant. Perspectives dans ce domaine : quasi nulles. Chances que les choses s'arrangent à court terme : idem. » Elle esquissa quelques pas de danse et leva son verre. « À ma santé de célibataire ! lança-t-elle à voix haute. Et à celle de tous les photographes qui jamais ne me shooteront dans ma chemise de nuit en pilou, le cheveu en bataille et en train de déprimer sec devant mon frigo ! » Elle regarda sa montre. Quatre heures. Si elle s'écoutait, elle passerait bien un petit coup de fil à Paul Burrell, là, ici, tout de suite. Le réveiller au milieu de la nuit n'aurait rien d'inhabituel, elle l'avait déjà fait mille fois. Mais bon… Maria, sa femme, et leurs deux garçons en avaient peut-être soupé de ses états d'âme… Paul, son roc, sa forteresse, corvéable à merci, week-ends et jours de fête compris, avait toujours été là dans les moments difficiles. Ses fils, Alex et Nick, savaient mieux que personne lui faire oublier l'absence de William et Harry, en pension au collège d'Eton et à Ludgrove. « Tes enfants te manquent, hein ? s'exclama-t-elle en se servant un deuxième verre de jus de fruits. Et pourtant, tu devrais être contente… Un, on ne te les a pas enlevés. Et deux… tu les as quand même méchamment plumés, les Windsor ! » L'argent ? Pfff… Ses vingt-quatre millions d'euros, prix de sa séparation d'avec l'héritier du trône, elle s'était battue pour les avoir, et après ? Cette petite fortune avait quelque chose d'indécent, de vulgaire, même. D'autant que Charles avait dû emprunter à sa mère une grosse partie de la somme, ce n'était un secret pour personne. Aux yeux de beaucoup de gens, Lady Diana Spencer, pur produit de l'aristocratie, passait maintenant pour une *material girl*, une femme intéressée. Elle qui n'avait jamais lutté pour autre chose que pour sa survie…

Quelle place allait-on lui laisser occuper désormais ? N'avait-elle pas commis une épouvantable erreur en laissant filer son titre d'altesse royale ? Était-elle devenue… n'importe qui ? Une vedette de plus, soumise aux caprices d'une opinion prompte à brûler un jour ce qu'elle avait adoré la veille ? Depuis quelque temps, l'exemple de la duchesse d'York, criblée de dettes, ne cessait de lui trotter dans la tête.

Écrire des bouquins, faire de la pub pour des assiettes, des produits de régime ou des appareils photo, non merci… Mais si elle ne prenait pas les bonnes décisions tout de suite, rien ne garantissait qu'elle ne se retrouverait pas un jour obligée, elle aussi, de monnayer ses souvenirs ou de se changer en super-VRP… Une clause de son contrat de divorce lui interdisait de s'exprimer publiquement sur ses années passées avec le prince de Galles, mais allez savoir ce que la vie vous réserve… Il était urgent d'agir. Créer une fondation caritative à son nom, pourquoi pas ? Il faudrait en parler à Charles, aux enfants. Il allait aussi falloir appeler l'ami Peter, pour cette histoire de lettres volées. Elle étouffa un bâillement et reprit le chemin de sa chambre où, d'un coup de pied, elle envoya promener la pile de journaux sous son lit. « Elle dit quoi, déjà, Scarlett, après avoir fait ses adieux à Rhett ? se demanda-t-elle en se blottissant sous les draps. Ah oui… "Demain… J'aurai bien le temps d'y réfléchir demain…" »

Au réveil, sa première pensée fut pour Peter Wind. Assise sur son lit, le combiné du téléphone posé sur ses genoux, elle composa le numéro du portable de son contact à la rédaction du *Morning Standard.*

— Peter ? C'est Diana. Je vous dérange ? Je me permets de vous appeler pour vous demander un très grand service…

— Mais avec plaisir, Ma'am. Que puis-je pour vous ?

— Est-ce que je peux compter sur votre absolue discrétion ? Je vous promets que vous ne le regretterez pas.

— Ça va sans dire, vous le savez bien.

— Des lettres auxquelles je tiens énormément ont été dérobées chez James Hewitt, et je ne vous cache pas que cette affaire me place une nouvelle fois dans une situation... disons... périlleuse. Mais vous m'avez parlé un jour d'un de vos informateurs au MI5, quelqu'un de confiance, m'avez-vous assuré, capable de mettre provisoirement de côté son imper de flic le temps de mener discrètement des enquêtes privées.

— Je m'en souviens, en effet.

— Ne lui dites surtout pas que je vous ai appelé. Dites-lui... je ne sais pas, moi...

— Je lui dirai que je cherche à mettre la main sur ces lettres pour des raisons strictement professionnelles. Je le connais bien, il ne posera pas de questions.

— Merci, et surtout tenez-moi au courant. Le plus vite sera le mieux, bien entendu. Je vous revaudrai ça.

Robert Shelby terminait un sandwich au cheddar et à la dinde fumée quand il reçut le coup de fil de Peter Wind. Assis à son bureau, une table de travail en métal gris couverte de dossiers élimés, de cendres de cigarette et d'innombrables Post-it griffonnés, il tentait de remettre de l'ordre dans ses papiers. Shelby était de ces hommes complexés par un physique insignifiant, qu'à l'approche de la cinquantaine il tentait de mettre en valeur en faisant assaut de coquetterie. Sa myopie prononcée se cachait sous des lunettes Ralph Lauren, sa bedaine naissante sous des costumes marine à fines rayures de bonne facture. Une tignasse épaisse et rousse encadrait un visage trop rond qui lui donnait l'air d'un adolescent attardé. Un temps, il avait eu son petit succès avec les dames. De l'avis de ses collègues, son célibat prolongé devait donc être dû à quelque blessure d'amour sur laquelle personne n'avait jamais osé l'interroger.

Le fonctionnaire du MI5 n'avait rien de remarquable, si ce n'est un esprit de synthèse affûté dont il était particulièrement fier et une solide culture générale qui lui permettait de se faire remarquer à peu de frais dans les dîners. Il ne sortait pourtant ni d'Oxford ni de Cambridge, on ignorait même s'il avait jamais réussi à décrocher le moindre diplôme. Le bruit courait qu'il avait grandi dans les faubourgs de Manchester, le petit dernier d'une famille ouvrière de sept enfants. De son adolescence entre un père désœuvré et une mère femme de ménage – dont, curieusement, il ne parlait jamais –, il avait hérité la peur obsessionnelle de manquer, tout en nourrissant par ailleurs de fâcheuses habitudes de panier percé. Flamber, disait-il, lui donnait l'impression d'avoir rompu pour de bon avec le milieu dans lequel il était né.

Shelby s'était engagé dans le renseignement par hasard, et non par conviction. À vingt-cinq ans, il s'était entiché d'une espèce d'aventurière blonde et bien roulée qui avait refusé par trois fois sa demande en mariage avant de le plaquer pour un type des services secrets polonais. Cette histoire invraisemblable à laquelle personne n'avait jamais vraiment prêté foi laissait imaginer à son entourage qu'il était entré au MI5 non par patriotisme mais par dépit. Un choix de carrière dont, avec du recul, il n'était pas mécontent. Jeune, Robert s'était en effet découvert un talent pour écouter ses semblables sans jamais avoir à se livrer lui-même. Il avait le don de se trouver toujours au bon endroit au bon moment. Jamais la baraka ne lui avait fait défaut, elle était même devenue chez lui une seconde nature. À son humble niveau, Shelby avait de l'influence et du génie. Son carnet d'adresses à nul autre pareil – des milliers de cartes de visite classées par ordre alphabétique dans d'épais classeurs de cuir noir – faisait de lui le spécialiste *number one* de la haute. Il y connaissait tout le monde, appelait comtes, marquis et duchesses par leur prénom. Dans la bonne société londonienne, il passait pour un garçon de confiance, toujours prêt à rendre service et, surtout, connu pour son immense discrétion. Personne ne savait s'il exerçait le moindre métier, mais on lui prêtait des accointances avec des membres haut placés du gouvernement. Pour avoir sorti du pétrin plusieurs grandes figures de l'aristocratie, on le considérait quasiment comme un bienfaiteur de la noblesse. Si Peter Wind s'adressait à lui, c'est parce qu'il avait l'intime conviction qu'une fois de plus, « Bob » saurait être l'homme de la situation.

— Quel bon vent t'amène ? lui demanda le détective.

— Un truc un peu délicat. Diana cherche à récupérer des lettres d'amour qui ont mystérieusement disparu chez son ex, tu sais, ce Hewitt… Je lui ai certifié que tu pourrais te charger de l'enquête, tout en lui promettant de ne pas te mettre au courant de notre conversation. Si elle apprend que j'ai manqué à ma parole, elle est capable de débouler au journal pour me tordre le cou. Mais je te dois un service. J'ai pensé que l'info pourrait t'intéresser.

— Tu as bien fait. Rassure-la, raconte-lui ce que tu veux. Je te recontacterai.

Aussitôt après avoir raccroché avec le journaliste du *Morning Standard*, Shelby commença à réactiver ses mouchards. Le vol avait-il été commandité par un collectionneur prêt à toutes les folies pour acquérir des documents écrits de la main de Diana ? Un tabloïd indélicat avait-il décidé de s'offrir un nouveau scoop, au risque de rouvrir les blessures encore mal cicatrisées laissées dans l'opinion par la guerre des Galles ? James Hewitt avait-il simplement vendu les lettres et inventé toute cette histoire afin de maquiller son forfait ? Robert décida de descendre aux archives pour consulter le dossier du major.

> *« Nom : Hewitt, James. Date de naissance : 17 janvier 1958. Officier de cavalerie, rencontre la princesse Diana à Mayfair, en 1986. Elle l'engage au départ pour donner des leçons d'équitation à ses deux fils, William et Harry. Mis sur écoute par nos services de 1986 à 1991, date à laquelle la belle-fille d'Elizabeth II rompt brutalement tout contact avec lui. Voir annexes. Commande un escadron des Scots Guards pendant la guerre du Golfe. Photos. Quitte l'armée en 1994, après dix-sept ans de service. Collabore à l'écriture de* Princess in love *avec Anna Pasternak, ouvrage dans lequel il livre pour la première fois les détails de sa liaison avec Diana. Blackboulé de chez White's, son club. Coureur de jupons. Toujours à court d'argent. N'appartient à aucune secte, société secrète ou mouvement contestataire connu de nos services. Vit actuellement à Londres. Pas de comptes bancaires à l'étranger. Sujet non dangereux. »*

Shelby se souvenait d'avoir croisé James Hewitt à plusieurs reprises, dans des soirées en ville. Grand, athlétique et toujours tiré à quatre épingles, l'ancien officier des Life Guards exerçait encore un magnétisme certain sur les femmes, sensibles à son charme de beau gosse désœuvré et si terriblement sympathique. Il en avait séduit beaucoup, aimé une ou deux seulement. Sa rupture avec Diana, pour qui il avait eu des sentiments sincères, avait laissé chez lui un traumatisme dont il ne s'était jamais complètement remis. Lorsqu'on lui posait des questions sur leur histoire d'amour, il se contentait de réponses évasives, renvoyant invariablement ses interlocuteurs au livre qu'il avait écrit. La presse lui avait fait une réputation épouvantable mais, en réalité, James Hewitt n'avait rien d'un salaud. À la réflexion, le détective du MI5 le pensait d'ailleurs incapable de mentir sur la disparition des lettres de la princesse. Restaient les deux autres hypothèses, aussi crédibles l'une que l'autre. Compte tenu de la guerre sans merci que se livraient les tabloïds, prêts à acheter infos et sujets exclusifs à coups de dizaines de milliers de livres sterling, il était possible qu'un petit malfrat ait eu l'idée d'aller dérober les documents dans le but de les revendre ensuite à prix d'or. Ou peut-être les auteurs du larcin cherchaient-ils à exercer un chantage sur l'ancien militaire ? Dans ce cas, ils se feraient connaître tôt ou tard. Robert appela le service des écoutes et demanda à ce que les communications du major soient à nouveau placées sous surveillance. Comme chaque fois qu'il était préoccupé, il tirait nerveusement sur le lobe de son oreille droite. À en croire Peter Wind, rien ou presque n'avait été touché dans l'appartement de Hewitt. Le voleur devait donc être sacrément bien renseigné. Il allait falloir investiguer dans son entourage, dresser la liste de ses fréquentations au cours des six derniers mois, faire filer discrètement ses ex. Shelby avait besoin de réfléchir. Il coiffa son feutre gris, enfila le pardessus Blades of Savile Row qui lui avait coûté la moitié de sa paie du mois d'octobre, et fila au Famous Cock Tavern commander une pinte de Guinness, sa bière préférée.

4.

Novembre - Décembre 1997

Quand Robert Fellowes, l'époux de Jane, l'une des sœurs de Diana, entendit la voix de sa belle-sœur à l'autre bout du fil, il eut du mal à cacher sa surprise. Voilà plus d'un an, très exactement depuis la publication du *Decree nisi* officialisant son divorce d'avec Charles, en août 1996, que la princesse de Galles ne s'était pas rappelée au bon souvenir de Sa Majesté. Le secrétaire particulier d'Elizabeth II se douta que l'affaire devait être d'importance, mais ne lui posa aucune question. Il quitta d'un pas pressé la salle du courrier où sa secrétaire lui avait passé l'appel, et grimpa quatre à quatre la volée de marches qui menait au premier étage du palais de Buckingham. Une enfilade de pièces avec vue sur Green Park y était réservée aux audiences privées de la souveraine ainsi qu'à ses réunions avec ses conseillers. Après avoir frappé trois coups brefs à la porte du petit salon qui tenait lieu de cabinet de travail à Sa Majesté, l'huissier de permanence s'effaça pour lui laisser le passage. Fellowes s'inclina respectueusement avant d'entrer et vint se placer face au bureau d'Elizabeth.

« Hmm, hmm, fit-il en se raclant la gorge. La princesse de Galles sollicite un entretien avec vous, pour des raisons qu'elle m'a présentées comme étant d'ordre... personnel. Je suis désolé, Ma'am, mais je n'ai pas réussi à en savoir davantage. »

Tirée de sa lecture – la consultation d'une montagne de papiers débordant d'une mallette de cuir rouge frappée à son monogramme –, Sa Majesté leva lentement la tête et fixa son secrétaire particulier. Vêtue d'une robe bleue à impressions mosaïque qu'égayait une triple rangée de perles fines, elle se figea dans une moue interrogative.

— Puis-je rappeler la princesse pour lui dire que vous acceptez de la recevoir ? interrogea Sir Robert d'une voix qui avait soudainement baissé d'un ton.

— Je suppose que nous n'avons pas vraiment le choix.

— Il vous est toujours possible de refuser cette entrevue si vous n'en voyez pas...

— Ne ravivons pas inutilement les vieilles querelles, coupa la reine. Imaginez qu'elle aille raconter à la presse que je refuse de la recevoir... Non, j'en ai définitivement assez de tout ça. Faites pour le mieux.

Sans ajouter un mot, elle se replongea dans la lecture de ses documents officiels. Une fois Fellowes sorti, elle ôta les lunettes cerclées d'écaille qui lui mangeaient la moitié du visage, les posa soigneusement à sa droite sur le sous-main en cuir qui recouvrait son bureau, et s'appuya confortablement contre le dossier de son fauteuil. Dans cette pièce s'étaient noués et dénoués tant de drames depuis quinze ans... Combien de fois Diana en avait-elle franchi la porte en pleurant ? Combien d'heures sa belle-fille avait-elle passées, prostrée dans une douleur tout aussi incompréhensible que muette, sur le petit canapé adossé à la fenêtre ? Que d'arguments n'avait-elle vainement employés pour tenter d'apaiser sa détresse ? Face à cette jeune femme trop fragile, aux prises avec d'insolubles désordres conjugaux, elle s'était découverte impuissante. « J'aurais dû être plus ferme, songea-t-elle. En tout cas plus directe. Moi aussi j'en ai bavé avec Philip, et alors ?... Je n'en ai pas fait toute une histoire ! » Avant-guerre, l'éducation qu'on donnait aux filles avait au moins l'avantage de les préparer à la vie de couple. On leur apprenait à regarder les choses en face : un homme, ça n'est pas fidèle, point. Et on pourrait se lamenter pendant des heures que ça n'y changerait rien.

Charles et Diana... Leur mésentente avait trop longtemps déchiré le royaume. Si elle trouvait souvent la conduite de sa bru déraisonnable, Elizabeth désapprouvait plus encore la liaison de son héritier avec Mrs Parker-Bowles. À ses yeux, le responsable de cet épouvantable gâchis, c'était lui et lui seul. « Jamais aucun effort... Et c'est encore moi qui me retrouve avec les problèmes de tout le monde sur les bras... » Car rien n'était réglé. Son aîné allait avoir toutes les peines du monde à retrouver la confiance de ses futurs sujets. Camilla elle-même risquait d'avoir fort à faire pour se débarrasser de son étiquette de briseuse de ménage. Quant à Diana, son chemin s'était perdu dans une série de liaisons sans lendemain qui ne lui avaient apporté que de cruelles désillusions. « Je me demande bien de quoi elle souhaite me parler, murmura Elizabeth. Toutes les questions financières ont été résolues, elle a aujourd'hui plus d'argent qu'il ne lui en faut. De William et Harry, peut-être... »

La souveraine s'inquiétait en secret pour les deux petits princes. Harry, le gamin turbulent et déboussolé dont elle sentait le mal-être grandir… William, qui, l'année dernière encore, clamait à qui voulait l'entendre qu'il refusait de devenir roi. « Et pourtant, Philip et moi mettons tant d'espoirs en lui… » Les dimanches où il n'était pas en week-end à Londres avec sa mère, il arrivait régulièrement que l'adolescent s'invite au château de Windsor, à l'heure du thé. Leurs discussions animées lui rappelaient celles qu'elle avait avec sa propre grand-mère, la reine Mary, lorsqu'elle était enfant. Après l'abdication d'Edward VIII, en 1936, l'austère veuve de George V s'était occupée personnellement de l'éducation de sa petite Lilibet, devenue l'héritière du trône à l'âge de dix ans. Avec elle, Elizabeth était entrée en royauté comme d'autres entrent en religion. Depuis le 2 juin 1953, jour de son couronnement, elle n'avait jamais failli à sa mission et en concevait une certaine fierté.

Les questions, déjà si pertinentes, que lui posait William sur la grandeur et la servitude du métier de monarque laissaient deviner à ses yeux de vraies aptitudes pour la fonction. Mais la formation de son petit-fils la préoccupait. Charles continuait en effet bêtement de s'opposer à ce que l'adolescent soit associé à des manifestations officielles. Quelle idée se faisait-il donc de la préparation d'un futur souverain ? La Couronne allait sûrement traverser encore bien des tempêtes dans les quarante ou cinquante années à venir, et cette révolution-là ne se ferait pas sans une remise en question fondamentale de son existence même…

Trois petits coups discrets furent à nouveau frappés à la porte. « Oui ?… » Robert Fellowes, qui tenait son agenda avec une rigueur sans défaut, pénétra à nouveau dans la pièce pour lui annoncer que Diana ferait son entrée céans à dix-huit heures trente.

Il lui apparut à l'angle de Sydney Street et de Kings Road. Engoncé dans le pardessus fatigué qu'elle lui avait toujours connu, il s'avançait vers elle, la démarche rapide et sûre. Dissimulée derrière les vitres fumées de sa voiture, Diana sentit son corps frémir et son cœur s'emballer. Ses mains, le parfum de ses cheveux, la courbe si douce de cette nuque qu'elle aimait tant caresser…

«Je t'aime.» Le lui répéter encore et encore. Ne pas se résoudre à ce que ce soit pour la dernière fois.

— Je croyais pourtant que nous nous étions tout dit…

Hasnat Khan s'était engouffré à l'avant de l'Audi et la fixait à présent de son beau regard noir.

— Tout dit? Mais nous ne nous sommes rien dit du tout, au contraire! Tu ne réponds pas à mes messages, tu ignores mes lettres… Combien de temps encore vas-tu faire comme si je n'existais pas?

— Je t'en prie, Diana, nous ne devons plus nous voir.

— Dis-moi que tu ne m'aimes plus… Allez, vas-y! cria la princesse. Je veux l'entendre de ta bouche, ici, tout de suite!

— Nous nous sommes déjà fait suffisamment de mal comme ça.

— Bien sûr que tu m'aimes encore…, se radoucit-elle. Écoute-moi, Hasnat… Il est encore temps. Tout peut recommencer comme avant. Je t'aime. Ma vie est avec toi et personne d'autre.

— Mais que fais-tu de *ma* vie à moi? s'exclama le chirurgien. De mes envies, de mes projets? Tôt ou tard, je rentrerai au Pakistan pour y enseigner à de jeunes médecins tout ce que j'ai appris ici. Tu me suivras là-bas ? Tu sais bien que c'est impossible !

— Je te suivrais au bout du monde, s'il le fallait. Tu ne peux pas me quitter, Hasnat, pas maintenant.

— Je ne te quitte pas, Diana. Il était inévitable que nos chemins finissent par se séparer, c'est tout.

— Dis-moi ce que tu attends de moi, chéri, je... je suis prête à tout, je te le jure...

— Je ne veux plus rien attendre, justement. Je ne veux plus me réveiller toutes les nuits en me demandant pourquoi la femme que j'aime ne dort pas dans mon lit. Je ne veux plus me torturer pour savoir si je dois ou non lui faire un enfant. Je ne veux plus me bercer d'illusions en pensant qu'un jour, peut-être, elle sera capable de mener la vie dont je rêve pour ma famille... Une vie normale, Diana, sais-tu seulement ce que ça veut dire ? Je veux pouvoir rentrer le soir chez moi en pensant que quelqu'un m'y attend, je veux pouvoir recevoir mes parents dans le respect des traditions qui sont importantes pour eux. En bref, je veux tout ce que tu ne pourras jamais me donner.

— Réfléchis, réfléchis encore, rien que quelques jours.

— Nous avons eu cette conversation mille fois. Ne rends pas les choses plus difficiles qu'elles ne le sont déjà.

— Alors, toi aussi, tu me rejettes !

— Mais tu ne comprends pas ? Tu ne comprends pas que j'ai justement trop d'amour pour toi pour t'entraîner à nouveau dans une histoire qui ne nous mènera nulle part ? Je passerai peut-être le restant de mes jours à le regretter, mais il est des choses, des évidences, contre lesquelles je n'ai plus la force de me battre.

— Réfléchis encore, supplia-t-elle en s'accrochant désespérément à son bras. Fais-le pour moi, pour nous. Au nom de ce bonheur qui nous a unis si longtemps.

— Je t'en conjure, Diana, ne cherche plus à me revoir. Plus jamais.

Ces mots la heurtèrent comme s'il venait de la frapper au visage. Bouleversée, elle le regarda sortir de la voiture et s'éloigner dans la nuit. Hasnat ne se retourna pas.

Pendant quelques minutes, la princesse resta la tête appuyée sur le volant, en proie à une indicible sensation d'étouffement. La cacophonie qui montait des embouteillages de Kings Road parvenait à peine jusqu'à elle, comme assourdie par sa propre douleur. Vertige… Doucement, elle releva la tête, abaissa le miroir du pare-soleil et resta là, immobile, à regarder son visage défait. Puis elle appuya machinalement sur le bouton de l'autoradio. Dix-huit heures. Les infos du début de soirée. Et, dans moins de trente minutes, son rendez-vous avec Elizabeth II. Se calmer, ne pas tout mélanger, ne pas répéter les mêmes erreurs qu'autrefois. Ne pas laisser des problèmes personnels prendre le dessus et mettre en péril d'ambitieux projets d'avenir. Diana passa la main dans ses mèches blondes, secoua la tête comme pour se vider l'esprit de ses idées noires, et attacha sa ceinture de sécurité. Après tout, elle en avait vu d'autres. Elle aurait bien encore la force de parcourir la courte distance qui sépare Sydney Street de l'entrée du palais.

Après avoir garé sa voiture dans la cour intérieure de Buckingham, la princesse se dirigea vers la Porte du roi, sur le côté du bâtiment, où l'attendait Dwight, l'écuyer de Sa Majesté. Sentir le moelleux des épais tapis rouges s'enfoncer sous ses pieds, respirer cette odeur si particulière, mélange de fleurs fraîchement coupées, de cire d'abeille, d'étoffes lourdes et de tapisseries fanées... Alors qu'elle se dirigeait vers le grand escalier menant au premier étage, des images de sa première visite des lieux, guidée par le précieux Paul Burrell, lui revinrent en mémoire. Elle venait alors de quitter pour toujours le petit appartement cosy qu'elle partageait avec trois copines à Coleherne Court, un bloc d'immeubles en brique rouge du quartier de Kensington. «J'espère que vous avez bien profité de vos dernières heures de liberté, lui avait soufflé son garde du corps en sortant du building. Dites-vous bien que ce sont les dernières.»

Ces paroles résonnaient encore à son esprit comme si c'était hier. Devant la splendeur immuable des pièces d'apparat, le Salon blanc, la Salle du trône et la Galerie des peintures, elle avait, d'instinct, compris ce qu'il voulait dire. Elle aurait désormais un pays à servir, des domestiques à diriger, des devoirs, des horaires, une belle-mère, un époux devant lequel il faudrait apprendre à s'effacer... En approchant des appartements privés d'Elizabeth II, Diana ne put s'empêcher d'être à nouveau gagnée par ses appréhensions d'autrefois. Impression étrange de ne pas avoir sa place ici, de n'être que de passage. «Dire que tout ça a été ma vie pendant près de dix-sept ans...», songea-t-elle. La vue de Sir Robert, posté devant l'entrée de la pièce où la reine avait l'habitude de recevoir ses proches, la tira brutalement de ses pensées.

— Bonjour, Diana. Je suis heureux de te voir.

— Moi aussi, Robert, moi aussi. Comment vont Jane et les enfants?

— Bien, merci. Ils se plaignent de ne pas avoir eu de nouvelles de toi depuis un moment.

— J'avais l'intention d'appeler Jane ces jours-ci. Mais tu la verras avant moi, alors dis-lui que je pense à elle et que je l'embrasse. Où Sa Majesté souhaite-t-elle que je l'attende ?

— Ici même, ce sera très bien. Un thé ?

— Volontiers, merci.

Cet échange poli mais sans chaleur laissa à Robert un vague sentiment d'amertume. Il lui semblait que sa belle-sœur se méprenait injustement sur son compte. Elle le connaissait depuis qu'elle était enfant, avait même été demoiselle d'honneur à son mariage. Savait-elle seulement dans quel pétrin elle l'avait fourré en entrant chez les Windsor ? Sans doute pas.

Au lendemain de l'arrivée de la jeune femme dans la famille royale, la plupart de ses collègues – secrétaires adjoints, chargés de mission divers – avaient cru pouvoir la cantonner dans un rôle d'aimable potiche. « Vous auriez tort de la sous-estimer, avait averti Fellowes. On n'a jamais vu une Spencer se laisser mettre en cage sans réagir. » Les premiers temps, il avait essayé de lui expliquer les rudiments du métier de princesse. La monarchie constitutionnelle ne se limitait pas à des kilomètres de tapis rouges, des voyages à l'œil en première classe et des dressings bourrés de robes du soir. L'avait-elle écouté ? Pas vraiment. Les années de plomb de la guerre des Galles avaient ensuite irrémédiablement changé la nature de leurs relations. De tous les conseillers au pedigree impeccable qui formaient la garde rapprochée de la souveraine, Robert avait pourtant été le seul à toujours la défendre. Il avait essayé de comprendre avant de juger, refusant de prendre parti pour Charles comme de cautionner les complots ourdis par les uns et les autres pour la décrédibiliser aux yeux de l'opinion. Les frasques de Diana avaient plus d'une fois compromis sa carrière, mais il ne lui avait retiré ni sa confiance ni son affection pour autant. Lui en avait-elle été reconnaissante ? Là encore, pas vraiment.

La porte du bureau pivota sans faire de bruit. Escortée d'Emma et Linnet, deux de ses fidèles corgis, Elizabeth entra dans la pièce, un large sourire aux lèvres. La princesse se sentit à la fois impressionnée et émue, un peu comme si elle la rencontrait pour la première fois.

— Comment allez-vous, ma chère ? commença Sa Majesté.

— Bien, bien, Ma'am, et vous-même ? Je vous suis très reconnaissante d'avoir accepté de me recevoir aussi vite.

— Dois-je vous rappeler qu'en dépit de votre divorce, et quoique vous vous obstiniez à prétendre le contraire, vous faites toujours partie de la famille ? Je tiens à ce que nous gardions de bonnes relations, c'est important pour mes petits-fils… La rentrée s'est-elle passée comme vous le souhaitiez ?

— J'apprivoise doucement ma nouvelle existence, Ma'am. Je vais sans doute réorganiser mes activités, explorer d'autres voies…

— Parfait, parfait. Je suis sûre que, comme d'habitude, vous ferez du très bon travail.

— Si j'ai demandé à vous voir, Ma'am, c'est justement pour avoir votre avis sur…

— Sur… ?

— Je pense pouvoir être encore utile à la Couronne. C'est en tout cas ce que je souhaite de tout mon cœur.

— Voilà une intention qui vous honore.

— Pendant toutes ces années, je me suis dépensée sans compter pour représenter mon pays à l'étranger, et je souhaiterais pouvoir continuer. Peut-être qu'en tant qu'ambassadrice de bonne volonté en charge des questions humanitaires…

— Que faites-vous de l'action d'Anne à la tête de Save the Children, par exemple, ou de celle d'Andrew pour l'enfance maltraitée ? coupa la reine. Devrais-je leur demander de tout arrêter parce que leur ex-belle-sœur s'estime plus compétente qu'eux dans le domaine de l'action caritative ? Voyons, ma chère, vous plaisantez…

Diana rougit et se mordit les lèvres.

— Ce n'est pas du tout ce que je demande, non, pas du tout… Je voudrais simplement mettre ma… ma notoriété au service de certaines grandes causes. Je n'ai jamais eu l'intention de marcher sur les plates-bandes de qui que ce soit, je vous assure… Anne et Edward m'en veulent parce qu'ils sont persuadés que j'ai toujours cherché à briller aux dépens de la famille, mais c'est faux. S'il m'est arrivé d'en faire un peu trop par le passé, c'est seulement parce que j'étais sur la défensive, et rien d'autre. Aujourd'hui, ce que je désire par-dessus tout, c'est simplement pouvoir donner un nouveau sens à ma vie, tout en continuant à me rendre utile.

— Je comprends vos motivations et je les approuve, mais je ne suis pas sûre de pouvoir vous donner mon assentiment. La représentation officielle de la Grande-Bretagne n'est pas qu'une question de bonne volonté, même dans le domaine de l'humanitaire. Elle exige bien d'autres compétences, croyez-moi. Non que je veuille mettre en doute vos qualités, que j'ai toujours reconnues et appréciées… Mais ma position en tant que chef de l'État ne me permet pas de vous encourager dans vos projets.

— Ma'am, je...

— C'est bien vous qui avez insisté pour rendre votre titre d'altesse royale au prétexte que les obligations qui allaient avec vous pesaient, non ?... Je ne vous en veux pas, en cherchant bien je suis sûre que je pourrais même trouver ça très courageux. Sachez cependant que mon précédent gouvernement s'est trouvé dans une position très inconfortable lorsque vous vous êtes rendue en Bosnie et en Angola avec la Croix-Rouge. Prenez autant d'initiatives que vous voudrez, je ne pourrai pas vous en empêcher. Mais il faudra que vous le fassiez à titre privé.

Un long silence s'installa dans la pièce. Diana savait qu'il était inutile d'insister. Déstabilisée, elle porta nerveusement sa tasse de thé à ses lèvres.

— Donnez-moi des nouvelles des garçons, reprit Elizabeth d'un ton sensiblement radouci.

— William est très heureux à Eton. Il a d'excellents résultats, ce dont Charles et moi sommes vraiment fiers. Il nous a appelés tous les deux hier soir pour nous annoncer qu'il avait eu un A en histoire et un B en mathématiques.

— Je me demande de qui il peut bien tenir ce cerveau. Il n'y a pourtant jamais eu d'intellectuels dans la famille... Et Harry ?

— Il s'épanouit davantage dans les activités artistiques et sportives. En football, en rugby, au jeu de lacrosse, c'est lui le meilleur, le plus combatif, le plus accrocheur. Et je crois qu'en dessin, il est aussi la tête de sa classe.

— Il a hérité la fibre artistique de son père et de son grand-père, vous ne croyez pas ? Savez-vous si

William viendra me rendre visite à Windsor, dimanche prochain ?

— En tout cas, il en a l'intention. Je suis très heureuse de voir à quel point vous comptez pour lui.

— Il grandit beaucoup en ce moment. Il a le mauvais caractère de Charles, la volonté de fer et l'indépendance d'esprit de Philip, sans oublier le sérieux de sa grand-mère. S'il continue comme ça, il ira loin…

Elizabeth II et sa bru esquissèrent un sourire. Ce fut le moment que choisit la souveraine pour mettre fin à l'entretien.

— Revenez me voir bientôt. Et ne soyez ni déçue ni amère après ce que je vous ai dit. Ma conception des choses ne peut ni ne doit s'embarrasser d'aucune considération d'ordre personnel, vous le savez bien.

Après avoir embrassé sa belle-mère sur les deux joues et salué distraitement Robert Fellowes d'un signe de la main, Diana pressa le pas pour rejoindre l'entrée du palais. Une fois dans la cour, elle sortit de son sac à main son téléphone portable et composa le numéro de son ex-mari. Après deux ou trois sonneries, une voix grave et sourde se fit entendre.

— Diana ? interrogea le prince Charles.

Avant d'avoir pu répondre, la princesse éclata en sanglots. Le désespoir causé par sa rupture avec Hasnat, la déception immense d'avoir été éconduite par la reine, l'impression d'être abandonnée de tous… tout se brouillait dans son esprit.

— Calme-toi, voyons, que se passe-t-il ?

— Charles, je suis si… si complètement perdue. Tony Blair m'avait assuré qu'il pourrait m'obtenir… tu sais… ce job auquel je tiens depuis si longtemps… Il avait l'air de penser que ce ne serait qu'une formalité, mais non... Je sors tout juste d'un entretien avec ta mère, qui m'a fait clairement comprendre qu'elle s'y opposait. Elle a eu des mots très durs. Et me revoilà à la case départ, à ne plus savoir de quoi l'avenir sera fait...

— Je comprends ton désarroi, mais je comprends aussi la position de Mummy. Elle a d'ailleurs dû te dire que ça n'avait rien de personnel, non ? Je sais qu'elle a toujours beaucoup d'affection pour toi. D'ailleurs, qu'elle ait été dure m'étonne beaucoup, je ne te le cache pas...

— Je me suis sentie terriblement rejetée, une fois de plus...

— Ressaisis-toi, je t'en prie.

— Tu es où, là ? Je te dérange ?

— Pas le moins du monde. Je suis à Highgrove. J'attends Camilla pour dîner.

— Blair m'a lâchée... Toi, tu es heureux avec une autre... J'ai tellement peur...

— Tranquillise-toi. Tu es la mère de mes enfants et ça, rien ne pourra jamais te l'enlever. J'ai parlé de toi avec William et Harry il y a une quinzaine de jours. Les garçons s'inquiétaient de savoir si tu étais bien traitée par la famille. Je les ai rassurés. Non seulement personne ne te veut de mal mais, en ce qui me concerne, je serai toujours là pour te défendre et te protéger.

— Amis, alors ?

— Amis.

— Merci, Charles. Ça m'a fait beaucoup de bien de te parler.

La matinée du 22 décembre trouva Shelby en train de farfouiller dans la grande surface la plus proche de chez lui à la recherche de cadeaux à petits prix pour sa sœur, Clare, et sa ribambelle de gamins. Le détective employait maintenant le plus clair de ses journées à essayer de retrouver la trace des lettres volées à James Hewitt. Une perquisition chez l'ex-officier des Life Guards n'avait rien donné. Après avoir lancé plusieurs de ses indics à la recherche d'un hypothétique collectionneur, il avait acquis la conviction qu'il s'agissait, là encore, d'une fausse piste. Robert avait aussi réveillé ses informateurs dans les rédactions des grands quotidiens du royaume. L'un des documents avait atterri on ne sait trop comment entre les mains d'un journaliste du *Daily Express*, lui avait appris l'un d'eux, mais la direction du tabloïd ne paraissait pas plus pressée que ça d'en faire profiter ses lecteurs. Depuis la fin de l'été 1997, l'appétit des journaux pour les secrets d'alcôve des Windsor semblait en effet être retombé. Après avoir enflammé Fleet Street, le feuilleton des amours entre Diana et Dodi n'avait débouché sur aucun *happy end* et les grands groupes de communication, contraints d'engager des moyens considérables pour pouvoir suivre les deux tourtereaux aux quatre coins du monde tout au long des mois de juillet et août, avaient le sentiment d'en avoir été pour leurs frais.

Le renforcement des pouvoirs de la Commission des plaintes contre la presse et le durcissement du code de bonne conduite imposé aux médias incitaient en outre ces derniers à davantage de retenue. La rédaction en chef du *Sun* avait finalement préféré détruire les enregistrements pirates de conversations « érotiques » entre Charles et Camilla qu'elle conservait dans un coffre depuis trois ans. L'idylle entre Diana et James Hewitt faisait elle aussi partie de ces vieilles histoires que plus personne n'avait vraiment le cœur à ressasser. L'inspecteur du MI5 avait vite compris qu'aucun des quotidiens britanniques n'était responsable de la disparition de la correspondance de la princesse. Au terme de huit semaines de recherches, il n'avait pas réussi à mettre la main sur le moindre indice. Son enquête était au point mort.

— Sarah ? C'est moi…

— Ça alors ! Ma petite sœur se souvient que j'existe… Je dois ce cadeau au Père Noël, ou quoi ?

— Arrête ! Tu sais bien que ça n'est pas…

— Que ça n'est pas toujours facile pour toi, je sais. Ne te fâche pas. Je suis si contente de t'entendre…

— Les enfants sont là ?

— Non, ils sont partis faire un tour avec Neil. Quand aura-t-on le plaisir de te voir débouler dans le Lincolnshire ? Tu ne viendrais pas nous voir pour les fêtes, par exemple ?

— Je repars bientôt pour les États-Unis. En ce moment, j'ai la bougeotte. J'ai rompu avec Hasnat, alors je fuis, je fuis… Et justement, je t'aurais bien proposé de partir avec moi quelques jours. C'est moi qui paie, *of course.*

— Ça m'étonnerait que Neil voie ça d'un très bon œil, tu le connais. Surtout là, en pleine période de vacances…

— Bon, tant pis. Ne t'en fais pas, je m'en doutais.

— Pourquoi n'emmènes-tu pas William et Harry avec toi ?

— Parce qu'ils sont à Sandringham, quelle question ! Chaque 25 décembre que Dieu fait, ma belle-mère exige la présence de tous les membres de sa famille, sans exception. *Ein, zwei, drei…* tout le monde au garde-à-vous !

— Ttt ttt ttt, qu'est-ce que j'entends ? De nouveau des problèmes avec la Top Lady ?

— Quand nous étions mariés, Charles et moi, on était bien content que j'accepte tous ces fichus voyages officiels en solo. Pakistan, Hongrie, Égypte... À l'époque, tout le monde trouvait ça formidable ! Maintenant, *finito* ! Au placard, Diana ! On craint sans doute que j'empiète sur les prérogatives de mon ex, ou que j'aille piétiner les arpions d'Anne en Afrique...

— Le système, ma grande... Tu n'en fais plus partie, il faut te faire une raison. Mais dis-moi... tu as quelque chose de prévu à la Maison-Blanche, ou pas ?

— Hillary et Bill m'ont proposé d'être l'une des invités d'honneur de cette espèce de grand gala pour la paix qu'ils organisent entre Noël et le jour de l'an. Mais il aura lieu dans un musée, je crois...

— Tu te souviens de ce merveilleux service en porcelaine hongroise qu'il y avait sur la table, la dernière fois que nous les avons vus toutes les deux ? Essaie de te renseigner, quand tu seras là-bas. Tu sais ce qu'il faut faire ? Tu retournes toutes les tasses jusqu'à ce que tu repères ce fameux numéro qui nous manque pour pouvoir le commander ou le faire reproduire...

— Je tâcherai d'y penser. De ton côté, as-tu eu des nouvelles de notre cher frère ?

— Pas dernièrement, non.

— Tu sais qu'il refuse toujours de me laisser occuper un des petits cottages d'Althorp, même en échange d'un loyer ?... J'ai trente-sept ans, et je n'ai toujours pas de maison à moi. Tu trouves ça normal ?

— Ça y est, ma petite sœur adorée est de nouveau en guerre avec le monde entier !

— Plus avec Charles, en tout cas. C'est un peu comme si nous nous redécouvrions, lui et moi.

— Charles est un type bien. Il t'a trompée, tu l'as copieusement trompé toi aussi. Lui et toi, vous êtes quittes.

— …

— Tu ne me demandes pas des nouvelles de maman ?

— Non…

— Tu lui manques beaucoup. Je sais qu'il est inutile d'essayer de te convaincre de lui téléphoner, tu as la tête plus dure à toi toute seule que l'ensemble des Spencer réunis. Mais je te demande simplement d'y réfléchir. Mummy souffre beaucoup de cette situation. Tu peux y mettre un terme, il ne tient qu'à toi d'en décider.

— Elle n'avait pas le droit de critiquer les hommes de ma vie comme elle l'a fait ! C'est *ma* liberté, oui ou non ? Je ne sais pas si je pourrai un jour le lui pardonner.

— …

— Sarah ?

— Je suis toujours là.

— Il faut que je te laisse, je dois encore régler deux trois choses et commencer à préparer mes bagages. Embrasse les *kids* pour moi. Dis-leur que tante Diana reviendra les voir bientôt avec des tonnes de cadeaux !

5.

Décembre 1997 - Avril 1998

— Euh... vous avez perdu quelque chose ?

Rouge jusqu'aux oreilles, Diana rentra la tête dans les épaules et leva ses grands yeux bleus en direction de Bill Clinton.

— Je cherche la référence de ces très jolies tasses à café que vous avez-là... C'est pour ma sœur.

— Ne vous donnez pas cette peine..., reprit le président d'un air rigolard. Je vous en ferai livrer un service entier demain matin à votre hôtel.

Le chef de l'État américain s'éloigna pour aller saluer l'ambassadeur de France, François Georges de Méricourt. La princesse, dont le visage avait viré au cramoisi, reprit place sur sa chaise. Henry Kissinger lui tapota affectueusement la main.

— N'y prêtez pas attention, ma chère enfant... Notre ami est un peu tendu, en ce moment.

— Savez-vous pourquoi les stagiaires de la Maison-Blanche ne se promènent plus que la bouche grande ouverte ? demanda à l'autre bout de la table une belle femme d'allure très distinguée qui devait avoir une cinquantaine d'années. Pour que le procureur ne puisse pas les soupçonner de rétention de preuves...

Diana pouffa de rire, puis se donna une petite tape sur la joue comme pour se punir d'avoir apprécié la plaisanterie. Le couple Clinton se débattait depuis quelque temps dans les remous politico-conjugaux de l'affaire Monica Lewinsky. Hillary, avec qui elle avait déjeuné la veille, soutenait son conjoint avec un courage et une abnégation qui forçaient le respect de tous. Entre un millefeuille de tomates au basilic et une dorade pochée au beurre blanc, les deux femmes avaient échangé des propos un rien désabusés sur l'inconstance des hommes et le devoir de vérité entre époux. L'ex-future reine d'Angleterre et la First Lady avaient comparé leurs points de vue sur le mariage, ses bonheurs, ses vertiges et ses pièges. La première avait admis être à l'origine de la révélation des amours adultères de Charles et Camilla Parker-Bowles. La seconde s'était dite prête à tout pour défendre l'honorabilité de son conjoint, dût-elle aller jusqu'à témoigner devant le Congrès. Elles avaient aussi beaucoup parlé de leurs enfants et de leurs efforts pour les protéger des médias. « Je ferai tout ce que je pourrai pour empêcher que William et Harry deviennent des vedettes de tabloïds, avait insisté Diana. Le genre de produit de consommation quotidienne que je suis aujourd'hui malgré moi. »

La princesse avait accepté d'autant plus volontiers de venir à Washington que la capitale fédérale lui réservait toujours un traitement de chef d'État… Ce soir, une cinquantaine de tables rondes avaient été dressées sous le dôme de la National Gallery of Art. Nappes de lin, argenterie précieuse, orchidées blanches… La salle bruissait de rires mondains, du tintement des couverts sur les assiettes et d'un aimable froufrou de robes haute couture. Près de quatre cents invités avaient déboursé chacun la coquette somme de dix mille dollars – destinée à la Croix-Rouge internationale – juste pour avoir le privilège de dîner en sa compagnie. Ovationnée à son arrivée, la jeune femme avait été félicitée publiquement par le président Clinton pour son rôle décisif dans la signature, le 3 décembre, du traité d'Ottawa interdisant l'usage des mines antipersonnel. L'étoile des Windsor s'était alors sentie rosir de plaisir. Cette formidable réussite n'avait peut-être pas suffi à convaincre Elizabeth II de lui confier le rôle officiel auquel elle aspirait, mais elle lui avait au moins permis de gagner l'estime du reste du monde. C'était toujours ça de pris.

Diana se sentait encore plus en beauté que d'ordinaire. Vêtue d'un fourreau de satin noir retenu à l'épaule par une broche sertie d'un précieux camée et agrémenté d'un simple rang de perles fines, elle était l'objet de toutes les attentions de Kissinger – certainement le plus empressé de tous ses admirateurs – et d'un aimable sexagénaire à barbichette – président d'une quelconque multinationale –, manifestement hypnotisé par ses charmes. Tout en les écoutant d'une oreille distraite, elle observait le curieux manège d'un individu à la silhouette replète et au visage d'ange encadré de cheveux blonds qui s'agitait à la table numéro 8. Particulièrement disert, il mettait une énergie folle à divertir ses voisins, faisant force gestes et étayant ses propos de rires sonores. En le regardant avec un peu plus d'attention, la jeune femme éprouva comme un sentiment de malaise. Celui-ci ne dura pas.

— Puis-je vous présenter l'exquis, le délicieux Matthew Coleby ?

Hillary, tout sourire, tenait fermement par le bras

un bel homme de quarante-cinq ans environ, grand, mince et légèrement grisonnant sur les tempes. Sanglé dans un smoking impeccable, il ne parut pas différent à la princesse de tous ces hommes d'affaires sportifs, cultivés et beaux parleurs que ses copines s'évertuaient à lui jeter dans les bras.

— Laissez-moi deviner, commença-t-il. Vous êtes... ah ! il me semble pourtant vous connaître, mais...

Elle partit d'un grand éclat de rire.

— Vous m'avez sûrement vue dans *Deux blondes pour une couronne,* ce feuilleton anglais très connu... J'y ai fait un tabac pendant des années...

Constatant que la conversation était engagée, Mrs Clinton s'éclipsa. Coleby faucha une chaise vide à une table toute proche et obligea Kissinger à se décaler légèrement de manière à lui permettre de s'asseoir à côté de Diana.

— Je n'interromps pas une conversation, au moins ? lança-t-il en se tournant vers l'ancien ministre de Richard Nixon, qui le fusillait du regard.

— Pas du tout, répondit la princesse. Nous avions terminé. N'est-ce pas, mister Kissinger ?

— Mais certainement, certainement..., maugréa ce dernier.

— Vous connaissez Hillary depuis longtemps ? demanda Matthew à la jeune femme.

— Depuis plusieurs années, oui... Je l'admire énormément.

— Je l'ai rencontrée par l'intermédiaire de Bill, avec qui j'ai pas mal travaillé au milieu des années quatre-vingt, lorsqu'il était gouverneur de l'Arkansas. Puis nous nous sommes perdus de vue. C'est un ami à moi qui nous a remis en contact, il y a quelques mois. Et savez-vous quelle est la première question qu'elle m'a posée ? « Dis donc, beau gosse, tu as bien voté pour mon mari, toi, au moins ? »

— Et c'était le cas ?

— Non. Mais je l'ai bien évidemment assurée du contraire. Vous n'allez pas vendre la mèche, j'espère ?

— Aucun risque, ne vous en faites pas, répondit Diana en souriant.

— Vous avez quelque chose de... de lumineux. Je ne voulais pas me laisser aller à ce genre de banalités, mais... Excusez-moi.

— Ne vous excusez pas... C'est bien pour ça que vous êtes là, non ? Les Clinton sont persuadés que ce qu'il me faudrait, c'est un individu dans votre genre...

— Vous voulez dire un Américain encore pas trop mal de sa personne, sensible, généreux et capable de vous faire oublier la vieille Angleterre, ses princes mal embouchés et ses méchantes belles-mères ?...

Légèrement grisée par les deux coupes de cristal Roederer qui avaient accompagné son dessert, Diana se laissait envahir par un doux sentiment d'euphorie. Matthew s'adressait à elle avec ce soupçon de culot et d'impertinence qu'elle aimait tant trouver chez un flirt. La sensualité qui émanait de lui lui paraissait maintenant réveiller chacune des fibres de son être.

— Vous appréciez les musées ?

— Je n'ai toujours fait que les visiter au pas de charge, accompagnée d'intellectuels rasoirs. Pourquoi ?

La prenant par la main – une familiarité qu'aucun autre homme n'avait osé se permettre avant le deuxième ou le troisième rendez-vous –, il l'entraîna hors de la salle de réception sous l'œil ahuri des autres convives.

— Attendez !

Diana ôta ses talons aiguilles et releva légèrement le bas de sa robe.

— Si nous devons continuer à courir, je serai beaucoup plus à l'aise comme ça.

Coleby lui fit traverser une enfilade de galeries désertes aux murs couverts de tableaux et finit par arrêter sa course devant un très beau portrait de femme.

— Ginevra de Benci, une aristocrate florentine de la fin du XVe siècle. Intelligente, vertueuse, riche et surtout horriblement austère...

— Il y a beaucoup de tristesse dans ses yeux, vous ne trouvez pas ? Quelque chose comme... comme une infinie mélancolie...

— Cette toile aurait été commandée à Léonard de Vinci à l'occasion de ses fiançailles.

— Elle se préparait peut-être à épouser un homme qu'elle n'aimait pas.

— Possible.

— Regardez son visage..., murmura la princesse. On pourrait croire qu'elle s'y résigne, mais non... Il y a de la force chez cette femme, des rêves qui ne veulent pas mourir. Peut-être même est-elle en train de penser à un homme, un homme qui n'est pas celui qu'on lui destine mais qui l'a bouleversée en lui faisant la cour...

Elle se tourna vers Matthew.

— On doit nous chercher partout, en ce moment.

— Bill a même déjà dû mettre ses services secrets sur le coup...

— Je ne sais rien de vous...

— Il n'y a pas grand-chose à dire. Je travaille

pour les Nations unies, j'habite New York et je suis l'heureux père d'une jeune fille de vingt-trois ans. Mais ce que je ressens à cet instant...

Il prit le visage de Diana entre ses mains.

— Je voudrais me mettre à genoux, je voudrais...

— Embrassez-moi...

Le garçon d'étage de l'hôtel Carlyle venait de refermer la porte de la chambre. Tout en picorant son club sandwich au poulet, l'ex-épouse du prince Charles gardait l'œil rivé sur son téléphone portable, posé à la droite de son assiette. « Mr Charme » – le surnom dont elle affublait désormais son séduisant diplomate – avait promis d'appeler aux alentours de midi. Contraint de rentrer à New York pour assister à une conférence à l'ONU, il lui avait proposé de passer quelques jours avec lui à Manhattan. La princesse l'avait suivi avec un enthousiasme de teenager à l'aube du premier grand amour.

Lorsque la sonnerie du téléphone se fit enfin entendre, elle décrocha avec empressement. À l'autre bout du fil, ce n'était pas la voix de Coleby, mais celle de Brandon Waite, son conseiller.

— Bonjour, Brandon ! Je vous croyais en vacances dans le Devon, chez votre mère.

— J'y suis, j'y suis, Ma'am... Votre voyage se déroule comme prévu ?

— Tout va bien, oui, oui... Vous vouliez me souhaiter une bonne et heureuse nouvelle année ?

— Je crains malheureusement que nous ne démarrions 1998 sur une assez mauvaise nouvelle. Le *Daily Express* s'apprêterait à rendre public le contenu d'une lettre que vous auriez écrite à James Hewitt il y a dix ans.

— Quelle catastrophe ! Mais quel intérêt, après tout ce temps ?...

— Mon informateur ne sait pas exactement quand le document sera publié. D'après ce que j'ai compris, les responsables du quotidien tiennent d'abord à vérifier son authenticité.

— Ils n'auront pas besoin de chercher bien loin... Contactez mes avocats, qu'ils voient ce qu'ils peuvent faire pour empêcher ça. Je sais que tout le monde est en vacances en ce moment, mais débrouillez-vous pour les trouver.

— Y a-t-il autre chose que je puisse faire, Ma'am ?

— Rien d'autre pour l'instant, non. Je rentre en Angleterre immédiatement, nous aviserons à mon retour.

Elle fit appeler l'assistante que le couple Clinton avait mise à sa disposition pour toute la durée de son séjour sur le continent américain, et lui donna les consignes nécessaires en prévision de son départ. À un irrépressible sentiment de colère se mêlaient maintenant le chagrin de devoir laisser derrière elle son beau chevalier servant et l'angoisse de se sentir à nouveau rattrapée par la réalité londonienne. La presse, ses jeux cruels et leurs conséquences... L'étalage de révélations impudiques qui avait accompagné la lente détérioration de son mariage avec Charles lui avait aliéné à tout jamais une partie de la famille royale. Son ex-époux, miné par leurs incessantes querelles, avait, quant à lui, traversé à plusieurs reprises des moments de grave dépression. Ils se savaient l'un et l'autre à tout jamais traumatisés par ce qu'ils avaient vécu. « Pourquoi nous torturer encore et encore alors que nous sommes divorcés ? s'interrogea Diana en jetant une valise sur le lit. Ne nous laissera-t-on jamais tranquilles ? »

Un chauffeur envoyé par Paul Burrell l'attendait à sa descente d'avion, sur le tarmac de l'aéroport d'Heathrow. Les passagers du vol de la British Airways furent priés de rester à leur place après l'ouverture des portes, afin de lui laisser le temps de quitter tranquillement l'appareil. Le premier réflexe de la jeune femme fut d'attraper son portable dans son sac à main. Deux messages… Le premier était de Matthew, qui l'assurait de son soutien et espérait pouvoir la rejoindre très vite en Grande-Bretagne. Le second, de la duchesse d'York. Diana ne put s'empêcher de sourire en entendant la voix de son ancienne complice : « C'est encore moi. J'ai l'impression que ma quarantaine est partie pour durer… Je tenais quand même à te dire qu'en ce qui me concerne, je serais vraiment très heureuse d'entendre le son de ta voix. Les filles me demandent constamment de tes nouvelles et ne comprennent pas pourquoi William et Harry ne viennent plus les voir. Allez, pleeaaase, rappelle-moi. Après tout ce qu'on a traversé ensemble, toi et moi, ça ne peut pas se terminer comme ça… »

Confortablement installée sur la banquette arrière de la voiture, la princesse regardait tomber la pluie fine qui noyait les contours du paysage dans une brume grise et vaporeuse. Sacrée Fergie… Dire qu'une nuit, il y avait huit ou neuf ans, elles s'étaient fait le serment de divorcer ensemble de leurs maris. « On ne va pas leur laisser le choix ! s'était exclamée la duchesse. On va aller trouver Fellowes et ses sbires, et on va les prévenir que si l'une de nous deux doit sauter, eh bien, l'autre sautera aussi ! » À l'époque, le prince Andrew, retenu par ses obligations dans la Royal Navy, passait le plus clair de son temps en mer, à mille lieues d'imaginer la solitude dont souffrait son épouse. Diana, elle, n'en finissait plus de s'interroger sur l'issue d'un mariage qui n'avait plus de sens. Des femmes, des époux, des amants... Les deux belles-filles d'Elizabeth II étaient entrées chez les Windsor comme deux gamines lâchées dans une boutique de friandises. Aveuglées par les mirages d'une existence en apparence facile, elles en avaient parfois oublié les contraintes liées à leur rang.

Londres approchait. La princesse réalisa soudain à quel point son amie lui manquait. Elle composa le numéro de Sarah, qui décrocha sans attendre :

— Ça alors ! Je n'y croyais plus ! Saleté, va ! Si tu savais comme ton coup de fil me fait plaisir !

— Alors... quoi de neuf ?

— Les temps sont durs, mais je m'accroche. Je commence tout doucement à remonter la pente...

— Avec la firme, comment ça se passe ?

— Andrew m'a proposé de revenir habiter à Sunninghill le temps que je me refasse une santé sur le plan financier. N'en déplaise à notre horrrrrible ex-beau-père, je crois que je vais accepter son offre... Maintenant que je dois payer toutes mes factures moi-même, je peux te dire que je regrette amèrement l'insouciance dont je faisais preuve quand j'étais mariée. C'est bien connu : l'argent, quand on en a, n'a pas le même goût que quand on n'en a plus... Donc je bosse, je bosse...

— Ça doit te faire un drôle d'effet, non ? s'esclaffa Diana.

— T'as raison... Heureusement que je n'ai pas besoin de batailler pour trouver du boulot ! Je commence même à faire un vrai carton aux États-Unis. Je préfère travailler à l'étranger, tu vois, c'est mieux pour tout le monde, y compris pour Beatrice et

Eugenie. La société Weight Watchers m'a demandé de devenir son porte-parole, c'est pas énorme ? Du coup, j'ai pris un coach, je cours, je transpire, je me démène pour perdre mes kilos... Voilà, tu sais tout. Tu sais en tout cas comment ta vieille duchesse essaie de se relancer sur le marché. Mais bon, je parle, je parle... Et toi ?

— Je vais bien, ou plutôt je vais mieux. Là, je rentre de New York...

— Tu étais avec ton Dodi ?

— Pas du tout ! Dodi, c'est de l'histoire ancienne. Nous avons passé un été formidable tout en sachant parfaitement que notre jolie romance n'était pas faite pour durer. Mais ne t'inquiète pas pour moi. Côté cœur, j'ai déjà d'autres projets, assez excitants, dont je te parlerai quand on se verra. Et toi, tes amours ?

— Figure-toi qu'un comte italien, un vrai de vrai, me fait la cour. En même temps, avec Andrew, je n'ai pas l'impression que ce soit vraiment terminé. Quand on se voit, on reprend la conversation là où on l'avait arrêtée la fois d'avant, on se marre, on parle des enfants, il me prend dans ses bras... Tu veux que je te dise ? S'il n'avait tenu qu'à nous, on n'aurait jamais divorcé.

— Tu sais bien que, dans le fond, nous ne le voulions ni l'une ni l'autre. Mais sérieusement... pourquoi ne vous remettriez-vous pas ensemble ? Vous êtes faits l'un pour l'autre, ça crève les yeux.

— Si ça ne dépendait que de moi ! Il m'arrive de me réveiller la nuit en pensant à la tête que feraient ces enfoirés du palais si Andrew leur annonçait qu'on se remarie... Tu imagines ? Tu imagines le pied que je prendrais à dire *f... you* à tous ces gens qui ont répandu des horreurs sur moi dans la presse pendant des années, ces soi-disant conseillers de malheur toujours prêts à me poignarder dans le dos ?

— Beaucoup de choses ont changé. Dis-moi ce qui te retient vraiment.

— Ça voudrait dire qu'il faudrait que j'arrête de travailler. Or Andrew, en tant que fils numéro deux, a des revenus bien inférieurs à ceux de Charles. Les filles grandissent, il faut payer leurs études, leurs sorties, leurs vacances, leurs sapes... On a fait le calcul. Lui tout seul, il ne s'en sortira pas. Et puis... tu me vois faire comme les autres ? Passer le restant de mes jours à inaugurer des écoles, des foires agricoles ou des maisons de retraite ? Je ne pourrais plus, Duch'... Sincèrement, je ne m'en sentirais plus la force.

— Je comprends.

— Duch'... réponds-moi franchement : je voudrais être sûre que tu n'es plus fâchée contre moi.

— Je ne sais pas... Je ne vois pas quel plaisir tu as pu éprouver à raconter tous ces trucs sur moi dans ce bouquin. C'était quoi, le titre, déjà ?

— *Mon histoire.*

— Ah oui, c'est ça. Tu voulais sans doute dire : *notre* histoire...

— J'ai flippé. L'éditeur me mettait la pression pour que je parle de notre amitié. Quand j'ai réalisé que finalement, c'était surtout toi qui l'intéressais... Je t'en ai voulu, je m'en suis voulu à moi aussi... C'était trop tard, de toute façon. Je ne pouvais plus reculer.

— Tu aurais pu te dispenser de cette anecdote débile sur ces verrues attrapées dans mes chaussures...

— Au début, ce n'était qu'une blague. Idiote, je

te l'accorde, mais une blague. Je regrette, je regrette sincèrement.

— Bon. En cherchant bien, j'aurais sûrement une ou deux bricoles à me reprocher moi aussi, alors n'en parlons plus.

— Quand est-ce qu'on se voit ?

— J'ai quelques histoires un peu urgentes à régler en arrivant. Ça prendra probablement plusieurs jours, mais je te rappelle en début de semaine prochaine.

— Promis, alors ? Tu ne me refais pas le coup de me laisser moisir sans nouvelles pendant six mois ?

— Promis juré. Je t'embrasse.

La voiture franchissait les grilles qui ferment l'entrée du palais de Kensington. De loin, Diana aperçut la silhouette familière de Paul Burrell, qui l'attendait devant la porte de ses appartements.

— Bienvenue à la maison, Ma'am. Vous avez fait bon voyage ?

— Excellent, Paul, merci. Je crois que je vais aller prendre un bain.

Allongée sur son lit, le téléphone rivé à l'oreille, la princesse attendait que Peter Wind se décide à décrocher. Au huitième appel, la voix essoufflée du reporter du *Morning Standard* se fit enfin entendre.

— Désolé, Ma'am ! J'étais en réunion à côté... Comment allez-vous ?

— Bien, bien, Peter, merci... Dites-moi...

— Je vous écoute...

— Le *Daily Express* aurait en sa possession une des lettres dont je vous ai parlé il y a quelque temps. Je ne sais pas ce que le détective que vous étiez censé mettre sur l'affaire a bien pu fabriquer, mais moi, je me retrouve maintenant avec un *énooorme* problème sur les bras !

— J'en suis le premier navré, mais je ne vois pas très bien ce que je peux faire. Le *Morning Standard*...

— Justement... Dans son édition de demain, le *Morning Standard* pourrait peut-être laisser entendre qu'un tabloïd concurrent s'apprête à rendre publique une lettre supposément écrite de ma main, mais que tout désigne en réalité comme étant un faux. Vous voyez où je veux en venir ? Laissez entendre que le document pourrait faire partie d'une série qui circule depuis un moment dans les rédactions des grands journaux, faites croire à vos lecteurs que vous avez vous-même été approché par le vendeur mais que, flairant l'escroquerie, vous avez préféré décliner son offre... L'essentiel est que l'authenticité de cette lettre soit suffisamment mise en doute pour que le *Daily Express* ne puisse plus la publier, c'est tout ce que je vous demande.

— ...

— Vous ne dites rien ?

— Je réfléchis.

— Voyons, que pourrais-je vous proposer pour vous aider dans votre réflexion ? Beaucoup de choses sont en train de changer pour moi en ce moment, il se pourrait même que je vous annonce une grande surprise dans les prochains mois. Si je vous en garantis l'exclusivité en échange de la petite faveur dont je viens de vous parler, est-ce que ça vous va ? Vous savez que vous pouvez me faire confiance, non ?

— Marché conclu.

— Merci, Peter, vous ne le regretterez pas.

Le réverbère planté sur le trottoir d'en face envoyait danser sa lumière dans les rideaux de la chambre de Shelby. Depuis quelques jours, l'inspecteur du MI5 était la proie d'une inquiétude indéfinissable. Cette fois, le danger était là et bien là, rôdant autour de sa petite personne rondouillarde comme un loup affamé autour de sa proie. À mesure que la nuit avançait, l'angoisse se faisait plus vive. Allongé sur son lit les yeux grands ouverts, il la sentait prendre peu à peu possession de lui. Un peu avant six heures du matin, il eut envie d'un café et se leva. La nuit était encore noire. Robert tâtonna pour trouver l'interrupteur de la cuisine et alla s'asseoir à la table où, la veille au soir, il avait étalé ses notes. Il essayait d'y mettre un peu d'ordre lorsqu'une sonnerie stridente retentit de l'autre côté du couloir. Le détective se dirigea vers le petit meuble où était posé le téléphone, à l'entrée du salon.

— Patron ? C'est moi, Leverson. Désolé de vous déranger à une heure pareille mais, connaissant votre intérêt pour les affaires un peu bizarres, j'ai pensé que vous préféreriez être prévenu tout de suite.

— Mmmm…

— Le baron Minto est mort. On a retrouvé son corps sur le seuil de sa maison de Dalmeny Avenue, dans le quartier de Holloway, au nord de Londres. La cause du décès n'a pas encore été établie par le médecin légiste, mais le gars avait un truc bizarre sur le front. Une espèce de fleur dessinée à la peinture dorée. Voilà. C'est notre département qui a été chargé de l'enquête, en liaison avec Scotland Yard. Je ne peux pas vous dire grand-chose de plus, pour l'instant. Je vous tiens au courant.

— Bien. Rappelez-moi dès que vous le pourrez.

Minto… L'homme se faisait appeler baron sans pouvoir prétendre d'aucune manière à porter ce titre. De son vrai nom Augustus Robert Mott, ce fonctionnaire, fils d'un ancien *Lord Lieutenant*[1] du comté du Sussex, était entré au service du roi George V au milieu des années trente et s'était employé, sa vie durant, à défendre l'image et la réputation de la monarchie britannique avec un zèle – d'aucuns diront : une rage – auquel personne ne connaissait d'équivalent. Avant la Seconde Guerre mondiale, il avait tout fait pour étouffer l'affaire Clarence Haddon – un homme qui prétendait être l'enfant naturel du prince Albert, le fils aîné d'Edward VII, mort prématurément d'une pneumonie en 1892, à l'âge de vingt-huit ans. Vingt ans plus tard, il avait piloté en coulisse l'éloignement de Peter Townsend, le grand amour de la princesse Margaret. Dans les années quatre-vingt et quatre-vingt-dix, il s'était une nouvelle fois distingué par ses commentaires peu flatteurs sur Diana et Sarah Ferguson, qu'il accusait de vouloir la « mort du système ». En dépit de son grand âge, Augustus bénéficiait toujours d'une influence non négligeable à la cour grâce à un réseau d'informateurs très actif qui lui était entièrement dévoué. « Si j'étais Leverson, se dit Shelby en raccrochant le combiné, c'est de ce côté-là que je commencerais à chercher. »

Son costume de la veille sur le dos, l'inspecteur sortit de chez lui un peu avant sept heures du matin et passa rapidement à l'épicerie pakistanaise toute proche, où il fit l'emplette d'un exemplaire du *Daily Telegraph* et d'une barre au chocolat. Son regard s'arrêta sur un entrefilet au bas de la page 8 : « Meurtre dans Hyde Park. Un homme a été découvert mort

1. Grade attribué au représentant officiel de Sa Majesté dans chacun des comtés du royaume.

dans un bosquet. Selon les premières constatations de la police, l'individu, qui ne portait aucun papier d'identité sur lui, aurait été empoisonné à l'aide d'une aiguille imprégnée de curare, retrouvée plantée à la base de son cou. Une enquête a été ouverte. » Deux assassinats dans une même nuit… L'inspecteur avait curieusement l'intuition que ces affaires étaient liées. Arrivé à la bouche de métro de Caledonian Road, il fit brusquement demi-tour, composa un numéro sur le clavier de son mobile et arrêta un taxi.

Quarante minutes plus tard, il retrouva un homme en pardessus sur l'esplanade de la Tate Modern, à Southwark, sur la rive sud de la Tamise. Leur conversation ne dura pas plus de cinq minutes. L'inconnu de Hyde Park se faisait appeler Hockney mais son vrai nom était Wolfegg, Billy Wolfegg. Son casier judiciaire ne mentionnait que quelques braquages de petite envergure, tous perpétrés dans la banlieue nord de Londres à la fin des années quatre-vingt. Il avait purgé une courte peine de prison en 1993 mais, depuis, plus rien. Ces deux dernières années, sa présence avait été signalée à plusieurs reprises par les officiers en civil du service de protection des membres de la famille royale. Une série de clichés réalisés au cours de divers déplacements de Diana le montrait invariablement au premier rang de la foule, habillé d'une parka de cuir noir. On l'avait repéré à l'entrée des locaux du Ballet national d'Angleterre, où la princesse de Galles s'était rendue le 28 août 1996, jour de son divorce d'avec Charles. On l'avait vu à la sortie de l'hôpital pour enfants de Great Ormond Street, il avait également été filmé par les caméras de surveillance installées autour du palais de Kensington. Cet été, des photographes l'avaient même croisé plusieurs fois à proximité des grilles qui ferment l'entrée du Castel Sainte-Hélène, la propriété de la famille Al-Fayed, à Saint-Tropez. Shelby écoutait son informateur avec attention. Le vol des lettres chez Hewitt, et maintenant le meurtre de Wolfegg… Un piège était en train de se refermer autour de Diana. Les méthodes employées étaient celles de professionnels. Il allait donc falloir explorer d'autres pistes, plus périlleuses, plus compliquées aussi. Celle de marchands d'armes inquiets de l'action menée par l'ex-belle-fille d'Elizabeth II dans la lutte contre les mines antipersonnel ? Et pourquoi pas ? Mais que venait faire Minto là-dedans ? Robert sentit un frisson lui parcourir l'échine. L'enquête allait sûrement prendre des mois…

Murs immaculés, parquets sombres et toiles contemporaines éclairées par des spots au ras du sol diffusant une lumière un peu sourde… l'appartement de Matthew Coleby, situé au 59, Rotherhithe Street, dans le quartier de Southwark, présentait l'avantage d'offrir à la fois toutes les conditions propices à l'épanouissement de l'intimité d'un jeune couple et une vue imprenable sur la Tamise. Appuyée au chambranle de la porte de la cuisine, Diana observait tendrement son amant, penché au-dessus d'un large plan de travail en acier brossé. Le nouvel homme de sa vie était en train de découper de précieux champignons en fines lamelles pour lui concocter des médaillons de lotte aux truffes noires, sa spécialité.

— Je tiens cette recette d'un chef français, un type qui a travaillé longtemps chez Le Divellec à Paris, lui lança-t-il sans lever la tête. Tu vas adorer !

Il était si sexy, si plein d'énergie et si attendrissant

à la fois... La jeune femme s'approcha doucement de lui, passa son bras autour de sa taille et posa délicatement sa tête sur sa poitrine.

— Ne me déconcentre pas, lui dit-il d'un air faussement courroucé, ce n'est pas le moment !

Elle eut un petit rire en cascade et lui mordilla le lobe de l'oreille en lui ébouriffant les cheveux.

— Ton appartement est vraiment magnifique, Matthew ! N'y manque qu'une présence féminine...

— L'appartement, ce sont des amis très chers qui me le prêtent lorsque je suis de passage ici. En ce qui concerne le défaut de présence féminine, il ne tient qu'à toi d'y remédier...

— Ces amis, comment les as-tu rencontrés ?

— À l'origine, c'étaient surtout de grands amis de mes parents. Ma mère est morte de chagrin après la mort de mon père, en juin 1944, sur les plages de Normandie, et ce sont eux qui m'ont recueilli. Ils m'ont fait partager leur amour de l'Europe, et plus particulièrement celui de la France, où je vais au moins trois ou quatre fois par an.

— Les Françaises... Championnes du monde de l'élégance et de la séduction, paraît-il... Est-ce que mon grand voyageur n'aurait pas aussi, par hasard, une femme qui l'attendrait à Paris ? Une femme qui serait, comme moi, folle de son corps et de ses talents de marmiton ?

— Mmmm... J'ai comme ça quelques recettes secrètes qui ont toujours beaucoup de succès...

— Et est-ce qu'il y a encore beaucoup de choses que je ne sais pas ?

— J'ai une prédilection pour les costumes Armani, les cravates Sonia Rykiel et les pardessus Vivienne Westwood, répondit Matthew en essayant de garder son sérieux. Mes chaussures, je les fais faire sur mesure chez John Lobb, comme ton ex-mari, je crois. Et mon meilleur ami s'appelle David Duncannon. Nous avons fait nos études ensemble à l'université de Yale. Je te le présenterai, si ça t'amuse. Tu vas l'aimer, j'en suis sûr.

— Qu'a-t-il donc de si extraordinaire ?

— Il est... il est... Tout ce que tu apprécies chez un homme ! Séduisant, racé, fin, cultivé, richissime... En société, ses manières sont parfaites, je ne connais pas plus brillant. Mais il a su garder un petit je-ne-sais-quoi de mystérieux qui fait tout son charme. On croit le connaître alors qu'en réalité il ne se livre jamais totalement. De ce point de vue-là, nous nous ressemblons beaucoup, lui et moi...

— Quand aurai-je la chance de rencontrer cet être exceptionnel ?

— Il est à Londres en ce moment. Organisons quelque chose pour ce week-end, si ça te dit... Allez ! Maintenant, à table, ou la lotte risque d'être trop cuite !

Matthew disposa le mets sur un plat en argent et déboucha la bouteille de vin – un château haut-brion acheté chez Fortnum & Mason. La table, tout de cristal, lin blanc et roses thé, était dressée au milieu du salon. La lueur des bougies nimbait d'un doux halo le visage de la jeune femme.

— Comme tu es belle, Diana ! Je n'arrive pas à croire que je suis là, ce soir, auprès de toi...

— Ce soir, je suis heureuse, darling, vraiment heureuse...

— À notre rencontre, ma princesse, lui répondit son compagnon en lui tendant un verre. À nous, à notre avenir... Non, non, ne proteste pas, surtout ne dis rien. Savourons cet instant, je t'en prie...

Diana sentait un imperceptible tremblement s'emparer d'elle. Elle ôta le verre des mains de Coleby puis, un petit sourire coquin sur les lèvres, enroula amoureusement ses bras autour de son cou.

— Tu les aimes, mes yeux ?

— Tu sais bien qu'ils me rendent fou…

— Tu les aimes, mes jambes ?

— Je ne les aime pas, je les adore…

— Et mes seins ? Tu les aimes, mes seins ?

Matthew la souleva du sol et se dirigea vers le canapé.

— Ce qui m'ennuie, murmura-t-il en la dévorant des yeux, c'est que je ne sais pas si la lotte, c'est toujours aussi bon réchauffé…

6.

Mai 1998 - Février 2000

Diana s'arrêta devant le bureau des infirmières. En cette heure matinale, les couloirs de l'hôpital pour enfants de Great Ormond Street étaient encore déserts.

— Bonjour, Danielle. Jenny est réveillée ?

— On vient de la réveiller, oui, vous pouvez entrer.

La princesse poussa la porte de la chambre. Une fillette d'une douzaine d'années était étendue sur un lit médicalisé, entouré d'appareils émettant à intervalles réguliers des sonneries courtes et stridentes.

— Alors, ma chérie, c'est le grand jour ?

— Oui. On va venir me chercher dans dix minutes. Tu crois que je vais avoir mal ?

— Je suis sûre que non, tout va bien se passer. En plus, je ne vais pas te laisser une seule seconde, puisque le professeur Yacoub m'a donné l'autorisation de rester avec toi pendant l'intervention.

— Tu n'as pas apporté de vernis, ce matin ?

— Ah non ! Je reviendrai te faire les ongles la semaine prochaine, quand ce rein qu'on va te greffer tout à l'heure aura fait de toi une petite fille toute neuve. Sam, mon coiffeur, sera là, lui aussi. Je lui ai beaucoup parlé de toi, du coup il a très envie de te connaître. Et puis, il pense qu'après trois mois d'hôpital, tu as sûrement besoin d'une nouvelle coupe. Tu vas voir... Moi, je suis une pro de la mode, mais lui, c'est un véritable génie...

— Quelle heure est-il ?

— Six heures vingt. Tiens, voilà Danielle...

La princesse serra la main de Jenny et lui déposa un baiser sur le front.

— Pense à toutes ces histoires que je t'ai racontées, ces derniers jours. Comment se terminent-elles ?

— Toujours bien.

— Exactement. Maintenant, je vais faire comme toi, je vais me déshabiller, enfiler une blouse bleue et un affreux bonnet en papier. Quand je te rejoindrai, tu seras probablement déjà endormie. Mais surtout, avant de fermer les yeux, n'oublie pas de te répéter notre phrase secrète rien qu'à nous : toi et moi, on ne se quittera...

— Jamais !

— Formidable. À tout à l'heure, ma chérie.

Diana sortit de la chambre et emprunta l'ascenseur réservé au personnel de l'hôpital pour descendre au bloc. À travers une porte vitrée, elle aperçut le professeur Yacoub qui se préparait à l'intervention avec un de ses adjoints. Une aide-soignante l'introduisit dans une pièce minuscule.

— Voilà de quoi vous changer, Ma'am. Lorsque vous serez prête, quelqu'un viendra vous indiquer la marche à suivre pour les mesures d'asepsie.

Un quart d'heure plus tard, la jeune femme fut conduite en salle d'opération. L'anesthésiste et deux infirmières s'affairaient déjà autour de Jenny.

— Je vais me faire toute petite, souffla-t-elle. Je vous en prie, faites comme si je n'étais pas là.

Diana suivait désormais les péripéties du *royal soap* avec un certain détachement. Conformément aux dispositions de son contrat de divorce, elle continuait à être invitée aux principales manifestations de la saison mondaine – le Chelsea Flower Show en mai, le meeting d'Ascot en juin –, mais elle préférait bouder les festivités. Depuis quelque temps, en effet, elle n'avait plus vraiment l'impression de faire partie du casting. L'influence et la position de Camilla grandissaient au sein de la maison Windsor. Charles n'avait toujours pas obtenu de sa mère l'autorisation de se remarier avec sa maîtresse, mais la princesse savait leur union inéluctable. Les rôles commençaient doucement à s'inverser. Pendant quinze ans, Mrs Parker-Bowles avait été la femme qui dérange. L'ex-épouse de l'héritier du trône, elle, se sentait lentement glisser dans la peau de la femme de trop.

William et Harry avaient décidé d'organiser une grande soirée à Highgrove, fin juillet, pour le cinquantième anniversaire de leur père. Diana insistait pour que ses fils la tiennent au courant de la préparation des réjouissances tout en s'efforçant d'atténuer leur embarras. Harry, qui allait avoir treize ans en septembre, supportait en effet difficilement de voir sa mère tenue à l'écart des réunions de famille. William, lui, n'avait pas encore réussi à effacer de sa mémoire les souvenirs douloureux liés à la séparation de ses parents, mais considérait déjà les enfants de Camilla, Tom et Laura, comme de vrais frère et sœur. Décidé à recréer autour des siens un climat affectif paisible et stable, le futur roi d'Angleterre téléphonait régulièrement à la princesse pour la rassurer.

— Ne cherche pas à te convaincre que tu es sortie de ma vie et, par pitié, n'écoute pas ceux qui voudraient de te le faire croire, lui répétait-il. Quoi qu'il puisse m'en coûter à l'avenir, tu es et tu resteras une partie non négociable de mon existence. Tu as confiance en moi ?

— J'ai confiance en toi, Charles, et je ne doute pas de ta sincérité quand tu m'assures que jamais tu ne tenteras quoi que ce soit pour me faire du tort, lui répondait-elle invariablement. Mais tiens bien tes troupes car, autour de toi, tout le monde n'est peut-être pas animé des mêmes bonnes intentions. Moi, en tout cas, je suis convaincue d'une chose : si nous n'avons pas été des conjoints exemplaires l'un pour l'autre, nous saurons être bons amis.

Au palais de Kensington, la santé de tante Margo déclinait lentement. Victime d'une attaque cérébrale au mois de février, Margaret n'avait plus le cœur à courir à sa fenêtre chaque fois qu'elle entendait un véhicule se garer dans King's Court. Pendant des années, elle avait observé avec une curiosité teintée d'amusement les stratagèmes employés par Diana pour introduire discrètement ses *boyfriends* à l'intérieur de la résidence. « Tu jettes un coup d'œil dehors, avait-elle un jour raconté à sa sœur, la reine Elizabeth, et hop ! tu peux être sûre d'en apercevoir un sortant d'un coffre de voiture ! » Mais, depuis quelque temps, la recluse de l'appartement 1A ne se divertissait plus de rien. La seule présence qu'elle tolérait auprès d'elle était celle de ses enfants, David et Sarah. Elle avait fait savoir à la princesse de Galles que, pour l'heure, elle ne souhaitait personne d'autre à son chevet.

La famille royale, elle, promettait de compter sous peu un membre de plus. Le prince Edward était tombé amoureux d'une jeune et jolie roturière du nom de Sophie Rhys-Jones, et l'Angleterre attendait maintenant qu'il se décide à lui passer la bague au doigt. Diana avait appris par les médias que la prochaine recrue du clan Windsor bénéficiait d'un régime de faveur et vivait déjà en aimable concubinage avec le fils cadet de la souveraine, à Buckingham. La souveraine et ses conseillers, encore sous le choc des années peu glorieuses qui avaient vu agoniser les unions respectives de Charles, Anne et Andrew, s'appliquaient de toute évidence à ne pas répéter les erreurs du passé. Afin de faciliter l'entrée de Sophie dans « la firme » et de la préparer à ses futures obligations, le staff d'Elizabeth II profitait de ces temps de pré-fiançailles pour l'instruire des règles compliquées de l'étiquette et du protocole. Diana ne se souvenait pas d'avoir été traitée avec la même considération en 1980. Loin d'en concevoir de l'amertume, elle se réjouissait de la nouvelle ouverture d'esprit de son ex-belle-famille. « J'y suis sûrement un peu pour quelque chose, non ? » avait-elle lancé à Paul Burrell.

Le 26 décembre 1998, le Vénérable Tannifer trouva une lettre glissée sous la porte d'entrée de son hôtel particulier de Holland Park. L'enveloppe était frappée sur toute sa largeur d'une fleur de mandragore de couleur or. À l'intérieur, sur une feuille de papier blanc gravée à l'en-tête REX TOT BRIT, était inscrit à l'encre noire un texte dans lequel le doyen des Douze de Chester reconnut un extrait de la Genèse.

« *The land whereon thou liest, to thee will I give it, and to thy seed ;*

And thy seed shall be as the dust of the earth, and thou shalt spread abroad to the west, and to the east, and to the north, and to the south :

And in thee and in thy seed shall all the families of the earth be blessed.

And behold, I am with thee, and will keep thee in all places whither thou goest,

And will bring thee again into this land ;

For I will not leave thee, until I have done that which I have spoken to thee of[1]. »

Le songe de Jacob… Dieu promettait au prophète de le protéger et de lui rendre la terre qui était la sienne. Quel sombre avertissement fallait-il y lire ? L'ennemi n'avait pas de visage, mais s'imposait déjà comme une présence impalpable. Dans la première semaine de janvier, le Vénérable convoqua une réunion extraordinaire de l'ordre. Cernés par des adversaires invisibles dont ils ignoraient tout, les Douze décidèrent que leurs assemblées se tiendraient dorénavant en des lieux chaque fois différents. Sous le parlement de Westminster, la Salle des Éphémères retourna donc à l'oubli d'où ils l'avaient tirée.

C'est sur les terres du duc et de la duchesse de

1. « La terre sur laquelle tu couches, je la donnerai à toi et à ta descendance / Ta descendance sera pareille à la poussière de la terre. Tu te répandras à l'ouest, à l'est, au nord et au sud / En toi et en ta descendance seront bénies toutes les familles de la terre / Vois ! Je suis avec toi et je te garderai partout où tu iras et je te ferai revenir vers cette terre car je ne t'abandonnerai pas jusqu'à ce que j'aie accompli tout ce que je t'ai dit. »

La Genèse 28, 13-15. Tiré de l'Ancien Testament, traduction œcuménique de la Bible, Les Éditions du Cerf – Les Bergers et les Mages, 1975.

Devonshire, dans un ancien pavillon de chasse situé à quelques centaines de mètres du manoir de Chatsworth, qu'ils se retrouvèrent le 8 janvier 1999. Le cérémonial fut réduit à sa plus simple expression. La réunion s'ouvrit sur une minute de silence en mémoire de Minto, dit frère Lester, découvert mort devant son domicile londonien. Bouleversés par la disparition brutale du baron, les Douze – qui, désormais, n'étaient plus que onze – s'avouaient en outre infiniment troublés par les étranges circonstances de son décès. Comment ne pas faire le rapprochement entre la fleur de mandragore peinte sur son front et celle envoyée par courrier à Sa Majesté quelques mois plus tôt ? Le contenu de la lettre qu'avait reçue le Vénérable confortait également les frères dans la conviction que d'autres drames se préparaient. Les caractères REX TOT BRIT – du latin *Rex Totus Britanniae* – reproduisaient à l'identique l'inscription gravée sur les pièces de monnaie émises sous le règne d'Athelstan. Le document passait de main en main, chacun y allant de son interprétation.

— Et si cette histoire de fleur n'était tout simplement qu'un écran de fumée ? demanda frère Cassius. Imaginez que des criminels, des trafiquants de drogue, des mafieux, ce que vous voulez, se servent de la mandragore pour détourner l'attention des autorités de quelque sombre machination crapuleuse, bien réelle celle-là ?

— Ça ne tient pas debout, voyons ! lança le Régent, agacé. En admettant que quelqu'un ait eu vent de l'existence du réseau Athelstan, ce qui paraît peu probable, pourquoi s'en serait-il pris à frère Lester ?

— Mais je ne sais pas, moi !... Minto avait peut-être trempé dans des affaires un peu louches.

Toutes les hypothèses doivent être envisagées, vous ne croyez pas ?

— Comme si Augustus pouvait être soupçonné d'avoir frayé avec des voyous..., grommela frère Drapier en haussant les épaules.

— Du calme, je vous en prie, intervint le Vénérable. Il est possible que le ou les actuels détenteurs de la couronne d'Athelstan aient décrété l'élimination de notre ordre, c'est en tout cas une hypothèse qui ne doit pas être écartée. Frère Lester est peut-être le seul d'entre nous à avoir été identifié mais, dans le doute, je vous recommande à tous la plus grande prudence. Que ceux qui en ont la possibilité quittent Londres pour quelque temps...

— Allô, Matthew? Tu as lu les journaux?

— J'ai lu, mon ange, c'est formidable. Ce 8 avril est un grand jour... Celui de la naissance du Princess Diana International Fund !

— Mon rêve est en train de se réaliser. Je n'en reviens toujours pas, tu sais...

— En tout cas, la presse t'a gâtée. La une du *Times*, du *Daily Telegraph*, du *Daily Mail*, les manchettes du *Washington Post* et du *Herald Tribune*, l'ouverture des JT sur toutes les chaînes, y compris ici, à New York... J'espère que vous savourez votre triomphe, belle demoiselle...

— Mon bonheur serait complet si je pouvais le partager avec toi, ici, tout de suite.

— Ne t'impatiente pas. Je serai à Londres dans deux ou trois jours tout au plus.

— J'irai t'attendre à l'appartement.

— J'y compte bien. Je dois te laisser, maintenant, ma réunion va commencer. Rappelle-moi dans l'après-midi, mon amour...

La princesse raccrocha avec Coleby et composa un autre numéro sans attendre.

— Allô, Sarah ? Tu as lu les journaux ?

— Duch', c'est génial, je suis hyper-contente pour toi ! Mais dis donc... c'est vrai qu'à peine créée, ta fondation serait déjà en train d'ouvrir des bureaux un peu partout, à Paris, Moscou, Rome, Sydney, Rio ? Tu crois que tu vas pouvoir t'en sortir ?

— Je suis très bien entourée. Mes sœurs se sont proposées toutes les deux pour me filer un coup de main. Et puis, il me suffira grosso modo de dire oui ou non aux projets qu'on me présentera, ça n'est quand même pas bien sorcier. Un peu de lecture de dossiers, quelques voyages, beaucoup de représentation... Je ne pense pas qu'au finish j'aurai tellement plus de travail que lorsque nous étions mariés, Charles et moi.

— Et justement, ton ex, il en dit quoi ?

— Il me soutient à cent pour cent, comme les enfants.

— Tu te rappelles que le Haut Commissariat aux réfugiés des Nations unies m'avait proposé de devenir son ambassadrice de bonne volonté ? Quand le palais m'en a empêchée, je n'ai pas le souvenir qu'Andrew ait fait quoi que ce soit pour prendre ma défense... Enfin, bref... C'est Tony qui doit faire une drôle de tête, en ce moment !...

— Voilà ce qui se passe quand on essaie d'endormir les gens avec de fausses promesses. Bien fait pour lui. Avant, c'était moi qui avais besoin de son aide. Maintenant, c'est lui qui va devoir apprendre à compter avec moi.

— À quoi vas-tu t'atteler en premier ?

— À ce projet avec la Croix-Rouge internationale et le groupe LVMH dont je t'ai déjà parlé. Un programme d'éducation sanitaire dans les pays en voie de développement.

— Tu flippes ?

— Non, pourquoi je flipperais ?

— Tu te souviens de ce que t'a dit Colin Powell la dernière fois que tu l'as vu, à Washington ?

— « Surtout pas de fondation, ma chère chère chère petite princesse ! fit Diana en prenant une voix grave. Trop de paperasse, de taxes, de choses qui finissent un jour ou l'autre par vous échapper... Vous y laisseriez quelques-unes de vos si jolies plumes, ce serait tellement dommage... »

Les deux amies éclatèrent de rire.

— Encore un qui ne te veut que du bien...

— Oui. C'est mignon, en même temps. Mais bon... Je ne suis plus une petite fille, je sais ce que je dois faire.

— L'essentiel, c'est que ta fondation te laisse du temps à consacrer à l'homme de ta nouvelle vie !

— Matthew, c'est... c'est inespéré... Je ne sais même pas comment te décrire ce que j'éprouve.

— Laisse-moi deviner. Une espèce d'euphorie un peu planante ? Un ravissement total mêlé d'un doux sentiment de revanche ?

— C'est à peu près ça, oui ! répondit Diana en riant.

— Eh bien, tu vois, c'est ce que j'ai ressenti, moi aussi, quand j'ai appris que ton beau-frère quittait enfin le service de la reine. Ça faisait combien de temps qu'il nous les brisait menu menu, l'immense, l'irremplaçable Robert Fellowes ?

— Je ne sais plus... Huit ou neuf ans ?

— C'est ça ! s'exclama Fergie. Ce que ce type aura pu me pourrir la vie avec ses grands airs ! Il fallait toujours supplier et supplier encore pour arriver à parler vingt secondes à la Top Lady… Il nous a épuisées, non ?

— Tu n'exagères pas un peu, là ?

— Tsss… T'as déjà tout oublié ? Moi pas…

— Bon, allez… je t'abandonne. J'ai un tas de coups de fil à passer.

— Tu viens toujours à la maison la semaine prochaine ? D'ici là, note bien tout ce qui t'arrive pour être sûre de ne rien zapper. Je veux tout savoir, tu m'entends ? Tout jusqu'au moindre détail…

La princesse se laissa tomber sur le canapé et s'étira. Cette nouvelle initiative humanitaire de grande envergure allait lui donner l'opportunité de passer plus de temps aux États-Unis et, pourquoi pas, de commencer à s'installer dans l'appartement de Matthew. D'ici quelques semaines, la fondation aurait une première antenne à Manhattan, dans la tour sud du World Trade Center. Diana imaginait déjà toutes ces belles soirées auxquelles le gratin du showbiz, de la politique et des affaires viendrait se presser et en jubilait à l'avance. Elle mourait d'impatience de voir des Steven Spielberg, des Clint Eastwood ou encore des Julia Roberts s'engager à ses côtés. Une star parmi les stars, voilà décidément ce qu'elle était…

Les noces du prince Edward et de Sophie Rhys-Jones furent célébrées en la chapelle St George du château de Windsor, le 19 juin 1999. La princesse de Galles n'y fut pas invitée. « Je crois que cette fille me déteste, mais j'ignore pourquoi, se plaignit-elle le soir même à son amie Rosa. Ou alors elle est jalouse de moi, ce qui revient au même. Quant à Edward, un vrai mystère. Autant je me suis toujours bien entendue avec Andrew, autant lui… Il était pourtant si adorable quand je l'ai connu. De tous, je crois que c'est lui qui a le plus changé en vingt ans. »

Un mois plus tard, John Kennedy junior et son épouse Carolyn se tuaient dans un accident d'avion au large des côtes du Massachusetts. Aussitôt après avoir appris la nouvelle par Brandon Waite, la jeune femme alluma la télévision et se brancha sur CNN. La chaîne d'information américaine diffusait en continu les images de centaines d'admirateurs anonymes venant déposer fleurs, peluches et petits mots devant le domicile des deux disparus, situé dans le quartier de TriBeCa, à New York. « Quelle tristesse, se dit-elle. La jeunesse, la beauté, l'ambition, l'amour... Ils avaient tout... » En 1995, le fils du président assassiné avait essayé de la convaincre de poser pour *George*, son magazine politique. « Sais-tu que tu es une grosse veinarde, Duch' ? s'était enthousiasmée Fergie. Moi, je n'ai jamais réussi à le rencontrer, alors toi, sors-lui le grand jeu, la totale ! Il est un peu plus jeune que nous, mais pas tant que ça... Pense à ton avenir... Je te verrais bien, moi, à la Maison-Blanche... » La princesse se souvenait très bien de leur entretien, dans une suite de l'hôtel Carlyle. Il avait été assez bref. Une heure, tout au plus. Elle avait découvert un homme plus charmant que véritablement charmeur, délicat, prévenant et, curieusement, très intimidé par elle.

— En me disant non, vous vous rendez bien compte que vous me mettez au désespoir ! s'était-il exclamé.

— Je ne m'inquiète pas, lui avait-elle répondu avec un grand sourire. Vous trouverez facilement quelqu'un pour me remplacer. Mais la prochaine fois que vous venez à Londres, appelez-moi. J'aimerais vous présenter mon fils aîné. Je pense qu'il aurait beaucoup à apprendre de vous...

Diana se sentait proche de la famille Kennedy. Elle collectionnait les biographies de Jackie et revendiquait un certain nombre de points communs avec l'ancienne Première dame. Celle-ci avait bataillé toute sa vie pour essayer de concilier l'inconciliable. Éternellement tiraillée entre un appétit de notoriété plus ou moins bien assumé et sa volonté farouche de protéger ses enfants contre les ravages d'une médiatisation débridée, la veuve de JFK s'était rapidement imposée à la princesse comme un modèle. Dans les années quatre-vingt, la jeune femme s'était même à tel point identifiée à la First Lady qu'elle avait craint pour la vie de Charles. Une astrologue consultée par la duchesse d'York avait prédit la disparition prématurée de l'héritier du trône dans une avalanche. Diana s'était alors rêvée en noir, enfin seule pour guider William jusqu'à l'accomplissement de son destin de roi. Une folie... Le parfum de tragédie qui enveloppait l'histoire du clan le plus illustre de toute l'Amérique exerçait sur elle une fascination qu'elle ne s'expliquait pas. Elle s'installa à son bureau et écrivit une longue lettre de condoléances à Caroline, la sœur de John junior, qu'elle termina par cette citation tirée du *Petit Prince* de Saint-Exupéry : « Je dois rejoindre les étoiles, maintenant. Et un jour, quand tu regarderas les étoiles, tu te souviendras de moi. »

Fin juillet, la princesse chargea le bureau new-yorkais de Christie's de vendre au profit de sa fondation la Lovers' Knot, une magnifique tiare en perles et diamants offerte par la reine Elizabeth à l'occasion de son mariage. En donnant ainsi l'exemple, elle espérait inciter les opinions du monde entier à se mobiliser en faveur des grandes causes – la lutte contre le cancer et le sida, l'accès de tous à l'eau potable et l'aide d'urgence aux populations déplacées – défendues par le Princess Diana International Fund. Un acheteur dont l'identité ne fut pas dévoilée offrit plus de quatre millions de dollars pour acquérir le précieux bijou. Diana, satisfaite, fit savoir par l'intermédiaire de son service de presse que la somme serait répartie équitablement entre un grand institut de recherche médicale et la Croix-Rouge internationale. Si la vente occupait les conversations des Britanniques, c'était moins pour saluer le geste désintéressé de la jeune femme que pour critiquer la façon un peu désinvolte qu'elle avait de jeter ainsi leur histoire commune aux orties… Sa Majesté, elle, chargea son nouveau secrétaire particulier, Robin Janvrin, de faire connaître toute l'étendue de son mécontentement à son ex-bru. Personne n'avait jamais osé disposer ainsi d'un bien appartenant à la famille royale. Grisée par sa nouvelle liberté, Diana se sentait indifférente aux critiques. Petits dîners en tête à tête à Southwark, escapades dans les collines des Cotswolds… plus épris que jamais, Matthew l'entraînait dans un tourbillon de bonheurs tout simples qui la ravissaient. La stabilité et la sérénité qu'il donnait à sa vie affective rejaillissaient sur son existence tout entière. Les deux amants parlaient maintenant sérieusement de présentations en bonne et due forme à leurs enfants respectifs. En attendant, Coleby allait enfin honorer la promesse qu'il lui avait faite : l'emmener dîner chez David Duncannon, son meilleur ami.

Un majordome les accueillit sur le seuil du 8, Ennismore Gardens. « Merci, Llewellyn, vous pouvez nous laisser. » Polo Ralph Lauren, pantalon à rayures tennis : Duncannon affichait un style aristo décontracté qui contrastait avec le charisme puissant qui émanait de sa personne. Ses pommettes légèrement saillantes, son teint olivâtre et son regard violet lui donnaient ce charme irrésistible et sauvage des héros des romans d'amour de Barbara Cartland. « La beauté du diable… », pensa immédiatement la princesse. Après l'avoir fixée intensément pendant quelques secondes, David prit sa main d'un geste vif et la porta à ses lèvres. Puis il invita ses hôtes à le suivre et les guida à travers un dédale de pièces magnifiquement décorées, jusqu'à un salon aux murs blanc et or qu'éclairaient quatre imposants lustres en cristal. Au-dessus d'une cheminée en marbre brèche violette flanquée de deux chérubins en bronze trônait le portrait en pied d'une belle dame en crinoline peint à la manière de Winterhalter. Aux quatre coins de la pièce étaient disposés des indiscrets, des fauteuils de style rocaille et des chaises légères à dossier en lyre. Diana observa les voussures des plafonds et leur décor dentelé de guirlandes de fleurs, les panneaux de style classique à la française ornés de bouquets d'hortensias, de roses et de narcisses et les tapis Aubusson.

— Mais c'est Versailles, ici ! lança-t-elle d'un ton vaguement moqueur.

— Ne vous emballez pas, lui répondit-il. Rien, ici, n'a véritablement de valeur, à part ces quelques… curiosités que vous apercevez là-bas, sur le côté. Elles appartenaient à mon père.

La jeune femme jeta un coup d'œil distrait en direction des vitrines qu'il lui désignait et prit place sur un divan tendu d'une soierie jaune vif.

— On ose à peine s'asseoir tellement c'est chic,

soufflа-t-elle à Matthew. Puis elle se tourna vers Duncannon.

— Je serais votre maîtresse, je crois que j'aurais peur de me perdre dans un si grand appartement !

David attrapa une bouteille de dom-pérignon dans un seau en argent. L'espace d'une seconde, la flamme dansante d'un photophore fit briller la chevalière, ornée d'un rubis de belle taille, qu'il portait à l'annulaire de la main droite.

— Mais qui vous dit que j'amène des femmes ici ? lui rétorqua-t-il. Qui vous dit que vous n'êtes pas la première à vous asseoir sur ce sofa, par exemple ?

Légèrement décontenancée, Diana prit la coupe qu'il lui tendait sans trop savoir s'il plaisantait. Duncannon se baissa vers elle et, collant presque son visage contre le sien, ajouta, le plus sérieusement du monde :

— Qui vous dit que ce n'était pas vous que j'attendais ?

— Hum !

Matthew se racla la gorge en se tortillant sur son fauteuil.

— Dis-moi, je te rappelle que la charmante personne à qui tu t'adresses est avec moi. Tu n'aurais pas l'intention d'essayer de me doubler, par hasard ?

Son ami partit d'un grand éclat de rire.

— Toujours le même ! À l'université, déjà, j'aimais tourner un peu autour de ses petites copines... Mais c'est un service que je te rends, mon frère ! Ne t'endors pas, sois toujours sur tes gardes... Mon devoir est de te rappeler que tu te dois de veiller tendrement sur la femme merveilleuse qui t'accompagne...

Les deux hommes s'étreignirent brièvement, s'assurant de leur affection mutuelle par de grandes tapes sur l'épaule.

— Allez, portons un toast ! lança David d'une voix de stentor. Matthew, à notre amitié éternelle ! Et vous, ma chère, à votre bonheur ! Et à vos amours !

— À vos exploits en la matière, mon cher David, lui répondit Diana. J'ai d'ailleurs une ou deux amies qui pourraient peut-être vous taper dans l'œil. Je vous les présenterai, à l'occasion…

— Je ne sais pas si ce serait vraiment un cadeau à leur faire, l'interrompit Matthew en souriant. On voit que tu ignores encore tout de cet individu. Un homme courant d'air, insaisissable, toujours entre deux jets, entre deux appartements de nabab… Londres, Mexico, Tokyo, New York…

— Rendez-vous bientôt à Manhattan, alors !

— Avec plaisir !

— Tu vas voir, poursuivit Coleby en s'adressant à sa compagne, la déco du loft qu'il a acheté là-bas n'a rien à voir avec celle d'ici. Du bois, de la brique, de l'acier brossé, des affiches de cinéma des années cinquante et des lithographies d'Andy Warhol. Un vrai repaire de célibataire endurci !

— Il n'y aurait donc vraiment aucune femme dans votre vie ? insista Diana.

— Aucune ! Je vous l'ai déjà dit, c'est vous que j'attendais… Vous m'avez préféré un autre, je suis et resterai à tout jamais inconsolable.

— Passons aux choses sérieuses, intervint Matthew. David, qu'est-ce que tu nous as préparé à dîner ? Je te préviens, j'ai longuement vanté tes mérites de cuisinier à ma princesse.

— Des noisettes de chevreuil Saint-Hubert, précédées d'un foie gras entier au porto… Ce soir, seul le dessert ne sortira pas de mes fourneaux. C'est un vacherin, que j'ai pris chez Maison Blanc, sur Holland Park.

Il invita ses hôtes à passer dans la salle à manger, où une table ronde avait été dressée avec un luxe inouï. Des assiettes en porcelaine de Sèvres cerclées d'or, des couverts en vermeil, des verres à pied en cristal de Bohême et un centre de table fait d'un savant mélange d'orchidées blanches, de tulipes et de freesias avaient été harmonieusement disposés sur une nappe damassée bleu nuit. En sirotant une gorgée de sauternes, la princesse songeait que le raffinement de Duncannon n'avait rien à envier à celui de la cour d'Angleterre. Bercée par la musique baroque qui flottait dans l'air, elle se sentait envahie par un délicieux sentiment de quiétude. Lorsque David se leva de table pour aller chercher le gibier à la cuisine, elle se pencha à l'oreille de Coleby et lui chuchota :

— Ton ami est incroyable ! J'ai rencontré beaucoup d'hommes dans ma vie mais, comme lui, jamais !

— Quand tu le connaîtras mieux, tu verras, tu ne pourras plus te passer de lui !

— Je n'en doute pas, darling. Je ne sais pas si le champagne m'est monté à la tête, mais je brûle de te dire quelque chose...

— Qu'y a-t-il ?

— J'ai envie d'avoir un enfant de toi...

David revenait déjà avec le chevreuil. Il ne put réprimer un sourire de plaisir lorsque la jeune femme le complimenta sur ses talents de cordon-bleu.

— Cela fait partie des nombreux petits secrets de l'ami Duncannon, commenta Matthew. Personne ne sait où et quand il a pu apprendre à faire ainsi la cuisine. Pendant ses nombreux séjours à Paris, sans doute...

La soirée se révéla follement agréable. Les convives ne se séparèrent qu'à regret aux alentours de deux heures du matin.

— C'est l'être le plus délicat que je connaisse, déclara Diana, ravie, en s'installant confortablement dans l'Alfa Romeo de Coleby. Pas une allusion à ma situation, à la famille royale... Pas une seule fois, tu te rends compte !

— Et toi, pas un mot de plus, ou je vais finir par être jaloux ! Rentrons... J'ai rêvé ou tu m'as dit que tu voulais que nous fassions un bébé ?

Shelby pianotait distraitement sur le clavier de son ordinateur. Si le rapport qu'il rédigeait à l'intention de ses supérieurs ne risquait pas de leur apprendre grand-chose sur le mystère des lettres volées à l'infortuné James Hewitt, c'est parce que Robert avait la tête ailleurs. Dans la semaine qui avait suivi la découverte des corps de Billy Wolfegg et du baron Minto, un individu s'était introduit, de nuit, à l'intérieur du mausolée de Frogmore, situé non loin du château de Windsor. En prenant son service, le matin suivant, le gardien avait constaté avec stupeur que les gisants de marbre blanc qui recouvraient les sépultures de la reine Victoria et de son époux, le prince Albert, avaient été tagués à la peinture rouge. L'inscription REX TOT BRIT, qui n'avait alors rien évoqué de particulier à la police locale, avait été promptement effacée. L'incident, considéré comme sans importance, n'avait pas été ébruité. Au MI5, on s'étonnait donc que Shelby ait demandé à pouvoir enquêter sur ce fait divers, perçu par beaucoup comme un acte de petite délinquance sans intérêt pour un inspecteur chevronné tel que lui. Ses collègues regardaient sans comprendre les livres d'histoire et les dossiers jaunis s'amonceler sur son bureau. Le détective les compulsait avec une minutie d'archiviste et prolongeait ses journées de travail jusque fort tard. Avare de confidences – c'était sans doute là le moindre de ses défauts –, il s'était lancé dans une quête dont il ne souhaitait manifestement souffler mot à personne. Un bras de fer s'était engagé. Robert était le seul à savoir que le temps était compté.

Diana sonna à la grille d'une maisonnette du quartier de Notting Hill. Une femme d'un certain âge, blonde et élégante, apparut dans l'entrebâillement de la porte.

— Quel plaisir de te voir !

La princesse pénétra dans un appartement à peine plus spacieux qu'un studio, au centre duquel trônait un piano.

— Un Steinway, exactement le même que chez moi, à Kensington ! s'exclama-t-elle. C'est donc ici, Katharine, que vous recevez vos élèves ?

— C'est ici, oui, lui répondit la duchesse de Kent sans se départir de son lumineux sourire. Ici que je mène la vie que j'aime, la seule qui me convienne vraiment. Veux-tu une tasse de thé ?

— Merci, non. Je ne peux pas rester très longtemps. Je ne voulais simplement pas partir sans vous avoir dit au revoir.

— Tu t'en vas ? Mais où ?

— Je m'installe pour quelques mois à New York. Je compte y développer les activités de ma fondation, profiter de ma notoriété là-bas pour récolter des fonds.

— Et, comment dire… la famille est d'accord ?

— Du moment que je me cantonne gentiment à mes bonnes œuvres, la reine n'y voit pas d'inconvénient. De toute façon, je crois que la famille est en train de réaliser qu'elle n'a plus les moyens de m'imposer grand-chose, et c'est bien ce qui l'ennuie. J'espère simplement que personne ne fera de difficultés pour laisser les garçons me rejoindre pendant les vacances scolaires.

— Charles n'y verra aucune objection, j'en suis sûre…

— Nous verrons bien. Mais je ne suis pas ici uniquement pour parler de moi. Comment le très distingué cousin de Sa Majesté prend-il le fait que sa femme s'épanouisse dans son métier de prof de piano ?

— Disons que, lorsque nous nous voyons, nous évitons prudemment d'aborder le sujet. Mais il n'est pas au bout de ses peines, j'en ai peur…

— Ha ha ! Encore des projets qui ne vont pas faire plaisir à tout le monde ?

— Je compte bientôt demander à ne plus bénéficier du titre d'altesse royale.

— …

— Pourquoi fais-tu cette tête ? Après tout, tu vis sans, toi aussi, depuis ton divorce, et tu ne t'en portes pas plus mal.

— Mais Edward et vous êtes mariés depuis près de quarante ans !

— Et alors ? La famille régnante d'Angleterre n'est-elle pas plus embarrassée qu'autre chose par une duchesse convertie au catholicisme, allergique à la vie publique et qui se déplace en métro ? Ici, vois-tu, on m'appelle Kate, personne ne me fait la révérence, et la plupart des enfants auxquels j'apprends la musique ignorent tout de ma condition. Tu n'imagines pas à quel point c'est reposant.

— Je vous admire.

— Je suis sûre que non. Tu es encore bien jeune pour comprendre les raisons qui me poussent à vouloir ainsi chambouler du tout au tout mon existence.

— Que pensez-vous de ma décision de quitter Londres pour quelque temps ?

— Qu'elle est sage. Tu sais que je t'ai toujours soutenue contre vents et marées et, cette fois encore, j'approuve ton choix.

— J'ai compris que je ne devais plus m'enfermer dans ces... ces images négatives que je me suis toujours faites de moi-même. J'ai déçu mes parents à ma naissance parce que je n'étais pas le petit garçon qu'ils espéraient ? Je ne vais tout de même pas passer le restant de mes jours à me lamenter là-dessus, non ? J'ai été rejetée par mon mari, il y a quinze ans ? Nous voilà aujourd'hui plus proches l'un de l'autre que nous ne l'avons jamais été. Non, non... Tout ça, c'est terminé. Je commence enfin à prendre confiance en moi, je n'envisage plus du tout l'existence de la même façon.

— Pour être soi-même, il faut parfois savoir oublier d'où l'on vient.

— Comment le pourrais-je ? rétorqua la jeune princesse avec un sourire désabusé.

— Tu as beaucoup de très belles années devant toi, et je sais que tu vas les mettre à profit pour réaliser de grandes choses. C'est tout ce qui compte, maintenant.

— Je suivrai mon instinct, j'irai là où on a vraiment besoin de moi. Comment vous expliquer... Quand j'arrive quelque part, je sais toujours identifier au premier coup d'œil l'enfant ou la personne âgée qui souffre le plus, celui ou celle qui attend ou espère le plus de ma visite. J'ai une… une sorte d'intuition du malheur qui ne m'a jamais trompée.

— Tu dois aussi penser à toi, ne l'oublie pas. Les accidents de la vie…

— Mon accident à moi s'est produit le 29 juillet 1981, lorsque j'ai dit oui à Charles et à sa satanée famille, coupa Diana.

Ses yeux se remplirent soudainement de larmes.

— J'ai été l'épouse de l'héritier du trône d'Angleterre, quel homme voudrait encore se marier avec moi ? fit-elle d'une voix où perçait le désespoir. Matthew finira par me quitter lui aussi, comme les autres…

— Matthew ? Mais tu ne m'as jamais parlé de ce Matthew… Mon Dieu, Diana, je pensais que…

— Que quoi ? Qu'après tout le mal qu'on m'a déjà fait, je devrais éviter à tout prix de retomber amoureuse ? Mais suis-je encore seulement capable d'aimer comme j'ai aimé Charles ou Hasnat ? Parfois, je me dis que je les hais tous les deux, tant j'ai souffert.

— …

— Vous ne dites rien…

— Je ne veux plus avoir ce genre de conversation avec toi, tu le sais.

— Vous êtes si digne, si courageuse, si droite. Jamais un mot plus haut que l'autre… Toujours pardonner, sourire… Vous non plus, vous n'avez pas été épargnée par les Windsor et leur satanée clique. Pourtant, je ne vous ai jamais entendue vous plaindre.

— La foi m'y a aidée. Croire en Dieu est ce qui m'a permis de tout supporter.

— Il faut que j'y aille, je vous ai suffisamment importunée comme ça. Je ne voulais simplement pas partir sans vous avoir dit au revoir et combien…

combien je vous suis reconnaissante pour tout ce que vous avez fait pour moi. Viendrez-vous me voir à New York si vous en avez l'occasion ?

— Je ne sais pas. Poursuis ta route sans te soucier de ceux que tu laisses derrière toi.

Diana jeta ses bras autour du cou de la duchesse de Kent et la serra longuement contre elle. Les deux femmes s'étaient toujours promis de s'aider mutuellement à trouver le bonheur. Voilà maintenant que leurs chemins se séparaient. La princesse de Galles referma doucement la porte après s'être retournée une dernière fois. Elle laissait dans son sillage quelques notes parfumées d'Arpège de Lanvin. Et, dans le cœur de Katharine, une impression d'infinie solitude.

En ce début du mois de février 2000, une épaisse couche de neige recouvrait les trottoirs de New York. Les traits dissimulés sous une perruque brune, une lourde frange retombant sur d'épaisses lunettes noires Chanel, Diana, méconnaissable, se promenait dans les allées de Central Park. Respirant à pleins poumons sa liberté nouvelle, elle alla s'asseoir sur les gradins de la patinoire. De la piste de glace montaient des cris de cours de récré. Le souvenir de ses mois passés comme assistante maternelle au Young England Kindergarten, un jardin d'enfants de St George Square, lui revint en mémoire. Depuis qu'elle s'était installée avec Coleby, à peine un mois plus tôt, elle se sentait renouer avec l'insouciance de ses dix-huit ans. Les bras croisés, le menton sur la poitrine, elle observait les bambins emmitouflés et pensait à ses *boys*. Comment William et Harry réagiraient-ils si elle tombait à nouveau enceinte ? Elle rêvait de donner une petite fille à Matthew. Et qu'importe ce qu'en penseraient Buckingham et ses sbires… Seule comptait désormais son envie dévorante de fonder un nouveau foyer. La jeune femme frissonna. Seize heures trente… Un froid humide commençait à tomber sur la ville. Il lui fallait encore se préparer pour la grande soirée que Nancy Astor, la « patronne » de la haute société de Manhattan, donnait le soir même au profit de sa fondation dans sa résidence de Park Avenue. Elle se leva tranquillement et reprit le chemin de l'appartement.

La réception tint toutes ses promesses : conversations brillantes, mets fins, hôtes empressés… Fêtée telle une reine par ceux que Nancy lui présenta comme « quelques-uns des plus éminents représentants de notre élite », la princesse sentit avec délectation se refermer sur elle l'étreinte admirative et bienveillante de l'Amérique. Elle bavarda longuement avec Catherine Zeta-Jones et Michael Douglas, qui lui firent part de leur projet de mariage pour la fin de l'année, ainsi qu'avec Michael Crichton, l'auteur de *Jurassic Park*. En quelques heures – et sans effort –, deux millions cinq cent mille dollars tombèrent dans l'escarcelle du Princess Diana International Fund. Ravie, la jeune femme prit congé peu après minuit et s'engouffra dans la limousine qui l'attendait au bas de l'immeuble.

Après avoir remonté Park Avenue sur quelques centaines de mètres, la Bentley conduite par Mel, le chauffeur de la famille Astor, tourna dans la 75e Rue. Elle se retrouva brutalement stoppée par un véhicule arrêté en travers de la route. Un homme cagoulé se précipita sur la portière avant et braqua un revolver automatique en direction du conducteur.

— Dégage de là ! hurla-t-il. Et laisse les clés sur le volant !

Diana laissa échapper un cri de terreur. Mel, qui avait eu le réflexe d'actionner le verrouillage automatique des portières, leva les mains lentement.

— Restez calme, Ma'am, murmura-t-il, je vais essayer de gagner du temps.

Intrigués, quelques passants s'arrêtèrent. Un jeune homme en rollers sortit son téléphone portable de sa poche et composa le 911. Un attroupement commençait à se former lorsque les premières sirènes de police se firent entendre dans une rue voisine.

— On s'tire ! cria l'individu en s'enfuyant précipitamment jusqu'à sa voiture.

Celle-ci démarra en trombe et disparut dans la nuit, tous feux éteints.

La tentative d'enlèvement n'avait pas duré plus de deux ou trois minutes. Recroquevillée à l'arrière de la limousine, Diana, la main sur la poitrine, essayait en vain de contrôler les battements de son cœur.

— C'est fini, Ma'am, dit Mel d'une voix étonnamment calme. Je crois que nous pouvons remercier tous ces curieux. Ils nous ont probablement sauvé la vie...

Deux ou trois personnes avaient collé leur visage sur le pare-brise et, reconnaissant l'ex-épouse du prince Charles, tapotaient gentiment sur le capot en lui faisant signe de baisser sa vitre. Le chauffeur débloqua le système de sécurité pour permettre à sa passagère d'entrouvrir sa fenêtre.

— Tout va bien ? lui demanda une grosse dame au physique de mamma italienne. Vous n'avez rien ?

— Tout va bien, merci. Et c'est en grande partie grâce à vous.

Un véhicule de police s'arrêta à hauteur de la

Bentley. Pendant que deux de ses collègues s'efforçaient de faire reculer les curieux, un agent se posta à hauteur de Diana et lui demanda si elle souhaitait consulter un médecin. Celle-ci lui raconta brièvement ce qui venait de se passer. Constatant qu'elle n'était pas blessée, il lui proposa de remettre sa déposition au lendemain et de l'escorter jusqu'à son domicile. Arrivée à l'appartement de Matthew, la jeune femme se précipita dans sa chambre et se dévêtit en tremblant. Elle ne cessait de se repasser le film des événements. Qui pouvait bien lui en vouloir à ce point ? Épuisée, elle avala un somnifère et sombra dans un sommeil agité.

Le réveil sonna à sept heures. La princesse tendit machinalement le bras vers sa table de chevet et alluma la radio. Les *news* du matin étaient entièrement consacrées aux incidents de la nuit. Encore mal réveillée, elle se dirigea vers la fenêtre, écarta prudemment le rideau et scruta la rue en contrebas. Une centaine de journalistes, cameramen et photographes s'étaient massés sur le trottoir devant l'entrée de l'immeuble. Diana eut un mouvement de recul. « Mais comment ont-ils su que j'habitais ici ? » Elle se laissa tomber dans le fauteuil à côté du lit. « Et Matthew qui est à Seattle ! »

Elle n'eut pas plus tôt prononcé ces mots que son portable sonna.

— J'ai appris ce qui s'était passé, mon amour, fit Coleby d'une voix essoufflée. Je viens d'arriver à l'aéroport, et j'espère pouvoir attraper le prochain avion pour New York, qui décolle dans trois quarts d'heure. Est-ce que tu vas tenir le coup ?

— Ça ira, ne t'en fais pas. Le problème, c'est que l'immeuble est déjà cerné par les journalistes… Je ne vois pas bien comment je vais trouver le courage de les affronter, c'est tout.

— Surtout ne te montre pas aux fenêtres. Moi, ils ne me connaissent pas, je n'aurai aucun problème pour te rejoindre. Et je suis sûr qu'aucun de nos voisins ne vendra la mèche, ce sont tous des gens bien. Alors, je t'en prie, ne t'inquiète pas. J'arrive le plus vite possible.

Quelques secondes plus tard, le téléphone fit à nouveau entendre sa petite musique aigrelette.

— Maman, je ne te dérange pas ? demanda William sur un ton qui trahissait son angoisse. La radio ne parle que de l'attentat auquel tu as échappé ! Harry et moi, nous sommes très inquiets. Papa va certainement t'appeler, lui aussi. Nous sommes tombés d'accord tous les trois pour te demander de rentrer. Ne reste pas là-bas, s'il te plaît. Reviens à Londres, tu y seras plus en sécurité.

La princesse de Galles ne chercha pas à contredire son aîné. Elle éprouvait maintenant le besoin impérieux de retourner auprès de ses enfants. En quelques phrases, elle raconta à son fils les incidents de la nuit.

— Mais qui peut bien te vouloir du mal ?

— Je t'assure que je n'en sais rien du tout. Mais l'enquête le découvrira sûrement très rapidement, tu n'as aucune raison de te faire du souci.

À cet instant, on frappa à la porte.

— Police, Ma'am !

— Je te laisse, mon chéri, je te rappelle très vite.

Dans le corridor se tenaient quatre hommes en uniforme. Saisis par l'apparition de Diana dans son déshabillé de satin bleu pâle, les officiers, pris d'un embarras indescriptible, se mirent à danser d'un pied sur l'autre sans oser pénétrer dans le vestibule. En dépit de la gravité de la situation, la jeune femme ne put réprimer un petit rire.

— Vous voulez vraiment m'interroger sur le palier, messieurs ? Ne préféreriez-vous pas plutôt que nous fassions ça autour d'un café ?

— Bien sûr, Ma'am, bien sûr, excusez-nous !

La princesse les invita à prendre place au salon. Elle fit ensuite un rapide détour par la salle de bains pour se poudrer le nez et poser sur ses cils une petite touche de mascara.

— Excusez-moi, je n'ai pas de muffins à vous offrir, dit-elle en rentrant dans la pièce les bras chargés d'expressos et d'assiettes de biscuits. Et là, vous admettrez qu'il m'est un peu difficile de descendre vous en chercher !

L'inspecteur principal Denver s'éclaircit la gorge .

— Nous allons faire évacuer le pourtour de l'immeuble, Ma'am. Lorsque vous voudrez sortir, faites-le-nous savoir, une voiture vous escortera. En attendant, si cela ne vous est pas trop pénible, nous aimerions revenir sur ce qui s'est passé. Pouvez-vous nous décrire vos agresseurs ?

— Je crains de ne pas pouvoir vous dire grand-chose de plus que ce que j'ai déjà déclaré à vos hommes, la nuit dernière. Ils étaient deux, le visage dissimulé par une cagoule… Je pense que leur plan était de faire sortir mon chauffeur de la voiture, de prendre sa place et de m'emmener Dieu sait où !

— À qui appartenait le véhicule ?

— À Nancy Astor, chez qui j'avais passé la soirée. Mais je peux vous affirmer que Mel, le chauffeur, n'y est pour rien. Ça, j'en suis absolument sûre.

— Vous ont-ils menacée directement ?

— À aucun moment, non. C'est incroyable comme tout s'est passé vite. La Bentley s'est immobilisée au milieu de la rue, ce qui a attiré l'attention de plusieurs passants. Voyant qu'un attroupement se formait, les deux types ont préféré filer sans demander leur reste. Voilà.

— Quel genre de voiture conduisaient-ils ?

— Je serais bien en peine de vous le dire.

— De quelle couleur était-elle ?

— Noire, il me semble. Mais vous savez, en pleine nuit...

— Pardonnez-moi de vous poser cette question indiscrète, mais que comptez-vous faire aujourd'hui ?

— Je vais commencer par appeler Nancy Astor, qui doit être dans tous ses états. Et puis je vais attendre le retour du propriétaire de cet appartement, qui a la gentillesse de m'héberger. Ensuite, j'aviserai...

— Souhaitez-vous que nous laissions quelqu'un en faction devant votre porte ?

— Je me sentirais plus rassurée, oui, merci, vraiment plus rassurée.

Les quatre hommes du NYPD prirent congé. La résolution de Diana était prise : elle allait rentrer à Londres sans tarder.

7.

Mars 2000 - Avril 2000

Des éclairs rouges et blancs jetés par les phares des voitures émergeaient çà et là les silhouettes des passants se bousculant sur l'asphalte. Il était un peu plus de dix-huit heures, et le soleil se couchait sur Piccadilly. Assise au volant de sa R5 bleue, Diana s'imprégnait de cette atmosphère si particulière qui baigne Londres à la tombée de la nuit.

— Je ne savais pas que tu avais encore ta poubelle ! s'exclama Fergie en ouvrant la portière. Un vrai miracle que ce truc-là roule encore…

— Peut-être, mais elle est bien pratique. Quand je sors avec, je suis sûre d'être tranquille. Personne ne viendrait me chercher au volant d'un engin pareil.

— Je croyais que tu l'avais mise à la casse depuis longtemps…

— À un moment, je me suis tâtée… Elle me rappelait trop de mauvais souvenirs, nos débuts avec Charles, tout ça… Et puis, bon. Les garçons m'ont dit qu'ils la trouvaient… comment, déjà ? ah oui, « hype » ! Mais dépêche-toi, qu'est-ce que tu fais ? Tu vois bien que je suis mal garée…

La duchesse d'York jeta les sacs de shopping

qu'elle tenait à la main sur le siège arrière et s'assit lourdement sur le siège passager.

— Je déteste cette vieille guimbarde... Entrer là-dedans quand on est en jupe, merci !

— À peine arrivée, il faut déjà que tu commences à râler...

— Excuse... Allez, Duch', vas-y, fonce, fit Sarah en se jetant à son cou avec de petits gloussements d'excitation. Montre-leur à qui ils ont affaire !

Diana avait proposé à son amie de renouer avec leurs bonnes vieilles habitudes. *London by night* en voiture... rien de mieux pour oublier les soucis, les amants, les journalistes et les ex-maris. Les deux complices roulèrent sans rien dire un bon moment, savourant les instants délicieux qui précèdent l'heure des confidences. Diana rompit le silence la première. Elle raconta New York, la neige qu'elle avait vue tomber sur Central Park et surtout Matthew Coleby, la grande passion qui, désormais, emplissait son existence. Depuis toujours, les deux ex-belles-filles d'Elizabeth II mettaient un point d'honneur à tout connaître de leurs vies amoureuses respectives. Quand la duchesse avait craqué pour le milliardaire texan Steve Wyatt, puis pour son conseiller financier John Bryan, la princesse avait été la première à le savoir. De même, quand cette dernière s'était éprise du marchand d'art Oliver Hoare, au début des années quatre-vingt-dix, Fergie avait partagé son secret.

— Les joyeuses commères de Windsor... Comme à la grande époque, non ? demanda Diana en adressant un clin d'œil à sa passagère.

— C'est exactement ce à quoi j'étais en train de penser... La grande époque ! La différence, c'est que toi et moi, nous avons perdu... disons... cette espèce d'inconscience que nous avions dans le temps.

— Tu te souviens des dernières vacances qu'on a passées ensemble à Balmoral, celles où on a piqué la bagnole de Queen Mum ?

— Oui. Et aussi de l'épisode du quad avec lequel on a ravagé le terrain de golf. Thelma et Louise...

— C'était fou, mais c'était bon !

— Reconnais que si on s'était fait pincer, on n'en aurait pas mené large...

— Fais attention, tu deviens rasoir avec l'âge !

— Avec les ennuis, oui ! Tant que mon découvert dépassera le montant cumulé de la dette des pays du tiers-monde, j'aurai du mal à me détendre. Mais au fait... pour toi, tout va bien, maintenant, de ce côté-là, hein ?

— Mmmm..., répondit la princesse d'un air distrait. J'ai un truc important à te dire. Je me demande si je ne suis pas enceinte...

— Tu plaisantes ? lança Fergie sur un ton faussement épouvanté.

— Je ne plaisante pas, non, et je peux même te dire que je n'ai pas été aussi heureuse depuis bien longtemps !

— Tu en as parlé à Matthew ? Tu as fait un test ?

— Pas encore. Mais quelque chose me dit que c'est bon.

— Comment va-t-il prendre ça, tu crois ?

— Je suis sûre qu'il sera fou de joie. Il a déjà une fille de vingt-cinq ans et il a très envie de lui donner une petite sœur.

— Pour une nouvelle, Duch', c'est une nouvelle ! Tu en as beaucoup d'autres comme celle-là ?

— Je vais retourner m'installer avec lui à New York. Définitivement, cette fois.

— Mais... tu viens de rentrer ! Et tes fils ? Tu as pensé à tes fils ?

— J'ai beaucoup réfléchi. Je ferai des allers-retours réguliers entre Londres et Manhattan, je suis sûre qu'on se verra au moins autant qu'aujourd'hui. En fait, ce sera comme pour toi : trois semaines aux States, une ici. Avec un peu de chance, on arrivera même à prendre le Concorde ensemble de temps en temps !

— Tu as beaucoup changé, tu sais. Tu me parais tellement calme, tellement… je ne sais pas… déterminée…

— Ce désarroi dans lequel j'étais, cette rage que je mettais à essayer de conquérir le cœur de Charles alors que je savais la chose perdue d'avance… tout ça avait fini par me faire perdre la tête. Mais cette fois, tout est différent. Matthew m'aime et m'accepte comme je suis, avec mon passé, mes angoisses et mon profil de médaille. Ce bonheur-là, je n'ai pas l'intention de le laisser s'envoler.

— Tu repars quand ?

— Fin avril, dans un peu moins d'un mois donc. William et Harry sont encore très choqués par cette tentative d'enlèvement dont j'ai été victime. Pour l'instant, ça les rassure de me savoir ici.

— On t'a tenue au courant de l'avancée de l'enquête ? Les flics savent qui étaient tes agresseurs ?

— Non, c'est même à désespérer de tout. Personne n'a la moindre idée de l'identité des hommes qui s'en sont pris à moi. De toute façon, tout ça n'avait aucun sens. Ils espéraient quoi, au juste, ces gars-là ? Une rançon ? Ce serait grotesque, avoue-le ! Ou alors exercer des pressions ? Mais sur qui ? Tu reconnaîtras comme moi que ça ne tient pas debout.

Il était près de vingt-deux heures lorsque les deux amies rentrèrent au palais de Kensington.

— On meurt de faim ! s'exclamèrent-elles en chœur en apercevant Paul Burrell.

— Je vous ai préparé une collation à l'étage. Du saumon, du cheddar et des fruits... Si vous n'avez plus besoin de moi, Ma'am, poursuivit-il en se tournant vers Diana, avec votre permission, je vais me retirer.

Les deux jeunes femmes grimpèrent les escaliers quatre à quatre en se bousculant comme des collégiennes, jusqu'à la chambre où elles s'écroulèrent sur le lit.

— Tu préfères quoi ? lança Diana. Une série télé ? Ou l'un de ces bons vieux mélos en noir et blanc qui nous ont déjà tant fait pleurer ?

Au même moment, les Douze de Chester se retrouvaient à Spring Cottage, une petite maison à colombages située en bordure de la Tamise, dans le parc du château de Cliveden. La lune dardait ses reflets d'argent sur les eaux noires du fleuve. Rien ne troublait le silence de la campagne, sinon le bruit du vent dans les feuillages qui recouvraient à demi le toit de la demeure. Assis en tenue de ville dans le petit salon qui jouxtait la cuisine, les frères discutaient avec animation en attendant l'arrivée du Vénérable Tannifer.

— Que pensez-vous de l'histoire qui est arrivée à la princesse de Galles ? commença le Veilleur.

— Pour moi, répondit Cassius, la chose est signée : les responsables ne peuvent être que ces marchands d'armes dont elle menace le commerce immonde avec sa lutte contre les mines antipersonnel.

— Faut-il vraiment toujours qu'elle se distingue ? maugréa un troisième. Qu'elle se crée des ennuis ? Autant de désagréments qu'elle pourrait facilement éviter si elle consentait à rester un peu à Londres ! Ici, au moins, il est plus facile de la protéger !

— L'enquête piétine, et c'est d'abord à ça qu'il faut essayer de remédier, intervint le Régent. De plus, si nous laissons passer trop de temps sans rien laisser filtrer du côté de nos amis de la presse, vous savez tous comme moi ce qui va se passer. Le *Sun* et le *Daily Express* passeront à l'attaque les premiers en faisant croire à leurs lecteurs que Scotland Yard, le gouvernement ou, pire encore, le palais cherchent à leur cacher la vérité. Les autres journaux s'engouffreront aussitôt dans la brèche. À terme, vous pouvez être sûrs que les Windsor se retrouveront une nouvelle fois montrés du doigt.

— Que faudrait-il faire, à votre avis ?

— À titre préventif, distillons quelques informations rassurantes au *Daily Mail* ou au *Morning Standard*. Des bricoles qui montrent que nous prenons l'affaire très au sérieux et qui laissent penser que nous serons en mesure de boucler l'enquête dans les meilleurs délais. Les écrans de fumée habituels, quoi...

— Et s'il s'agissait d'une manœuvre du réseau Athelstan, d'un stratagème à grosses ficelles destiné, justement, à dresser l'opinion contre la famille royale ? coupa frère Veilleur. Ce serait plutôt habile, vous ne croyez pas ? S'il arrivait quelque chose à Diana, la reine et ses proches feraient tout de suite des coupables idéals ! Les gens penseraient qu'en l'éliminant, les Windsor ont voulu faciliter le remariage de Charles avec Camilla. Réfléchissez... Voilà déjà un moment que les Britanniques n'ont pas eu de véritable raison de se plaindre de leur dynastie régnante. Raviver durablement le feu de la discorde pourrait créer des conditions propices à cette fameuse grande offensive destinée à récupérer le trône d'Angleterre dont nous parlons depuis des mois...

La pièce était faiblement éclairée par la lueur des flammes qui dansaient dans la cheminée. Tout à leurs sombres pensées, les Douze n'entendirent pas le Vénérable s'approcher.

— Quelle idée originale, frère Cassius, d'avoir organisé notre réunion ici !

Ce dernier sursauta.

— Il m'a semblé...

— Laissez-moi deviner... Il vous a semblé que le cottage où la reine Victoria aimait venir prendre le thé était l'endroit tout indiqué pour abriter une réunion de crise de l'ordre de Chester...

— Euh, oui... C'est à peu près ça.

— Vous oubliez que ces murs ont aussi abrité les amours scandaleuses de l'ancien secrétaire d'État à la Guerre John Profumo et de sa call-girl, Christine Keeler... Une espionne ! Excellent choix, frère Cassius, excellent choix !

La voix du Vénérable tonnait dans le rez-de-chaussée du petit cottage comme s'il fallait y tenir quelque démon à distance.

— L'un d'entre vous est-il au courant qu'un historien, un certain Osbert Satcheverell, s'apprête à publier un livre sur le trésor disparu d'Athelstan ? reprit-il en jetant des regards inquisiteurs à la ronde.

— Il n'est pas question aussi d'une exposition, qui devrait ouvrir ses portes dans quelques mois ? interrogea frère Veilleur.

— Si, en effet. Alors ? Quelqu'un sait-il qui est ce Satcheverell ?

— Je m'occupe de lui, lança le Régent. Avec votre permission, Vénérable, bien sûr... Par ailleurs... nous avons prévu de nous réunir à nouveau dans un mois... Je sais que vous n'approuvez pas le choix de ce cottage, mais je suggère tout de même que, pour cette fois au moins, nous nous y donnions de nouveau rendez-vous. Il serait difficile de trouver un endroit plus discret que celui-ci.

La réunion fut levée aussi promptement qu'elle avait démarré. Frère Cassius étouffa les flammes qui dansaient encore dans l'âtre, attrapa sa canadienne sur le portemanteau de l'entrée et attendit que tous les membres de l'ordre de Chester soient sortis pour donner un tour de clé. Saisis par le froid, les Douze regagnèrent leurs voitures sans s'attarder. Tannifer retint brièvement frère Régent par la manche : « Nous avons plus que jamais besoin des informations que vous seul êtes en mesure de nous fournir. J'ai peur que d'autres drames se préparent, ne traînez pas. » Ce dernier acquiesça d'un signe de tête et s'installa au volant de sa petite Peugeot blanche. Il sortit du parc de Cliveden tous feux éteints et prit la direction de Londres. Tout en roulant, il s'efforça de mettre ses idées en ordre. Des lettres d'amour avaient disparu, une couronne menaçait de réapparaître sans qu'on en connaisse davantage la raison. Puis deux cadavres avaient été retrouvés, et voilà maintenant qu'un livre venait relancer le mystère du trésor d'Athelstan. « Honni soit qui mal y pense », murmura-t-il entre ses dents.

Assise en tailleur, Diana triait un amoncellement de vieux papiers déposés en vrac sur la moquette de sa chambre. Elle en tira une épaisse enveloppe de couleur crème, à l'intérieur de laquelle se trouvaient rangées, soigneusement pliées, les lettres que lui avait adressées son beau-père, le duc d'Édimbourg, au cours des quatre dernières années de son mariage. La princesse en choisit une au hasard. « Si tu savais comme Ma' et moi, nous regrettons cette situation…, écrivait-il en mars 1993. Nous n'approuvons pas la liaison que Charles entretient avec Mrs Parker-Bowles. Je pense même en ce qui me concerne qu'il faudrait être fou pour te quitter pour Camilla. » Cher Philip… « Tu veux prendre un amant ? l'apostrophait-il encore dans un courrier en date du 12 juillet 1995. Eh bien, ne te gêne pas ! Mais fais en sorte de le choisir dans la famille ou dans notre entourage immédiat, ce sera tout de même plus sûr. Tu vois comme Pa' veille sur toi… » Elle se sentit à nouveau pleine d'affection pour l'époux d'Elizabeth II. Celui-ci n'avait jamais oublié les épreuves par lesquelles il était lui-même passé lors de son entrée chez les Windsor, en 1947. Il conservait un souvenir cuisant des humiliations que lui avait fait subir le staff des résidences royales – notamment celles infligées par la redoutable Bobo Mc Donald, l'ancienne gouvernante de Lilibet devenue son habilleuse en chef, qui lui interdisait l'accès de la salle de bains de sa propre femme – et des réflexions cruelles entendues maintes fois sur ses origines allemandes. Personne ne savait mieux que lui combien il était difficile de trouver sa place dans le clan. Diana avait sans doute commis beaucoup d'erreurs et précipité sa séparation d'avec l'héritier du trône, mais elle n'avait jamais réellement souhaité divorcer. Si le duc n'avait pas toujours réussi à comprendre sa belle-fille, lui, au moins, n'avait jamais douté de sa sincérité.

Son passé de princesse s'étalait là, dans cet amoncellement de cartes postales, de petits mots écrits de la main de son ex-mari, de pochettes en papier kraft et de photos découpées dans les tabloïds. Il y a quelques minutes encore, elle était décidée à les brûler. Et voilà qu'elle se ravisait. « C'est ma vie, après tout ! » s'exclama-t-elle. De l'autre côté de l'Atlantique, Matthew attendait toujours qu'elle veuille bien se décider à le rejoindre à New York. Gagnée depuis peu par l'impression étrange qu'il lui restait encore des choses à faire à Londres, Diana prenait son temps. Elle quitterait ses appartements de Kensington comme on tire les volets d'une maison de vacances à la fin d'un bel été. Avec une pointe de regret. Et comme un goût d'aventure inachevée.

Elle ne savait pas combien de temps durerait son voyage au côté de Coleby, mais celui-ci promettait d'être long. William et Harry, qui ne s'y trompaient pas, s'inquiétaient à l'avance de la voir partir aussi loin d'eux. La réaction de Charles, en revanche, l'avait surprise. « Tu vas certainement manquer aux enfants, lui avait-il dit quelques jours plus tôt au téléphone. Beaucoup. Mais il est possible que tu me manques aussi… » Diana avait été bouleversée par ses paroles. Leurs liens étaient différents à présent, faits tout à la fois de bienveillance, de tendresse et de sage complicité. Les pages les plus douloureuses de leur histoire commune étaient enfin tournées. Ils étaient l'un et l'autre redevenus libres, maîtres de leur destin et de leurs choix.

Il était assis tout au fond de la salle, un peu à l'écart des autres convives. Veste bleu nuit, cheveu en bataille et regard perdu dans le nuage de fumée échappé de son cigare… « Encore plus joli garçon que dans mon souvenir », pensa la princesse. David lui adressa un petit signe discret de la main. Avant même qu'elle ait eu le temps de lui répondre, Mara, la propriétaire du San Lorenzo, se précipita à sa rencontre et l'embrassa vigoureusement sur les deux joues : « Ton invité est déjà arrivé. Nous avons fait connaissance... Il est char-mant ! »

Diana rejoignit Duncannon d'une démarche lente et sensuelle – exercice qu'elle maîtrisait à la perfection et qui, elle le savait, produisait toujours son petit effet. À peine assise en face de lui, elle esquissa une moue de plaisir et croisa ses longues jambes sur le côté gauche de sa chaise, espérant qu'il les contemplerait mieux ainsi. Ils s'étaient appelés plusieurs fois depuis leur soirée à Ennismore Gardens, mais ce déjeuner était leur premier rendez-vous en tête-à-tête.

— J'avais oublié à quel point vous étiez belle..., commença David. Matthew est un sacré veinard. Vous croyez qu'il sera vraiment très très jaloux quand il apprendra que nous nous sommes vus sans lui ?

Il partit d'un rire rauque qui dévoila des dents d'une blancheur parfaite, légèrement pointues sur les côtés.

— Mais qu'est-ce que vous croyez? fit semblant de s'offusquer Diana. Il y a déjà plusieurs jours qu'il est au courant et ça ne lui pose pas le moindre problème, au contraire.

— Bien bien... Je me demandais si vous lui aviez parlé de moi, c'est tout. En tout cas, je vous remercie d'avoir accepté mon invitation. Surtout la veille d'un départ comme celui-là. J'y suis... disons... très sensible.

— J'ai mis du temps à me décider. Mais Matthew s'impatiente. Je ne veux pas le faire attendre plus longtemps.

— Londres va paraître affreusement vide et triste sans vous...

— Ce sont surtout les photographes qui passent leurs journées à me courir après qui vont trouver le temps long !

— Vous allez donc vous installer chez Matthew ?

— Oui, bien sûr, l'appartement est suffisamment grand pour nous deux.

— Qu'allez-vous faire de votre nouvelle existence new-yorkaise ? Comment allez-vous vous occuper ? Je ne vous vois pas très bien passer votre temps à courir les boutiques et les musées...

— Vous oubliez ma fondation ! D'ailleurs, en parlant de ça... J'ai rêvé ou vous aviez promis de m'aider ?

— Il n'est pas dans mes habitudes de faire des promesses en l'air, surtout à une jolie femme.

Leur conversation fut interrompue par l'arrivée de Mara, son carnet de commandes à la main.

— Un risotto aux fruits de mer, lui dit Diana sans même consulter la carte.

— Et pour moi, vos excellents spaghetti *al vongole.*

— Et vous boirez... ?

— De l'eau... Plate ou pétillante, peu importe. Je me plierai au choix de la délicieuse créature qui se trouve en face de moi.

Mara sourit et s'éloigna.

— À votre tour de me promettre quelque chose, reprit Duncannon en se penchant légèrement vers la princesse. N'allez pas perdre tout ce qui fait votre charme et, si vous le permettez, votre infinie séduction, en vous fondant dans la masse de toutes ces bonnes dames patronnesses de Park Avenue. Je veux voir autre chose dans les journaux que des photos de vous en week-end dans les Hamptons ou en vacances à Aspen et Martha's Vineyard...

— Aucun risque qu'on nous confonde… Vous oubliez que je suis une vraie blonde, moi, môssieur !

— C'est vrai. Toutes mes excuses, ma chère…

— Que reprochez-vous à Martha's Vineyard, exactement ? L'île est absolument magnifique…

— Mais qu'iriez-vous faire là-bas ? N'oubliez pas qu'avec les Kennedy, la région a déjà sa propre famille royale.

— Justement, l'interrompit Diana d'un air pincé. Une princesse de plus ou de moins ne devrait faire aucune différence.

— Ne vous fâchez pas… C'est drôle comme la colère peut d'un seul coup révéler la sensualité d'une femme…

— Je ne sais pas si j'ai bien fait de venir, lança la princesse en se penchant vers son sac à main.

— Bien sûr que si, vous le savez… Arrêtons de nous mentir. Vous et moi, nous nous sommes bien reconnus au premier regard, non ?

— Je ne comprends pas.

— Comme les animaux, les êtres humains se divisent en deux catégories : les prédateurs et les autres.

— Vous vous méprenez totalement…

— En matière de conquête amoureuse, nous ferions deux adversaires formidables l'un pour l'autre. Mais il aurait fallu que nous nous rencontrions un peu plus tôt. Voilà pourquoi je suis prêt à vous donner ce que je n'ai offert jusqu'ici à aucune autre femme au monde : mon amitié, éternelle et sans condition. Ou plutôt si… Faites-moi une faveur : rangez donc ces très jolies jambes sous la table.

David et Diana se fixèrent intensément sans mot dire pendant plusieurs secondes. Puis la princesse partit d'un grand éclat de rire.

— Moi qui avais accepté ce déjeuner dans l'espoir d'en apprendre davantage sur vous ! Un ratage complet ! Je me retrouve percée à jour… Le mystère Duncannon, lui, reste entier. Bien fait pour moi.

— Nous n'en avions pas tout à fait terminé avec Martha's Vineyard. Savez-vous que l'ancienne maison de Jackie Kennedy est à vendre ? Je dois dire que je vous imagine assez bien dans ses murs…

— Elle pourrait me plaire, selon vous ?

— Je n'y suis jamais entré, mais Matthew m'a parlé de votre… fascination pour l'épouse de JFK. Alors, pourquoi pas ?

— Si je vous disais que je n'ai jamais eu de maison à moi…

— Raison de plus ! Un petit cottage Nouvelle-Angleterre avec vue imprenable sur l'Atlantique !… Écrivez à sa fille aînée, Caroline. Et surtout, si elle accepte de vous ouvrir la propriété le temps d'une visite, faites-moi signe. Je me ferai un plaisir de vous accompagner.

Mara arriva avec leurs plats.

— Changeons de sujet, reprit David. Comment se fait-il que la reine vous autorise à émigrer aux États-Unis ? Vous êtes la mère du futur roi d'Angleterre, non ?

— Justement ! Je ne suis *que* la mère du futur roi, c'est-à-dire rien ou presque. Du moment que je n'emmène pas William et Harry avec moi, je peux bien aller vivre où je veux, tout le monde s'en fiche.

— On ne laisserait pas vos enfants s'installer avec vous en Amérique ?

— Deux héritiers du trône ? Le titulaire et le remplaçant ? Vous n'y pensez pas !

— Vos relations avec les Windsor paraissent quand même s'être beaucoup améliorées…

— C'est vous qui le dites !

— Il est vrai que je n'en sais rien, après tout. Je me contente de me fier à ce que me raconte tous les jours le *Morning Standard*...

— Nous dirons qu'il y a du bon... et du moins bon. Queen Mum m'a définitivement rayée de son carnet d'adresses, par exemple. Il paraît qu'à Clarence House, mon nom n'a pas été prononcé une seule fois en cinq ans, ce qui vous donne une idée du caractère de la vieille dame. Quant à la reine, j'ai pour elle toute l'affection et l'estime du monde, et je pense que, de son côté, elle a du respect pour moi. Pourtant, je reconnais que je lui en ai fait baver...

— On sent tant de force, tant d'énergie chez cette femme !

— Oui, c'est un roc. Heureusement pour nous tous.

— Et ces rumeurs d'abdication avec lesquelles on nous assomme à intervalles réguliers ?

— De ce côté-là, vous pouvez dormir tranquille. Ce job, c'est toute sa vie. Je n'imagine pas une seule seconde qu'elle puisse céder les rênes avant l'heure à mon ex-mari.

— Rien ne pourrait la faire renoncer ?

— Rien, sauf la santé de Philip, peut-être. Et encore, je n'en suis même pas sûre... Mais au fait, David, pourquoi toutes ces questions ?

— Simple curiosité. J'ai la chance de déjeuner avec vous, alors j'en profite.

Les deux convives terminaient à présent leurs desserts – un tiramisu pour lui, un gratin de fruits rouges pour elle.

— Voulez-vous savoir pourquoi je tenais tant à vous voir avant que vous partiez ? poursuivit Duncannon.

— Pour pouvoir enfin me faire la cour tranquille ? répondit la jeune femme d'un air malicieux.

— Vous n'y êtes pas du tout, répondit-il en tirant une enveloppe de sa poche. Voilà un chèque de un million de dollars pour votre fondation. Et ne faites pas semblant de trouver la somme excessive, vous me vexeriez.

— Je me sens à la fois extrêmement reconnaissante et extrêmement gênée. Promettez-moi que vous n'attendez rien en échange…

— Je vous en donne ma parole. Et, je vous en prie, ne me remerciez même pas. Soyez là, gardez-moi votre affection bien précieusement, c'est tout ce que je vous demande.

— …

— Il y a autre chose. J'ai fait le tour de plusieurs de mes relations d'affaires, et je pense être capable de réunir près de dix millions de dollars au profit du Princess Diana International Fund avant la fin de l'année. C'est un bon début, non ?

— Je ne sais plus quoi dire.

— Excellent. J'adore vous voir perdre vos moyens.

Il était déjà quatorze heures trente. Le portable de Diana se mit à sonner. C'était Paul Burrell, qui l'informa que son rendez-vous suivant était arrivé au palais de Kensington. Il était temps de prendre congé. Elle tendit une main faussement nonchalante à David. Celui-ci la porta à ses lèvres et y déposa un baiser.

— Nous ne devrions pas tarder à nous revoir, l'assura-t-elle. Mais avec Matthew, cette fois !

— Tout ce qui m'importe, c'est que vous ne me laissiez pas trop longtemps sans nouvelles de vous.

Elle se leva gracieusement de sa chaise.

— Êtes-vous comme ma belle-mère, mister Duncannon ? demanda-t-elle avec un sourire coquin. Aimez-vous les histoires qui font rougir les jeunes filles ?

— Je ne les aime pas, chère petite princesse, je les adore, répondit-il en jetant un regard amusé autour de lui pour voir si on les écoutait.

— Un bon point pour vous…, dit-elle en se rasseyant à demi. Je vous observe attentivement depuis un moment et je devine que vous ne devez pas être effarouché par grand-chose. Voyons si vous connaissez celle-ci : une Anglaise et une Française se rencontrent et se mettent à parler de sexe. La première demande : « Savez-vous comment on appelle un pénis chez nous ? — Euh, non…, lui fait l'autre. — Un gentleman, parce que quand une femme entre dans une pièce, lui au moins, il se lève ! »

Ils partirent tous deux d'un grand éclat de rire.

— Voici ce que vous avez à faire en prévision de notre prochain déjeuner en tête-à-tête. Trouvez ce que la *Frenchy* lui répond de son côté, et c'est moi qui paie l'addition. Marché conclu ?

— Marché conclu.

— Génial. Il faut que je file… Essayez de penser à d'autres blagues dans le même genre. Je les note toutes dans un petit carnet, j'ai remarqué que ça aidait à détendre l'atmosphère dans les dîners. Allez, byyyyye !…

Debout devant la machine à café, Shelby hésitait entre un expresso et un café long sans sucre. L'inspecteur du MI5 venait d'apprendre l'heureux dénouement de l'affaire des lettres volées à James Hewitt. Les enveloppes avaient été retrouvées chez un receleur, dont on avait établi de manière irréfutable les liens avec Billy Wolfegg, le macchabée de

Hyde Park. À en croire l'indic qui l'avait balancé, Billy travaillait pour un réseau international de trafiquants d'armes. Ces derniers avaient sûrement cherché à faire pression sur Diana pour l'inciter à stopper son combat contre les mines antipersonnel. Wolfegg, dont la mission n'avait pas été couronnée de succès, avait probablement été liquidé sans autre forme de procès.

— Patron, téléphone ! Et ça urge ! entendit-il crier à l'autre bout du couloir.

Il courut jusqu'à son bureau et s'empara du combiné que son adjoint, Leverson, avait posé sur une pile de chemises cartonnées.

— Mister Shelby ?

— Lui-même.

— Je vous conseille d'aller jeter un œil au 46, Princedale Road.

— Mais qui êtes-vous ?

— Mon nom n'a aucune importance et ne vous apprendrait rien, de toute façon. Au revoir, inspecteur.

Robert ne fumait plus depuis trois mois mais, sous l'effet conjugué de l'indécision et du stress, replongea pour une Benson & Hedges tapée à son collègue.

— Accompagne-moi, veux-tu ? lui lança-t-il.

— Vous recommencez à vous triturer l'oreille, patron, c'est pas bon signe. Où allons-nous ?

— Princedale Road.

— C'est où ?

— Tu verras bien.

Londres, quartier chic. Dans cette petite rue étroite et calme, perpendiculaire à Holland Park, s'alignaient, toutes proprettes, de jolies maisons aux façades fraîchement repeintes sur lesquelles couraient des guirlandes de glycine. Leverson gara sa voiture devant le pub Prince of Wales. Les deux agents des services secrets parcoururent une trentaine de mètres à pied et s'arrêtèrent devant le numéro 46.

— Et maintenant, comment on fait pour entrer ?

Sans répondre, Robert donna un coup de pied à la porte, qui s'ouvrit sans résistance. La pièce qu'ils avaient sous les yeux était vide. Les murs crème paraissaient avoir été récemment repeints à neuf. Au fond à droite, une porte vitrée était ouverte sur une petite cour délimitée par de hauts murs en brique blanchis à la chaux. Sur le sol en béton était étendu un homme d'une soixantaine d'années, vêtu d'un très beau costume gris anthracite et qui paraissait paisiblement endormi.

— Appelle Scotland Yard, ordonna Shelby. Cette affaire est pour eux, pas pour nous.

— Pourquoi vous a-t-on appelé vous, alors ?

— T'occupe, fais ce que je te dis.

Leverson s'éloigna en levant les yeux au ciel. Robert observa longuement le corps étendu à ses pieds. Celui-ci ne portait aucune trace apparente de violence. L'expression figée sur le visage du cadavre était même celle d'une sérénité presque dérangeante. Dans la mise du bonhomme, tout, de l'œillet rouge accroché à la boutonnière de son veston aux souliers brillants comme des sous neufs, était resté impeccable. Lorsque les premiers représentants de Scotland Yard rejoignirent l'inspecteur sur les lieux, il ne fit aucun commentaire.

— Tenez-moi au courant des résultats de l'autopsie, leur dit-il simplement. Et, bien sûr, n'oubliez pas de me contacter dès que vous l'aurez identifié.

Deux heures plus tard, le commissariat de Kensington lui confirma ce qu'il savait déjà : l'individu retrouvé était Peregrine, vicomte d'Oxfuird, *Silver Stick in Waiting* – bâton d'argent – auprès de la reine Elizabeth. Anachronisme pour les uns, simple survivance de l'ordre monarchique ancien pour les autres, ce titre avait été créé en 1678 pour l'officier de la cavalerie royale chargé d'assister le responsable de la sécurité du souverain. Devenu purement honorifique par la suite, il ne servait plus désormais qu'à récompenser d'honnêtes serviteurs de Sa Majesté pour leur loyauté. Shelby se souvenait qu'à l'époque de sa nomination, les mauvaises langues avaient attribué la « promotion » d'Oxfuird aux services d'un genre un peu particulier qu'il avait rendus à la couronne d'Angleterre. Marié à une très jolie femme, Peregrine avait en effet toujours fermé les yeux sur la liaison que celle-ci entretenait depuis des années avec un membre éminent de la famille régnante. Minto, Oxfuird... Les Windsor avaient perdu deux de leurs fidèles petits soldats sans s'en émouvoir plus que ça. Robert n'eut pas le courage de ranger les dizaines de feuillets dactylographiés qui traînaient, épars, sur son bureau.

— Je rentre, marmonna-t-il à l'intention de Leverson. J'en ai ma claque.

Il passa la plus grande partie de la soirée assis sur le canapé défraîchi de son living-room, le regard dans le vide. Ses supérieurs avaient ordonné la destruction des lettres de la princesse de Galles récupérées au domicile du receleur, et c'était aussi bien comme ça. Shelby les avait brûlées une par une dans l'évier de sa cuisine. Une odeur tenace de cendre et de soufre flottait maintenant dans son appartement.

8.

Mai 2000 - Avril 2002

« Ne t'inquiète pas, ma chérie, nous l'aurons, cet enfant, je te le promets… » La princesse de Galles sanglotait, recroquevillée dans les bras de Matthew. La petite fille tant espérée n'avait jamais existé que dans ses rêves de femme amoureuse. « Voyons, l'avait gentiment sermonnée son médecin, vous venez d'avoir trente-neuf ans. Vous vous doutiez bien que tomber enceinte allait forcément vous demander un peu plus de patience que lorsque vous en aviez vingt… » Mais la déception de Diana était immense. Elle s'était vue annoncer la nouvelle à William et Harry, avait commencé à transformer la chambre d'amis de l'appartement de Coleby en nursery… Depuis son arrivée à New York, au début de la deuxième semaine du mois de mai, son désir ardent de maternité avait occupé ses pensées jour et nuit.

Ses activités au sein de la fondation l'accaparaient en outre beaucoup moins que prévu. La jeune femme se contentait d'assister aux réunions du comité directeur du Princess Diana International Fund une fois tous les quinze jours. Elle s'était rapidement rendu compte qu'en dépit de son appétit de travail et de responsabilités, on ne lui en demanderait jamais plus. Les dossiers étaient sélectionnés par ses adjoints, ses discours rédigés par un tandem d'experts en communication recrutés à grands frais. Sa belle machine à changer le monde se transformait lentement mais sûrement en multinationale de l'action caritative. « Je vous avais pourtant prévenue… », lui avait dit Colin Powell lorsqu'elle s'était confiée à lui. C'était vrai, il l'avait pourtant prévenue…

Manhattan et sa nouvelle pensionnaire s'habituaient peu à peu l'un à l'autre. Les premiers temps, quelques dizaines de journalistes et de curieux avaient été aperçus traînant devant l'entrée de l'immeuble de Matthew et sur l'esplanade du World Trade Center. Puis il avait rapidement fallu se rendre à l'évidence. La « dianamania » n'enflammait plus New York comme elle le faisait autrefois. La princesse n'était plus cette jeune ingénue malheureuse en amour et martyrisée par une belle-famille ingrate venue chercher soutien et réconfort auprès d'une Amérique compatissante. Ses nouvelles aventures – quelques emplettes chez des antiquaires, des visites d'hôpitaux, un jogging deux ou trois fois par semaine dans les allées de Central Park – se trouvaient désormais reléguées dans les pages intérieures des magazines féminins et des tabloïds en mal d'infos. L'étoile des Windsor découvrait les joies en demi-teinte d'un relatif anonymat.

Le 4 août, elle se leva encore plus tôt qu'à l'accoutumée afin de pouvoir suivre sur la BBC la retransmission des réjouissances organisées à Londres en l'honneur du centième anniversaire de Queen Mum. Entourée des autres membres de la famille royale, la doyenne des Windsor fit son apparition sur le seuil de sa résidence de Clarence House, où Tony Nicholls, le « facteur » personnel d'Elizabeth II, lui remit un télégramme de félicitations de Sa Majesté. Les caméras s'attardèrent sur tante Margo. Clouée dans un fauteuil roulant, la sœur de la souveraine avait la moitié du visage dissimulée sous d'épaisses lunettes noires. Immobile, sourde aux acclamations qui montaient de la foule et comme étrangère à tout ce qui se déroulait autour d'elle, elle semblait prisonnière d'un silence éternel qui n'augurait rien de bon. La princesse de Galles aurait voulu pouvoir lui parler, la serrer dans ses bras... À son désarroi succéda un pénible sentiment d'impuissance. Devinant sa détresse, Coleby, qui venait de la rejoindre dans le salon, posa tendrement la main sur son épaule.

— J'ai honte, j'ai tellement honte ! lui avoua-t-elle. J'aurais au moins pu l'appeler ! Je ne comprends pas pourquoi les garçons ne m'ont rien dit...

— Ne te rends pas responsable de tout, tu n'y es pour rien. C'est la vie, voilà tout... Margaret est malade, et toute l'affection du monde n'y changera rien.

Au lieu de la rasséréner, ses paroles la plongèrent dans un désespoir plus profond encore. Il prit tendrement son visage entre ses mains.

— Attends quelques jours, si tu veux, et téléphone-lui. Elle sera contente de t'entendre, j'en suis certain.

Diana resta murée dans son chagrin jusqu'au soir. Sur les conseils de son compagnon, elle écrivit une longue lettre à tante Margo dans laquelle elle entreprit de lui raconter par le menu sa vie à New York sans jamais laisser paraître l'inquiétude et les remords qui la tenaillaient. Mais une question l'obsédait : se reverraient-elles jamais ?

— Patron ?

— Mmmm.

— C'est Leverson. Je ne vous dérange pas, là, au moins ?

— Mmmm.

— J'ai quelque chose pour vous. Vous vous souvenez, les recherches que vous m'avez demandées ?

— Oui, et alors ?

— J'ai retrouvé la trace d'une plainte déposée par le vicomte d'Oxfuird en novembre 1993. À l'époque, le gars prétendait être suivi par un inconnu, dont il avait fourni le signalement. L'enquête avait abouti à la mise en garde à vue de Billy Wolfegg, mais les preuves contre lui étant insuffisantes, il avait été relâché et l'affaire classée sans suite. Marrant, non ?

— Si on veut, oui. Continue de chercher, du côté de Minto par exemple, on ne sait jamais. Imagine que les trois disparitions soient liées, ça nous ferait un début d'os à ronger.

— Bien, patron. Vous passerez au bureau, cet après-midi ?

— Je ne sais pas. J'ai à faire. Si on te pose la question, tu réponds que tu n'as pas réussi à me joindre.

En début d'après-midi, l'inspecteur du MI5 se rendit dans les locaux de la British Library sur Colindale Avenue, au nord de Londres, et demanda à ce qu'on lui apporte toutes les éditions du *Times* du mois de novembre 1993. Il était brièvement fait mention du placement sous les verrous de Wolfegg à la date du 14. Mais ce qui retint l'attention de Robert, ce fut surtout un article relatant de bien curieux incidents dans les locaux de Coutts, la banque des Windsor. Un médium répondant au nom de Damian Blake avait été convoqué par le directeur de l'établissement afin de l'aider à se débarrasser d'un fantôme.

Le spectre sans tête – c'est du moins sous cette forme qu'il était apparu à une hôtesse d'accueil – semait la panique toutes les nuits dans la salle des ordinateurs et perturbait le travail des employés en jouant avec les lumières électriques de l'immeuble. Une fois entré en contact avec l'esprit farceur, Blake l'avait identifié en la personne de Thomas Howard, le quatrième duc de Norfolk. Cette grande figure de l'histoire du royaume, décapitée en 1572 pour avoir comploté avec le roi Philippe II d'Espagne dans le but de renverser Elizabeth Ire, n'avait, depuis, jamais été en paix. Avant de quitter les lieux, il suppliait qu'on veuille bien le soulager de ses souffrances. Le 15, un service religieux pour le repos et le salut de son âme avait donc été célébré dans une église voisine en présence de l'actuel duc de Norfolk et de son épouse. « Parfait, se dit Shelby en rangeant avec précaution les microfilms. J'ai toujours adoré les histoires de fantômes… »

Les journaux du week-end étaient étalés sur le lit. Diana et Matthew prenaient leur petit-déjeuner – œuf à la coque, salade de fruits et céréales – lorsque la sonnerie du téléphone retentit.

« Pas moyen d'être tranquilles, même le dimanche ! » s'exclama Coleby en tendant la main vers le combiné.

Caroline Kennedy se confondit en excuses pour cet appel matinal et demanda à parler à la princesse. L'ex-épouse du prince Charles lui avait envoyé une dizaine de jours auparavant une lettre longue et touchante dans laquelle elle exprimait son intérêt pour la maison familiale de Martha's Vineyard. La fille de Jackie, qui rentrait tout juste de voyage, ne voulait pas paraître manquer de courtoisie en la laissant attendre une réponse plus longtemps. Les deux femmes ne s'étaient jamais rencontrées, mais se surprirent à bavarder comme deux vieilles amies.

— Je crois comprendre que vous êtes intéressée par la propriété de ma mère, et j'en suis ravie, commença Caroline.

— J'avais beaucoup d'admiration pour elle, lui répondit gentiment Diana. Je n'ai jamais eu la chance de la croiser, mais quand j'ai appris sa disparition, j'ai eu l'impression étrange d'avoir perdu quelqu'un de proche.

— Oui, elle avait le don de créer cette forme de… proximité avec les gens. Je crois que si vous l'aviez connue, vous vous seriez très bien entendue avec elle. Vous n'auriez certainement pas manqué de sujets de conversation, en tout cas.

— Lorsqu'un ami à moi m'a appris que vous aviez mis le cottage en vente, j'ai eu comme une révélation. Un peu comme si c'était moi et moi seule que cette maison attendait…

— Visitez-la d'abord, et vous verrez. Elle pourrait ne pas correspondre tout à fait à l'idée que vous vous en faites, on ne sait jamais… Puis-je vous demander le nom de votre ami ? J'ai très peu parlé de cette vente autour de moi, je n'ai même pas encore choisi l'agence qui pourrait s'en occuper. Voilà pourquoi, en lisant votre lettre, j'ai été très surprise. Agréablement, certes. Mais… oui, c'est ça… étonnée…

— David Duncannon. Vous devez probablement le connaître, au moins de nom.

— Décidément, cet homme est partout ! Quel curieux personnage… Je crois que je vais mener ma petite enquête.

— Si vous arrivez à apprendre quoi que ce soit d'un peu précis sur lui, surtout appelez-moi ! En ce qui le concerne, ma curiosité est encore loin d'être satisfaite.

— C'est promis. Le mieux serait peut-être que nous nous voyions rapidement, qu'en pensez-vous ? Je suis actuellement à New York, dans notre appartement de l'Upper East Side, et j'ai prévu d'y rester deux ou trois jours. Auriez-vous un peu de temps libre demain ?

— Je pourrai passer vers dix-sept heures. Ainsi, nous ferons plus amplement connaissance.

— C'est entendu. À demain.

Diana raccrocha en poussant des cris de joie.

— Tu te rends compte ! s'exclama-t-elle en se tournant vers Matthew. Caroline Kennedy en personne m'a téléphoné ! Je vais l'avoir, cette maison, darling, je le sais, je le sens !

Derrière ses petites lunettes sans monture – le côté « intellectuel barbant » que sa princesse trouvait irrésistible –, Coleby lui jeta un coup d'œil amusé :

— Pour ça, je te fais confiance ! Ce que princesse veut…

— T'as bien une tête à croire aux fantômes, toi, non ?

— Qui ça, moi ? demanda Leverson en levant la tête de ses dossiers.

— Oui, toi, répondit Shelby, qui veux-tu que ce soit ?

— Bien sûr que j'y crois. Ici, à Londres, tout le monde croit aux fantômes. Si le sujet vous intéresse, je peux vous présenter ma cousine Malia.

— Pourquoi ? Elle est cul et chemise avec le spectre de Jack l'Éventreur ?

— Ne plaisantez pas avec ça… Pendant des années, ma cousine a été guide pour une boîte qui faisait visiter aux touristes les principaux endroits hantés de la ville. Elle a vu des trucs de dingue. Elle aimait bien ça, d'ailleurs. Ça lui faisait toujours un tas d'histoires à raconter dans les réunions de famille.

— Du genre ?

— Prenez le palais de Kensington, par exemple. Le roi George II y est mort en attendant désespérément l'arrivée de messagers en provenance de sa chère principauté de Hanovre. Depuis, il paraît que son visage apparaît régulièrement à la fenêtre de son ancienne chambre, comme s'il était toujours en train de les guetter. On dit même qu'en fin d'après-midi, on entend une plainte monter de ses appartements... « Quand vont-ils arriveeer ?... Quand vont-ils arriveeeeer ? » qu'elle ferait. Et je ne vous parle même pas de l'esprit de la princesse Sophia, la cinquième fille de George III, qui, elle, hante toujours les lieux à la recherche de Thomas Garth, son grand amour perdu...

— T'es en train de te foutre de moi, là, non ?

— Mais pas du tout, patron ! Les esprits sont partout, croyez-moi. Prenez Cromwell, Bradsahw et Ireton, les trois zozos qui ont fait décapiter Charles Ier au XVIIe siècle. Eh bien, ma cousine affirme que certains soirs d'hiver, on peut les voir déambuler tranquillement sur Red Lion Square. Ils surgissent ensemble d'on ne sait trop où, ils avancent jusqu'au milieu de la place, et là, hop ! ils disparaissent dans la brume.

— Crois-tu que les fantômes ont le pouvoir de changer le cours de l'Histoire ? Je veux dire... ces gens qui ont autrefois connu des destinées tragiques comme ceux dont tu viens de me parler, penses-tu possible qu'ils puissent un jour décider de se faire justice ?

— Excusez-moi, patron, mais je ne vois pas très bien où vous voulez en venir.

— Je voudrais savoir si les morts ont le pouvoir de persécuter les vivants, Leverson. Tout simplement.

À dix-sept heures précises, Bobby, le portier du 1040, 5e Avenue, crut s'évanouir lorsque, après avoir ouvert la portière de l'Alfa Romeo qui venait de stopper devant lui, il en vit sortir la princesse de Galles en personne. Diana était vêtue d'une petite robe Armani blanche qui découvrait ses épaules hâlées et mettait en valeur ses jambes interminables.

— Auriez-vous la gentillesse de me rendre un petit service en surveillant ma voiture ? lui demanda-t-elle avec un large sourire. J'ai rendez-vous avec Mrs Kennedy.

— Mais bien évidemment, Ma'am ! bafouilla le jeune homme en se précipitant pour ouvrir la porte de l'immeuble. Le garçon d'ascenseur vous accompagnera jusqu'au quinzième étage.

La fille de JFK attendait son invitée sur le seuil de l'appartement et lui tendit une main chaleureuse. Les deux femmes traversèrent une large galerie sobrement meublée d'une console et d'un trumeau doré flanqué de hauts vases chinois. En pénétrant dans le salon, la princesse s'extasia sur la vue magnifique que la pièce offrait sur Central Park.

— Ma mère l'aimait beaucoup, acquiesça Caroline. Je ne saurais vous dire combien d'heures elle a passées à la contempler.

— Sachez que je vous suis très reconnaissante de bien vouloir me recevoir ici.

— Je suis ravie de vous rencontrer, et je sais que ma mère aurait adoré pouvoir être à ma place en ce moment. Pardonnez-moi le désordre qui règne un peu partout, mais je suis en train de faire un peu de tri dans les affaires de John.

Une ombre passa sur le visage de Caroline.

— J'ai fait la connaissance de votre frère il y a cinq ans, lui dit Diana. À l'époque, il voulait absolument me convaincre de poser pour la couverture de *George*...

— Oui, je me souviens d'ailleurs qu'il y tenait beaucoup ! En même temps, il savait la chose quasiment impossible pour une femme dans votre position, et ne vous en a pas du tout voulu lorsque vous l'avez... éconduit. Si mes souvenirs sont exacts, vous avez été remplacée par Madonna... Excusez-moi, voulez-vous ?

Elle laissa la princesse seule quelques minutes, le temps d'aller préparer le thé. Debout près de la porte-fenêtre encadrée de rideaux en velours gris pâle, l'ex-épouse de l'héritier du trône d'Angleterre observait les lieux avec une curiosité mêlée d'un infini respect. C'est là, dans cet immeuble d'avant-guerre conçu par Rosario Candela, l'architecte qui avait construit le 740, Park Avenue de son enfance, que Jackie s'était éteinte dans sa soixante-quatrième année. Jusqu'à sa mort, en 1994, l'ex-Première dame avait tenu à conserver à son appartement son petit côté délicieusement vieillot. Un parquet sombre et ciré, des peintures jaunies par les années et écaillées par endroits... Face à Diana, une double porte laissait entrevoir les murs tendus de rouge de la bibliothèque et ses larges tables basses couvertes de livres et de journaux. La jeune femme sentait la présence de Jackie comme si elle se tenait à ses côtés.

— C'est étonnant comme certains lieux ont le pouvoir de garder vivante la mémoire des gens qui les ont occupés, murmura-t-elle alors que son hôte revenait dans la pièce, les bras chargés d'un plateau en argent.

— Oui, acquiesça Caroline. Et, dans le cas de ma mère, c'est plus frappant encore. Tous ces objets, le miroir ovale devant lequel elle se maquillait, ces obélisques Louis XVI qu'elle avait rapportés de Washington... Dans les années qui ont suivi sa mort, chaque fois que nous revenions ici, John et moi, nous sentions même son parfum flotter dans l'air. Quelque chose d'insistant, de bouleversant. C'était difficile. Trop de souvenirs...

— Vous allez sûrement trouver ça curieux, mais... lorsque je me suis rendu compte que je commençais à perdre le contrôle de mon existence, quelques mois seulement après mon mariage, c'est à votre mère que j'ai immédiatement pensé. Je me suis mise à acheter beaucoup de livres sur elle, elle était en quelque sorte devenue... un modèle. Je m'identifiais parfois à elle au point de me demander ce que je ferais si Charles venait à disparaître brutalement. J'étais à la fois admirative et désespérée, je réalisais que je ne serais pas capable d'avoir la force de caractère et le courage de Jackie Kennedy ! Tout ça pour vous donner une idée de ce que représenterait pour moi le fait d'habiter la maison qu'elle aimait.

— Là-bas non plus, nous n'avons touché à rien. Je ne sais pas encore ce que je vais faire du mobilier, des marines... Je reprendrai les photos de mon père et les objets personnels qu'elle avait gardés de lui mais, pour le reste, je vous laisse libre de choisir si vous voulez vous installer dans ses meubles ou non. Mais je vais un peu vite en besogne, pardonnez-moi... Vous n'avez pas encore visité la propriété, vous ne savez même pas si elle vous plaira.

— J'ai l'intuition qu'elle est faite pour moi. Ce sera une maison de vacances idéale pour nous retrouver au calme, avec les garçons.

— L'endroit est très facile à sécuriser, vous n'aurez pas de problèmes de ce côté-là. Vos fils vont adorer l'île, j'en suis sûre. Ce pourrait même être l'occasion de leur présenter une partie de notre grande grande famille ! Et si nous prenions date dès aujourd'hui ?

Le 20 janvier 2001, George Walker Bush entra officiellement à la Maison-Blanche au terme d'un scrutin âprement disputé. Conviés au bal d'investiture que Duncannon donnait à Golden Manor, son petit « château » situé dans le quartier chic de Georgetown, à Washington, Diana et Matthew étaient discrètement descendus au Ritz-Carlton, sur la 22e Rue, sous le nom de Mr et Mrs Robinson. La princesse avait longuement hésité avant d'accepter l'invitation de David. Tous les membres de la famille royale d'Angleterre sont en effet tenus à une obligation de neutralité qui leur interdit de prendre ouvertement parti pour un camp politique quel qu'il soit. Le prince Charles avait vivement déconseillé à son ex-épouse de s'afficher au côté de partisans déclarés du nouveau pouvoir républicain, mais l'affection qu'elle éprouvait pour Duncannon avait finalement été la plus forte.

En quelques mois, l'homme d'affaires était devenu son principal confident. Leur relation – « une sorte de symbiose téléphonique », plaisantait-il – reposait entièrement sur la formidable disponibilité de David, toujours là pour répondre aux appels de sa princesse, de jour comme de nuit. Les absences répétées de Coleby, souvent retenu à l'étranger par son métier de diplomate, avaient fini par rendre Diana dépendante de l'affection et des conseils que son ami lui administrait quotidiennement à doses massives. Fasciné par la personnalité de la jeune femme et comme envoûté par le son de sa voix, Duncannon se reconnaissait lui-même prisonnier d'une relation dont ni l'un ni l'autre ne cherchait à se rendre maître. « Cet homme, c'est comme une autre partie de moi-même », avait-elle confié à sa sœur aînée Sarah. Lui voyait tout simplement en elle une égale. Son idéal.

Golden Manor ressemblait à une sorte de meringue néo-baroque flanquée de tourelles rouges et de fausses fenêtres à meneaux. Le propriétaire des lieux l'avait redécoré dans le style à la fois raffiné et rococo des palazzi du Grand Canal de Venise. Des lustres à pampilles et des miroirs de Murano étincelaient dans toutes les pièces, des fresques géantes, répliques des œuvres de Canaletto, du Tintoret et du Titien, ornaient les murs des salons de réception. Partout, des flots de velours rouge ruisselaient des plafonds comme dans un théâtre à l'italienne. Des buffets de vingt mètres de long, couverts de victuailles et de fontaines de champagne, avaient été dressés dans d'immenses halls dallés de marbre. Devant les grilles de sa propriété, David avait fait ériger une dizaine de mâts de cocagne multicolores chargés de cochonnailles, de friandises et de fruits. Une foule impatiente et joyeuse attendait, pour les prendre d'assaut, que sonne enfin le début des festivités.

Les premières limousines se présentèrent à l'entrée du domaine aux alentours de vingt heures. Conformément au souhait de leur hôte, les invités arrivèrent masqués et drapés dans des déguisements extravagants inspirés du carnaval de la cité des Doges. Diana avait fait confectionner une folie froufroutante en soie vermillon et dentelle noire – un large manteau bouffant tout en collerettes et volants qui l'enveloppait du bas du visage jusqu'aux pieds. L'effet dramatique du costume était accentué par une cagoule noire et une *bauta* blanche aux lèvres peintes d'un rouge profond, qui ne laissaient deviner que ses yeux. Matthew, lui, s'était grimé en Casanova et avait dissimulé ses traits derrière un loup doré. De son tricorne tombaient en cascade des flots de satin noir et blanc qui donnaient à son personnage une allure sombre et inquiétante.

De toutes les réceptions organisées ce soir-là dans la capitale fédérale, celle de Duncannon se révéla de loin la plus réussie. Il flottait dans les salons et les corridors de Golden Manor comme un parfum de fin de siècle. On vit des dominos conter fleurette à d'adorables marquises enrubannées, des arlequins engoncés dans des costumes à paillettes vertes et mauves courir dans les couloirs après de belles et grandes dames enchapeautées poussant de-ci de-là de petits gloussements d'extase. Les airs baroques distillés au gré des pièces par des orchestres dissimulés derrière de larges paravents se mêlaient au bruissement des tissus et au tintement des coupes en cristal. Accrochée au bras de Matthew, Diana, qui n'avait pas envie de danser, observait les invités en essayant de reconnaître parmi eux telle ou telle personnalité amie de David. Aux douze coups de minuit, les trois cents privilégiés présents au château se regroupèrent dans le Salon des ambassadeurs où, à la demande de Duncannon, ils tombèrent le masque. La musique fut instantanément couverte par les cris de surprise et les éclats de rire des convives découvrant le visage des participants. Après Bruce Willis, Michael Crichton et Arnold Schwarzenegger, la princesse reconnut le maire de New York, Rudolph Giuliani, le magnat de l'immobilier Donald Trump, mais aussi plusieurs représentants des noblesses française, italienne et allemande, comme égarés au milieu de ce parterre de stars. Avant qu'elle ait le temps d'en voir davantage, le photographe officiel de la soirée se précipita dans sa direction et commença à mitrailler le joli duo qu'elle formait avec Coleby. C'était la première fois que les deux amants acceptaient de s'exposer ainsi publiquement. Le sourire radieux de Diana en disait plus long sur le bonheur qu'elle ressentait à cet instant que tous les discours du monde. Le reporter du *Washington Post* qui couvrait l'événement eut tout de même droit à une courte interview, dans laquelle elle loua la magnificence des lieux et la prodigalité de son hôte, et confirma qu'elle vivait un nouveau grand amour avec Matthew. Elle lui confia également se sentir plus américaine que jamais. Le lendemain, les clichés du couple s'étalaient en une de tous les quotidiens du pays.

En Grande-Bretagne, l'officialisation de l'idylle entre l'ex-épouse du prince Charles et son séduisant diplomate fut accueillie de manière plutôt fraîche par les chroniqueurs royaux. De leurs articles, qui tous criaient à l'abandon, se dégageait un sentiment confus de tristesse et de ressentiment. Diana, joyau de la Couronne, avait choisi l'exil. « L'avons-nous donc si mal aimée ? » s'interrogeait le *Daily Mail.* Le *Daily Telegraph,* de son côté, préférait croire que les States ne seraient qu'une passade et que la princesse rentrerait bientôt à la maison. William et Harry, hilares, avaient téléphoné à leur mère aussitôt après avoir pris connaissance des journaux.

— Bravo, Mummy ! s'étaient-ils exclamés. Bien fait pour eux !

— Qu'est-ce que papa a dit ?

— Il a trouvé ton costume et celui de Coleby carrément ridicules. En fait, il a bien rigolé.

— Je vois ! C'est tout ?

— Il pense que tu devrais nous présenter Matthew. Il est même d'accord pour qu'on vienne passer un mois avec toi cet été. Si Granny est OK, bien sûr. Et toi, maman, tu es contente ?

— Je m'ennuie de vous, mes chéris. Je ne serai vraiment heureuse que lorsque je pourrai enfin vous serrer dans mes bras.

Scotland Yard se trouvait aux prises avec une nouvelle série de meurtres inexpliqués. Richard Rusbridge, le fils aîné du duc de Warwick, venait d'être victime d'un accident de voiture sur l'autoroute M1, à la sortie ouest de la capitale. Les freins de sa Rover avaient apparemment été trafiqués. Le lendemain, le corps sans vie du duc de Bessborough avait quant à lui été découvert à l'aube sur les rails de la station de métro de Regents Park, une fleur de mandragore peinte sur le front. La police avait retrouvé dans l'une des poches de son pantalon une feuille de papier pliée en quatre. Une main anonyme y avait inscrit à l'encre noire un extrait du vingt et unième chapitre du livre d'Ézéchiel :

> « *Remove the diadem and take off the Crown : This shall not be the same*
> *Exalt him that is low, and abase him that is high.*
> *I will overrun, overrun, overrun it :*

And it shall be no more, until he comes whose right it is;
And I will give it to him[1]. »

Au cours d'une réunion de crise organisée à la hâte à Downing Street, il fut décidé que l'enquête criminelle sur les cinq assassinats perpétrés au sein de l'aristocratie serait dorénavant menée conjointement par le MI5 et le SO13, la branche antiterroriste de Scotland Yard. La sécurité serait encore renforcée autour de la reine Elizabeth et du prince Philip. Au palais de St James, les appartements privés du prince Charles et de ses fils feraient de même l'objet d'une surveillance accrue.

Réunis chez White's, le plus ancien et le plus élitiste des clubs de Londres, les chefs des meilleures familles du royaume s'interrogeaient, de leur côté, sur l'efficacité des moyens mis en œuvre pour les protéger, eux et leurs proches. Dans les classes dites supérieures de la société britannique, la confiance dans les autorités n'était plus de mise. Déjà quelque peu déstabilisés par l'abolition des privilèges héréditaires à la Chambre des lords, les représentants de l'*upper class* se sentaient maintenant menacés jusque dans leur existence même.

De manière générale, ces messieurs de la haute jugeaient l'époque inquiétante et trouble. Depuis quelques mois, les héritiers des plus anciennes et prestigieuses maisons royales du Vieux Continent

1. « Qu'on ôte le turban, qu'on enlève la couronne ; les choses ne seront plus ce qu'elles étaient / Qu'on élève ce qui est bas, qu'on abaisse ce qui est élevé. / Ruine ! ruine ! j'en ferai une ruine / Il n'y en a jamais eu de pareille – jusqu'à ce que vienne celui à qui appartient le jugement et à qui je l'aurai confié. »

Ézéchiel 21, 31-32. Ancien Testament, *op. cit.*

s'étaient pris d'une passion aussi soudaine que coupable pour les joies de la roture. Willem Alexander des Pays-Bas courtisait une certaine Maxima Zorreguieta, la fille d'un ancien secrétaire d'État de la junte militaire argentine. Frederik de Danemark, lui, roucoulait auprès de la ravissante Australienne Mary Donaldson, agent immobilier. Sous peu, le royaume de Norvège annoncerait les fiançailles du prince Haakon et de Mette-Marit Tjessem Hoiby, une ex-junkie, mère célibataire. Le gotha amorçait une révolution prolétarienne qui, foi d'aristo, ne lui vaudrait rien de bon. « Avec toutes les imbécillités que sa mère lui a fourrées dans le crâne, William va bien finir par nous ramener une indépendantiste irlandaise ou une ouvrière de Liverpool ! » prédisait le baron Douglas-Moore. Simple virage démocratique pour les uns, vraie descente aux enfers pour les autres : l'entrée en scène de ces futures reines au pedigree politiquement incorrect allait en tout cas contraindre la noblesse à se remettre en question. Il arrivait parfois à Diana, princesse rebelle, de penser qu'elle et Charles s'étaient rencontrés vingt ans trop tôt.

Bravant la fraîcheur de ce début avril, une foule enthousiaste et bruyante s'était rassemblée dans Old Bond Street, fermée à la circulation pour cause de vernissage. À l'entrée de la galerie Hammersmith & Sons, deux cerbères en costume sombre vérifiaient les cartons d'invitation et tenaient à l'écart les curieux. L'ouverture de l'exposition Athelstan, dont la presse s'était largement fait l'écho au cours des semaines précédentes, s'annonçait déjà comme l'événement majeur de la saison culturelle 2001. Pendant près de cinq ans, un collectif d'orfèvres et de spécialistes du Moyen Âge avaient travaillé à la reconstitution du trésor du quatrième roi d'Angleterre sous la direction de l'Honorable Maynard Worthington, reconnu comme l'expert *number one* en matière d'art anglo-saxon. Financée par un groupement de grandes sociétés privées britanniques, américaines et japonaises, cette entreprise hors du commun avait nécessité l'acquisition de près d'une centaine de kilos d'or et l'acheminement à grands frais de dizaines de pierres précieuses et semi-précieuses en provenance de l'Inde et de l'Afrique du Sud. Le résultat – une trentaine de pièces toutes plus remarquables les unes que les autres – était à la hauteur de ces investissements colossaux.

Robert Shelby allait lentement d'une vitrine à l'autre en observant avec soin chacun des objets : l'anneau du souverain, son sceptre à fleur de lys, l'épée par laquelle il avait fait serment de « vaincre les ennemis de la sainte Église et de protéger son royaume »… Suivaient un calice richement sculpté et décoré d'émaux, une croix en bois ornée d'un christ en ivoire et un ensemble de tuniques de lin brodées de fils d'or et de soie rouge. Hypnotisé, le détective du MI5 retournait sans cesse au centre de la salle principale, où une reproduction de la couronne d'Athelstan scintillait au sommet d'une fine colonne d'acajou, sur un coussin en velours grenat. Le bijou, un bandeau à quatre fleurs de lys en or massif serties de rubis gros comme des poings d'enfant, était le clou de l'exposition. Sur l'un des petits présentoirs inclinés retraçant les principales étapes de la reconstitution était gravé en grosses lettres blanches un extrait du livre des Rois :

« And he brought forth the king's son,
And put the crown upon him,
And gave him the testimony ;
And the made hime king, and anointed him ;
And they clapped their hands,
And said God save the king[1]. »

Dix mille exemplaires du catalogue s'arrachèrent en l'espace d'une seule demi-journée. Paul Burrell, qui envoyait toutes les semaines à Diana un rapport détaillé sur les manifestations londoniennes à la mode et les derniers potins mondains de la capitale, lui fit parvenir le luxueux recueil accompagné d'un petit mot dithyrambique : « Plus fort que Lucian Freud ! Athlestan, le roi dont tout le monde avait oublié l'existence, attire aujourd'hui des foules comme beaucoup de galeries n'en ont pas vu depuis bien longtemps ! » Amusée, la princesse feuilleta rapidement l'ouvrage sans y prêter trop d'attention, et le rangea sur une étagère de la bibliothèque de son living-room new-yorkais.

En Grande-Bretagne, pourtant, la fièvre moyenâgeuse commençait à agiter dangereusement les esprits. Moins de deux semaines après l'inauguration de l'exposition, l'historien Osbert Satcheverell publia le résultat de ses recherches sur l'énigme du vol du trésor d'Athelstan. Le livre mentionnait la présence de fragments de Lia Fail à l'intérieur du bandeau qui ceignait le front du souverain et s'interrogeait ouvertement sur l'authenticité de la pierre du couronnement rapportée en 1296 par Edward Ier.

1. « Alors Yéhoyada fit sortir le fils du roi, mit sur lui le diadème et les insignes de la royauté. On l'établit roi, on lui donna l'onction, puis on l'applaudit, en criant : "Vive le roi !" »
Deuxième Livre des Rois 11, 12. Ancien Testament, *op. cit.*

Des affirmations aussitôt interprétées comme une remise en cause pure et simple de la légitimité des Windsor.

Dans les jours qui suivirent la parution du document, on vit la presse et l'opinion britanniques se diviser en deux camps. Les tabloïds se découvraient une fibre républicaine tandis que la presse conservatrice, emmenée par le *Times,* implorait Elizabeth II de réagir – « Parlez-nous, Ma'am ! » titrait le *Daily Telegraph* – et appelait la population à manifester son soutien à la famille royale. Le dernier samedi du mois de mai, plusieurs centaines de milliers de personnes envahirent les rues du centre de Londres à l'appel du parti conservateur et convergèrent en masse vers le palais. Craignant pour la sécurité de Sa Majesté, plusieurs officiers du régiment des Blues and Royals, accompagnés de leurs hommes, prirent discrètement position dans la cour.

Lilibet, qui, exceptionnellement, avait préféré rester en ville pour le week-end, observait, bien cachée derrière les rideaux de l'une des fenêtres du premier étage, la marée humaine qui se pressait devant les grilles aux cris de *God Save the Queen.* Retranchés dans leurs appartements du palais de St James, le prince Charles et Camilla Parker-Bowles se contentaient, quant à eux, de suivre l'évolution de la situation sur la BBC.

— Cette agitation n'annonce rien de bon, grommela l'héritier du trône. Je me demande où tout ça va nous conduire.

— Que veux-tu qu'il arrive ? fit sa compagne d'un ton rassurant. Les Britanniques ont la monarchie chevillée au corps. Ce que nous voyons là est même plutôt réconfortant, je trouve. Une petite attaque de rien du tout contre la royauté et tout le monde descend dans la rue !

— Quel intérêt de ressasser toutes ces vieilles histoires, je te le demande ? Ma famille est la garante de la stabilité de ce pays depuis des siècles et travaille à son prestige et à sa prospérité chaque jour que Dieu fait. La couronne d'Athelstan… des foutaises, oui ! Quand je pense à tous les sacrifices consentis par Maman et Granny pour…

Le prince s'interrompit. Les portes-fenêtres donnant sur le balcon de Buckingham venaient de s'ouvrir. L'apparition d'Elizabeth II et de Queen Mum fut saluée par une clameur assourdissante. Pendant de longues minutes, les deux reines, symboles vivants de la pérennité de la maison Windsor, saluèrent en souriant les manifestants. Moins d'une heure plus tard, dans une allocution télévisée retransmise en direct depuis un petit studio aménagé à l'intérieur même du palais, la souveraine appela ses sujets au calme. « Ma mère et moi-même tenons à vous exprimer notre gratitude pour l'affection et le soutien que vous nous témoignez. Je continuerai à assumer la tâche qui m'a été confiée, ainsi que je le fais depuis bientôt cinquante ans. Les rois d'Angleterre et leur peuple ont essuyé, ensemble, bien des tempêtes, sans que rien ni personne ne parvienne à briser durablement le lien indéfectible qui les unit. À l'heure où je vous parle, je crois pouvoir vous assurer solennellement que rien ne menace nos institutions. Je prierai pour que Dieu reste à nos côtés. »

9.

Avril 2001 - Septembre 2001

— Tu ne voudrais pas passer un peu à autre chose ? s'agaça Matthew. Toutes ces émissions sur Athelstan commencent sérieusement à me courir sur les nerfs…

— Je te rappelle qu'il s'agit de *mon* pays, de *ma* famille. C'est normal que je m'y intéresse, non ?

— Veux-tu que je te dise ? Tu te fais du souci pour rien. Les médias ont toujours besoin de sensationnel. Aujourd'hui, la vedette c'est ton fichu roi, demain ce sera un autre. Allez viens, allons dormir !

Sans lui répondre, Diana se leva d'un bond du canapé. Elle se dirigea vers la bibliothèque d'où elle tira le catalogue que lui avait fait parvenir Paul Burrell, et l'ouvrit avec fébrilité.

— On peut savoir ce que tu cherches ? lui demanda Coleby. Je ne comprends pas pourquoi tu te passionnes autant pour un truc que tout le monde aura oublié dans quelques mois !

— Ça, j'en suis moins sûre que toi. En revanche, ce dont je suis absolument certaine, c'est que les objets présentés dans cette expo, je les ai déjà vus quelque part. Même si je serais bien en peine de te dire où et quand…

— ...

— Tu crois que je débloque, c'est ça ?

— Je ne demande pas mieux que de te croire, franchement, mais je ne vois pas très bien comment ce serait possible. La reconstitution de ce trésor s'est faite dans le plus grand secret. Quant à toi, tu n'as même jamais mis les pieds dans cette galerie.

— Je te répète que j'ai déjà vu ces antiquités... C'est quand même fou ! Pourquoi faut-il toujours que tu doutes de ce que je raconte ?

— Stop, stop, ne nous disputons pas pour ça. Je me demande simplement pour quelles raisons ce sujet te préoccupe tant. Toute cette polémique autour de la couronne d'Athelstan est un non-événement, exploité à des fins politiques par des imbéciles. Les gens s'enflamment pour quelques copies d'objets d'art maquillées en vieilleries moyenâgeuses. Tu me reconnaîtras le droit de ne pas en faire autant.

— Je ne suis pas en colère, je suis troublée, c'est tout. Cette histoire me tracasse sans que je sache très bien pourquoi. J'ai comme... comme un drôle de pressentiment. Heureusement que les garçons vont venir passer tout le mois de juillet avec nous, ici, à New York. Je suis plutôt contente de les éloigner quelque temps de toute cette agitation.

— Je vais me coucher. Rejoins-moi quand tu auras terminé.

Coleby quitta la pièce, contrarié. Assise en tailleur sur la moquette, la princesse s'absorba dans une étude minutieuse du catalogue Athelstan. La photo en noir et blanc d'une petite châsse ouvragée retint plus particulièrement son attention. « Pourquoi me paraît-elle décidément si familière ? se demanda-t-elle. Nous n'avions pourtant rien qui ressemblait à ça, à Althorp[1]... » Perdue dans ses pensées, la jeune femme enroulait et déroulait nerveusement autour de ses doigts le bandeau bleu marine avec lequel elle attachait ses cheveux lorsqu'elle était à la maison. Réprimant un bâillement, elle referma l'ouvrage sans avoir trouvé de réponse à ses questions, puis éteignit les spots du plafonnier et rejoignit Matthew dans la chambre. Incapable de trouver le sommeil, celui-ci l'attendait patiemment, plongé dans la lecture du *New York Times.* Il déposa un baiser d'une douceur de plume sur ses lèvres. Avec un petit soupir de satisfaction, elle se lova amoureusement dans ses bras.

Robert Shelby remontait Piccadilly en direction de Piccadilly Circus. Il longeait la devanture vert et or de Fortnum & Mason lorsqu'un taxi s'arrêta à quelques mètres de lui. Dans les reflets mouvants renvoyés par les larges vitrines de l'épicerie de luxe, il devina l'ombre de trois hommes étrangement pressés de parvenir à sa hauteur. Le détective du MI5 posa sa main droite sur l'étui du revolver Smith & Wesson dissimulé sous sa veste et, sans se retourner, s'engouffra à l'intérieur du magasin. D'un pas pressé, il se rendit à l'arrière du hall principal, dont l'épaisse moquette grenat assourdissait les bribes de conversation qui montaient des comptoirs. Il grimpa à la hâte les quelques marches menant au Patio, le restaurant de l'établissement et, sous l'œil désapprobateur du maître d'hôtel, s'installa à une table sans attendre d'y être invité. De son poste d'observation, l'inspecteur embrassait du regard les dizaines d'étals

1. Le château ancestral du clan Spencer, la famille paternelle de Diana.

de bois sombre couverts de thés, de confitures, de condiments et de biscuits. Des clients bien mis tournaient lentement autour de pyramides de boîtes de friandises enrubannées et de longues rangées de chutneys colorés. L'air sentait la cire, la pâte de fruits, le poivre et l'écorce d'orange. D'individus suspects, point.

À la jolie serveuse venue lui présenter la carte, Shelby commanda distraitement une assiette d'œufs brouillés au saumon fumé et une bière. La lumière gris pâle qui nimbait les tables disposées autour de lui contrastait singulièrement avec les impressions rouges et noires qui se dégageaient de la boutique en contrebas. Tout était calme. Les minutes s'égrenaient, et Robert était maintenant convaincu de s'être alarmé inutilement. Sa collation engloutie, il dévala le petit escalier qui le séparait des rayonnages et, après avoir hésité quelques minutes devant un choix de confiseries, fit l'emplette d'une boîte de chocolats à la menthe. La porte du magasin franchie, il marqua une courte pause le temps de humer l'air doux de la fin d'après-midi. C'est alors qu'un gamin à bicyclette portant T-shirt jaune et casquette passa à toute vitesse devant lui et jeta à ses pieds une dizaine de petites feuilles de papier blanc de format carré. L'inspecteur se pencha pour les ramasser. Elles portaient toutes une feuille de mandragore dessinée à la peinture dorée.

— Tu n'as pas oublié que Kate arrivait ce matin ? demanda Coleby d'une voix douce alors que Diana émergeait lentement de son sommeil.

— Non, non, ne t'inquiète pas. Tu vas la chercher à l'aéroport ?

— Oui, et je dois filer, d'ailleurs, si je ne veux pas

être en retard. Mais toi, prends ton temps, ne te soucie de rien… Je vais demander à la gouvernante de lui préparer l'une des deux chambres d'amis.

Matthew était divorcé depuis huit ans de la mère de sa fille unique. Après leur séparation, son ex-femme, l'héritière d'une riche famille sud-africaine, était retournée vivre à Cape Town avec leur enfant. Titulaire d'un master de commerce international, Kate se destinait à une carrière dans la finance et avait choisi d'effectuer son premier stage de fin d'études à l'Atlantic Bank of New York, dont les bureaux étaient installés au cent sixième étage de l'une des deux tours du World Trade Center. La princesse regardait souvent sa photo, placée en évidence dans un cadre en métal argenté sur le piano du salon. Coleby en parlait peu, mais Diana devinait qu'elle lui manquait cruellement.

Après avoir avalé une tasse de café, elle ouvrit la porte du dressing, fit rapidement l'inventaire de sa garde-robe et opta, après maintes hésitations, pour un jean noir et un chemisier en soie blanc. Sans vouloir se l'avouer, elle appréhendait cette première entrevue.

« Tout va bien se passer, se dit-elle à voix haute. Il n'y a aucune raison pour que tu ne lui plaises pas… »

Il était un peu plus de onze heures trente lorsque la porte d'entrée s'ouvrit bruyamment.

— C'est nous ! Où es-tu ?

Diana sortit de la chambre et se retrouva face à une élégante jeune femme d'environ un mètre soixante-dix, brune et typée, dont les traits fins et harmonieux s'illuminaient d'un large sourire. La princesse la serra dans ses bras.

— Bienvenue à la maison, Kate ! Je suis heureuse de faire votre connaissance…

— Merci pour votre accueil. Je ne sais pas si papa vous avait prévenue, mais… je craignais d'être très intimidée.

— Intimidante, moi ? Ça alors, c'est la première fois qu'on me dit une chose pareille !

Matthew les enlaça l'une et l'autre en les regardant avec une immense fierté.

— Les deux amours de ma vie enfin réunis !

— Je crois que je vais passer des moments formidables ici, lui répondit sa fille en posant affectueusement la tête sur son épaule.

— Connaissez-vous déjà des gens à New York ? lui demanda Diana.

— Non. Je n'y suis jamais restée assez longtemps pour pouvoir me faire des amis.

— Nous pourrions peut-être commencer par organiser un petit dîner pour fêter son installation ? poursuivit la princesse en se tournant vers son compagnon. Rita Hanks a appelé hier pour prévenir que Tom et elle seront à Manhattan toute la semaine prochaine. Ce sont des choux, ces deux-là, Kate va les adorer. Nous pourrions peut-être aussi inviter Lucia et son mari, et puis…

— Stop ! coupa Coleby. C'est une excellente idée, ma chérie, mais en attendant, nous allons la laisser défaire tranquillement ses valises avant le déjeuner. Je crois que tu as prévu de l'emmener courir les boutiques cet après-midi… Et, pour ce soir, j'ai déjà réservé une table chez Rosa Mexicano. On y sert les meilleures margaritas du monde. C'est exactement ce qu'il nous faut…

Osbert Satcheverell habitait une maisonnette blanchie à la chaux à proximité du théâtre du Globe, dans le quartier de Southwark, à l'est de Londres.

Shelby fut immédiatement frappé par son visage laiteux et fripé d'où jaillissaient deux grands yeux noirs perçants et la petite cicatrice en forme d'accent circonflexe qui barrait son sourcil droit. Une barbe clairsemée, d'une couleur indéfinissable, courait le long de ses joues creuses. Méfiant, l'historien se donna le temps d'observer son visiteur sur le pas de la porte avant de le laisser entrer.

— Ne restez pas là, dit-il. Nous serons mieux à l'intérieur pour parler.

Robert se retrouva au milieu d'une grande pièce sombre et vide qui tenait apparemment lieu de salon.

— J'ai trouvé votre livre passionnant, commença-t-il.

— Vous êtes très aimable. J'avoue avoir été extrêmement surpris par la violence des événements qui ont suivi sa parution.

— Vous êtes toujours sous la protection de nos services, non ?...

— Jetez un œil par la fenêtre... Vous voyez cette voiture noire ? Deux policiers que Scotland Yard a placés en faction devant ma porte. Une dépense bien inutile pour le contribuable britannique. . Je sais que je ne cours aucun danger.

— Comment pouvez-vous en être aussi sûr ?

— Ceux qui menacent les institutions de ce pays n'ont aucun intérêt à s'en prendre à moi. N'oubliez pas que mes travaux servent leurs intérêts...

— Je ne vous suis pas.

— Patience, mon cher ami. Dites-moi d'abord ce qui vous amène ici.

— Il faut que vous m'aidiez. Vous avez certainement entendu parler de cette série de meurtres...

— Ces aristocrates victimes de la fameuse malédiction de la mandragore ? En effet, oui. Mais ce n'est pas à moi de...

— D'autres crimes se préparent et, en l'état actuel de nos investigations, nous ne pourrons rien faire pour les prévenir. Vous en savez certainement plus que vous n'en avez écrit. Livrez-moi toutes les informations dont vous disposez sur le vol du trésor d'Athelstan et je vous promets qu'ensuite je ne vous ennuierai plus.

— Et quel intérêt aurais-je à faire une chose pareille ?

— Eh bien... je suppose que je pourrais vous chercher toutes sortes de poux dans la tête... Je pourrais commencer par vous faire coffrer un jour ou deux pour dissimulation d'éléments visant à entraver...

— Ne vous donnez pas cette peine, mon cher. Prenez plutôt celle de vous asseoir.

Le détective du MI5 s'installa dans un vieux fauteuil en cuir dont les accoudoirs portaient des traces de griffures de chat.

— Par quoi souhaitez-vous que nous commencions ? reprit Satcheverell.

— Quel lien y avait-il au départ entre la fleur de mandragore et ceux qui ont dérobé la couronne ?

— Leofa, la femme qui a poignardé le roi Edmund en 946, était soupçonnée de sorcellerie et en tout cas connue pour faire commerce de potions et d'onguents à base de mandragore. C'est elle qui aurait préparé la décoction avec laquelle les gardiens du trésor d'Athelstan ont été empoisonnés, permettant ainsi à ses complices de s'emparer facilement des bijoux.

— Qui détient cette couronne aujourd'hui ?

— Répondre à cette question nécessiterait des

recherches longues et coûteuses. Nous n'avons pas affaire à quelques individus isolés, mais à une machination planétaire, dont l'origine remonte à la nuit des temps. À l'heure où nous parlons, personne, à part vous et moi, n'a vraiment conscience de ce qui se prépare.

— Détrompez-vous.

— N'ayez aucune illusion. Toutes les polices du monde seraient impuissantes à stopper les individus dont nous parlons.

— Pourquoi passent-ils à l'action maintenant ?

— Je l'ignore.

— Aidez-moi. Nous vous protégerons, je ferai débloquer des fonds pour financer vos travaux, vous pouvez compter sur moi.

— Soit. J'accepte de vous donner un coup de main. Mais ne me téléphonez plus, attendez que ce soit moi qui vous contacte. Et, surtout, respectez toujours les règles que je vous fixerai. Au premier faux pas de votre part, vous n'entendrez plus jamais parler de moi.

Le 30 juin 2001, veille du quarantième anniversaire de la princesse, William et Harry arrivèrent à New York à bord d'un vol régulier de la British Airways. Diana, qui n'avait pas été autorisée à aller les chercher elle-même pour des raisons de sécurité, les attendait devant la porte de l'ascenseur, le cœur bondissant et des larmes de bonheur plein les yeux.

— Mummy !

— Mes garçons, mes trésors !

Mère et fils se couvrirent de baisers et s'étreignirent longuement. Les six inspecteurs en civil chargés d'assurer la protection des jeunes princes pendant toute la durée de leur séjour commencèrent à décharger les bagages.

— Où se cache-t-il, ce Coleby, qu'on lui fasse sa fête ? cria Harry en entrant dans l'appartement.

— Il est là, il est là, et il a une trouille de tous les diables ! fit Matthew en se postant devant lui. Alors ? Verdict après la première inspection ?

— Pas mal... Tournez-vous un peu, pour voir ? Mmmouais...

— Fiche-lui la paix, frérot ! intervint William avec autorité. On est là pour un mois. Tu auras tout le temps de lui pomper l'air...

— C'est fou ce que vous ressemblez à votre mère ! ne put s'empêcher de s'exclamer le compagnon de la princesse.

— Je sais, on me l'a souvent dit. Je suis en quelque sorte son clone. C'est horrrrrible...

— Eh ! on pourrait pas se tutoyer ? lança Harry.

— Tu as raison, approuva son aîné. Matthew, appelle-moi Wills, comme tout le monde.

— En tout cas, reprit Harry, moi, tu me plais. Et puis, c'est sympa, ici... On dort où ?

— Dans la deuxième chambre d'amis, répondit Diana. La première est déjà occupée par Kate.

— Et pour ces messieurs, tu as prévu quoi ? demanda Coleby.

— Le détective Daniels couchera sur le canapé du living-room. Dempster, Straw et leurs adjoints seront logés à côté, dans un duplex prêté par la copropriété.

— Alors, les gars ? fit Harry en assénant une grande tape dans le dos de Daniels. Contents de voir du pays ?

— Est-ce que je n'ai pas les fils les plus chouettes du monde ? s'enthousiasma la princesse.

— Et les plus affamés aussi ! s'exclama son cadet en dévorant des yeux l'assortiment de mets chinois disposés sur la table du salon. Je sais pas ce que t'en penses, Ta Majesté, lança-t-il en se tournant vers William, mais moi, tout ce bonheur me met en appétit !

Le corps sans vie de Timothy Gwynn-Bedingfield gisait sur le pavé détrempé du quai de Montebello.

— Un British venu se faire assassiner à Paris, v'là aut'chose... Appelle le bureau, que quelqu'un se charge de prévenir l'ambassade, grommela le commissaire Magre en se tournant vers son adjoint.

— Mais patron, il est trois heures du matin...

— Et alors ? On m'a bien réveillé, moi !

— Et si on me pose des questions sur la cause du décès ?

— Tu réponds que tant que le médecin légiste n'a pas encore examiné le cadavre, tu es obligé de te contenter de ce que tu vois. Une balle a traversé le haut de la nuque, juste à la base du crâne. L'autre a percé le cœur. Elles ont toutes les deux été tirées alors que la victime tournait le dos à son meurtrier.

— Rien d'autre ?

— Rien d'autre. À part une espèce de marque dorée sur la main. Le dessin a été en partie effacé par la pluie de ces dernières heures, impossible de savoir ce qu'il représentait. Quand t'auras fini, prends un gars ou deux avec toi et fais le tour des clochards du coin. L'un d'entre eux pourrait avoir aperçu l'agresseur, on ne sait jamais.

Cette nuit-là, Shelby fut tiré de son sommeil par le coup de fil d'un de ses informateurs, qui lui apprit la mort du vieux lord.

— C'est ce qu'on appelle une série noire..., lâcha-t-il d'une voix lasse.

— La dépouille sera transférée à Londres dans la matinée. Une autopsie sera ensuite pratiquée. Pour la forme, tu t'en doutes.

— Pffff… Quel temps fait-il, à Paris ?

— Moche. En tout cas, sache que je regrette de ne pas avoir la possibilité de t'aider davantage. D'ici, à l'ambassade, tu comprends bien que ce serait extraordinairement compliqué.

— Je sais, ne t'en fais pas pour ça. J'ai les foies, c'est tout. Je me sens dans la peau d'un héros de scénario à la noix : un jour le chasseur, un autre la proie.

— Tu étais assez proche de Timothy, non ?

— On se connaissait depuis plus de vingt ans… Ces derniers temps, je me sentais d'ailleurs une espèce de responsabilité vis-à-vis de lui. Je lui téléphonais presque tous les jours. Le pire, c'est que c'est moi qui l'avais encouragé à partir pour la France. Je pensais qu'il y serait plus en sécurité. C'est ça qui fait le plus mal, je crois.

— Tu finiras par avoir ceux qui ont fait ça, je te connais.

— Pas sûr. J'ai affaire à forte partie.

— Je dois te laisser, maintenant. Tiens-moi au courant.

Timothy Gwynn-Bedingfield comptait depuis près de quarante ans au nombre des treize « hérauts » du prestigieux Collège des armoiries. Admis au sein de cette vénérable institution au grade de *Rouge Croix Pursuivant* en 1962, il en avait rapidement gravi tous les échelons – *Bluemantle Pursuivant* en 1964, *Somerset Herald* en 1967 et *Clarenceux King of Arms* en 1971 –, jusqu'à sa nomination au poste de *Garter Principal King of Arms,* au tout début des années quatre-vingt. Ce titre faisait de lui l'autorité suprême du royaume

– et le principal conseiller d'Elizabeth II – en matière de généalogie et d'héraldique.

Sans jamais se vanter de sa position ni des privilèges qu'elle lui conférait, Timothy ne détestait pas divertir les gentlemen de White's, le club où il se rendait tous les jeudis soir, avec des anecdotes glanées dans les couloirs du palais de Buckingham. Ce qui, chez d'autres, aurait pu passer pour de l'indiscrétion avait chez lui un on-ne-savait-trop-quoi de délicieusement espiègle. Gwynn-Bedingfield avait un jour surpris Sa Majesté en grande conversation avec une dame d'honneur à qui elle avait demandé d'acheter un petit service à thé pour l'une de ses filleules. Trouvant le présent un peu chiche, la lady en question avait suggéré à la souveraine d'y ajouter quelques tasses à café. « On voit bien que ce n'est pas vous qui devrez régler la facture ! » lui avait sèchement rétorqué la reine. Vingt ans après, le vieux lord en riait encore. Son franc-parler, sa générosité d'âme et ses manières de bon vivant lui avaient immédiatement attiré la sympathie de Shelby, qu'il avait, au fil du temps, fini par considérer un peu comme un fils. Depuis quelques mois, il disait mener des recherches sur de mystérieuses armoiries conservées aux Archives royales du château de Windsor. Robert n'avait pas réussi à en savoir davantage. Ce qui était sûr, c'était que la mort de Timothy l'affectait bien plus qu'il ne voulait l'admettre. Gwynn-Bedingfield avait emporté ses derniers secrets dans la tombe. Et un peu du cœur de Shelby avec.

Les premiers invités foulèrent le tapis rouge déroulé sur les marches du Plaza dans la lumière ambrée du soleil couchant. Après Bill et Hillary Clinton, Nancy Astor, Catherine Zeta-Jones et Michael

Douglas, Annabel Goldsmith et sa fille Jemima, Nicole Kidman, Tom et Rita Hanks, Kate et Steven Spielberg, l'ancien Premier ministre britannique John Major et son épouse Norma, ainsi que la duchesse d'York et ses deux filles, Beatrice et Eugenie, se présentèrent à l'entrée du palace. L'arrivée de la famille Burrell, à qui Diana avait offert le voyage, précéda de peu celle de William et Harry, accueillis comme des rockstars par plusieurs centaines de groupies déchaînées, contenues avec difficulté par un impressionnant cordon de police. À vingt heures quinze, des applaudissements et des vivats saluèrent l'apparition de la princesse et de son compagnon. La jeune femme s'était préparée pour cette soirée comme une actrice en prévision des Oscars. Coiffée par Sam McKnight et maquillée par Julia Biddlecombe, venus spécialement de Londres, elle avait longuement hésité avant de choisir *la* robe qui allait être celle de son quarantième anniversaire. Courtisée pendant des semaines par les plus grands noms de la mode – certains couturiers français avaient même envoyé des équipes à New York pour lui présenter leurs dernières créations –, elle s'était finalement décidée pour un fourreau Narciso Rodriguez en satin de soie bleu glacier, agrémenté d'une mini-traîne en mousseline vaporeuse. Laissant de côté ses somptueuses parures en perles, saphirs et rubis, témoins des quinze années passées au sein du clan Windsor, elle avait accroché autour de son cou le petit oiseau d'or et de diamants que Charles avait chargé les garçons de lui remettre en cadeau. À l'intérieur de l'écrin, l'héritier du trône avait glissé une carte sur laquelle il avait écrit ces quelques mots : « À l'heure où tu déploies tes ailes, sache que je suis resté, envers et contre tout, le plus fidèle de tes admirateurs. Et le plus dévoué de tous. »

Osbert Satcheverell avait donné rendez-vous à Shelby dans un troquet enfumé et bruyant dont la terrasse surplombait les eaux sales de la Tamise. Les deux hommes prirent place autour d'une petite table ronde en ferraille abritée sous un parasol et commandèrent deux bières fraîches.

— Allez-y, mais faites vite, maugréa l'inspecteur. Je ne supporte pas ce fichu cagnard.

— Athelstan, qui avait pourtant fait vœu de ne pas avoir de descendance, pourrait avoir eu un fils naturel. Un manuscrit du XIe siècle conservé à la British Library mentionne l'existence de l'enfant d'une certaine Velcane, présentée comme la favorite d'Athelstan à l'époque où rien ne laissait penser qu'il pourrait un jour monter sur le trône d'Angleterre.

— Comment expliquer que l'Histoire n'ait gardé aucune trace de ce marmot ?

— La jeune femme aurait fait passer le nourrisson pour mort-né et l'aurait ensuite confié à un couple de paysans installés dans le Kent.

— Dans quel but ?

— La famille royale était déchirée par de sanglantes rivalités. Elle craignait sans doute pour la vie de son bébé…

— Reste à savoir ce qu'il est devenu, ce gamin…

— Le document raconte que, quelques mois après la mort d'Athelstan, un jeune homme répondant au nom d'Aelfric fait irruption à la cour en se présentant comme son fils et unique héritier. Le roi Edmund le prend pour un fou, ce qui, entre parenthèses, lui sauve probablement la vie, et le fait chasser sans ménagement par la garde. Curieusement, la fameuse rixe au cours de laquelle Edmund est assassiné et le trésor de la Couronne dérobé se produit très peu de temps après. Vous voyez où je veux en venir ?

— Le môme pourrait avoir voulu récupérer la couronne de son père, dont il estimait être le seul successeur légitime...

— Exactement ! Et imaginez qu'Aelfric ait eu, à son tour, un fils...

— Il lui a forcément raconté son histoire...

— Vous y êtes ! Ce fils a lui-même eu des enfants, et ainsi de suite...

— Vous essayez de me faire croire qu'il existe aujourd'hui une dynastie parallèle, rivale de celle des Windsor, et qu'un secret aussi énorme se serait transmis de génération en génération pendant plus de mille ans sans jamais parvenir aux oreilles de quiconque ?

— C'est plus compliqué que ça... Il est possible qu'à plusieurs reprises au cours de notre histoire, des gens aient cherché à avertir nos souverains du danger qui les menaçait. La monarchie actuelle serait sans doute débarrassée du réseau Athelstan depuis longtemps si on les avait écoutés.

— Vous auriez un exemple ?

— Si des récits comme celui dont je viens de vous parler sont parvenus jusqu'à nous, c'est grâce à un homme, Robert Cotton, un érudit du XVIIe siècle. Cotton a sauvé des archives inestimables d'une perte certaine au lendemain de la destruction des monastères décidée par Henry VIII, et les a ensuite entreposées dans une immense bibliothèque, à deux pas de Westminster. Livres et manuscrits y étaient soigneusement classés dans des rayonnages auxquels il avait donné des noms d'empereurs romains. Celui qui nous intéresse porte la référence Tiberius D.III, à savoir troisième document en partant de la gauche sur l'étagère D du meuble Tibère, ce qui nous garantit à la fois son authenticité et sa provenance.

— Continuez, continuez…

— Plutôt bien en cour au temps de James Ier, Cotton avait fini par s'attirer l'hostilité de son successeur, Charles Ier, en raison de son soutien au Parlement, adversaire déclaré du pouvoir royal. Inquiet pour sa famille, et probablement aussi pour la pérennité de sa collection, il aurait tenté de rentrer dans les bonnes grâces du monarque en essayant de le prévenir de l'existence de cette lignée clandestine.

— Quelqu'un l'en a finalement empêché ?

— Pas exactement. Les écrits de Sir Simon d'Ewes, un ami de Cotton, nous donnent tous les détails de ce qu'il faut bien appeler un rendez-vous manqué. Le 2 février 1626, jour de son couronnement, Charles Ier avait décidé de se rendre à l'abbaye de Westminster en bateau. Sir Robert l'attendait sur la rive de la Tamise, à l'extrémité de ce qui était alors le jardin de sa propriété, « avec dans ses mains un recueil des Évangiles en latin ayant autrefois appartenu à Athelstan, raconte Ewes, et le livre de Velcane, qu'il considérait comme son bien le plus précieux ». Mais « la barge royale dépassa sans s'arrêter le ponton qu'il avait fait si joliment préparer pour la recevoir et accosta à hauteur des escaliers du Parlement, pourtant beaucoup moins commodes ». L'affront fait à Cotton avait été soigneusement calculé. Et inutile de vous dire que, pour lui, les choses sont allées de mal en pis… Sa bibliothèque a été confisquée à la fin des années 1620. Il en est mort en 1631, le cœur brisé.

— Je suppose qu'il n'a pas été le seul à essayer de tirer la sonnette d'alarme...

— C'est plus que probable. J'irai plus loin encore... On peut imaginer qu'à certaines périodes particulièrement troublées de notre histoire, les descendants d'Athelstan soient brièvement parvenus à s'emparer du pouvoir. J'ai quelques idées sur la question, mais elles sont encore imprécises. Croyez-moi, mon jeune ami, nous ne sommes pas au bout de nos surprises...

Coincée dans les embouteillages de Broadway, Diana pestait contre la densité du trafic, les automobilistes grincheux prêts à tout pour lui griller la priorité et le calme exaspérant des agents de la circulation. Il était huit heures quarante. La réunion du comité directeur de sa fondation allait démarrer dans vingt minutes. « Patience, se dit-elle en allumant la radio. Ils commenceront aussi bien sans toi. » Elle regardait distraitement les New-Yorkaises en tailleur sombre et baskets se faufiler en courant entre les voitures, lorsqu'une énorme déflagration vint brutalement couvrir le vacarme des moteurs et des klaxons. Une colonne de fumée s'éleva de la pointe sud de Manhattan. Coincée dans le flot des véhicules qui descendaient l'avenue, la princesse se trouva dans l'impossibilité de faire demi-tour. Un quart d'heure plus tard, elle était parvenue à hauteur de Warren Street quand une deuxième explosion retentit dans le ciel de la presqu'île. Diana voyait maintenant d'épais nuages noirs s'élever en tourbillonnant des deux tours du World Trade Center. Devant elle, un homme, paniqué, grimpa sur le capot de sa Mercedes en hurlant que la fin du monde était proche. Un policier en uniforme colla son visage contre le pare-brise de la jeune femme et lui ordonna d'abandonner sa voiture. Elle attrapa son sac à main et commença à remonter Broadway en direction de Central Park. « Regardez ! » cria une mère de famille qui tenait un enfant de sept ou huit ans par la main, en pointant son doigt vers les tours. Un monstrueux nuage de feu enflait sur le quartier de Wall Street. « Fuyez ! Fuyez ! Et que Dieu nous protège ! » Diana ôta ses chaussures et se mit à courir. Rentrer, se mettre à l'abri… Appeler Matthew, en déplacement à Chicago… Elle eut la présence d'esprit de laisser un message sur la boîte vocale de Coleby afin de l'assurer que tout allait bien, et puis plus rien. Gagnée par l'angoisse, elle avançait dans une sorte d'état second, insensible à l'onde de choc qui se propageait sur la ville. Combien de temps marcha-t-elle ? Une heure ? Deux heures ? Impossible à dire. Lorsqu'elle parvint enfin devant la porte de son immeuble, elle vit que tout y était devenu étrangement silencieux. Dans un coin du hall, un petit groupe de résidents s'était agenouillé pour prier. De l'autre côté du lobby, un couple s'était figé dans une étreinte désespérée. Seul le portier trouva la force de balbutier quelques mots en l'apercevant :

— Un attentat, ici, chez nous, à New York ! C'est la guerre, Ma'am, la guerre !

— Excusez-moi, Burt, je ne me sens pas très bien, il faut que je monte chez moi.

Une fois dans l'appartement, Diana ferma tous les verrous de la porte d'entrée, jeta sa veste sur le dossier d'un fauteuil et actionna la télécommande du poste de télévision. CNN diffusait en boucle les images terrifiantes de la chute des deux gratte-ciel. Dans ce chaos d'images irréelles, il lui semblait que son monde à elle s'effondrait lui aussi. Où était Kate ? Était-elle indemne ? Le personnel de sa fondation avait-il pu quitter les lieux à temps ? Sur l'écran défilaient les images de minuscules silhouettes se précipitant tête la première par les fenêtres des bâtiments, oiseaux sans ailes pressés de s'échapper de l'enfer. Elle réalisa brusquement qu'ils avaient été des centaines, des milliers peut-être, à se retrouver prisonniers des flammes. Alors, seulement, elle se mit à pleurer.

La sonnerie stridente du téléphone la fit sursauter. C'était David.

— Diana, Dieu merci tu n'as rien ! Où es-tu ?

— À la maison. Si les embouteillages de Broadway ne m'avaient pas retardée, j'aurais été moi aussi dans l'une des tours, avec tous ces malheureux.

— Où est Matthew ?

— À Chicago.

— Là-bas, au moins, il ne risque rien.

— Je suis morte d'inquiétude pour Kate. Impossible de la joindre sur son portable…

— Tous les réseaux de téléphonie mobile ont été désactivés. Je t'en supplie, garde ton calme… Il y a des survivants, on la retrouvera sûrement parmi eux.

— Je ne sais pas quand ni comment Matthew va pouvoir rentrer…

— Écoute, j'arrive le plus vite possible. Reste chez toi, tout ira bien.

La télé continuait de vomir ses images de dévastation et de mort. Des hommes et des femmes couverts de sang et de poussière grise couraient dans les rues, hagards, cherchant, qui du secours, qui une épaule sur laquelle laisser aller le peu de larmes qui leur restaient encore. Diana, pétrifiée, ne parvenait plus à détacher son regard de l'écran. Elle monta le son, comme pour finir d'anesthésier ses sens dans une cacophonie de musiques angoissantes, de pleurs et de cris. Duncannon dut frapper sur la porte à coups de poing pour signaler sa présence.

— C'est moi, ouvre !

Elle se précipita dans ses bras.

— Oh, David ! Que va-t-il arriver, maintenant ?

— Tu es en vie et Matthew aussi. Alors arrête de pleurer. Remercie plutôt le Ciel du cadeau qu'il vous fait.

La jeune femme alla passer un peu d'eau fraîche sur son visage. Duncannon se servit un scotch arrosé d'eau de Seltz et baissa le volume du téléviseur. On frappa de nouveau à la porte. L'homme d'affaires enclencha la chaîne de sécurité qui bloquait l'ouverture du battant et jeta prudemment un œil dans le corridor.

— Ne craignez rien, fit un homme en costume sombre et cravate. Mon nom est Richard Albury, je suis envoyé par l'ambassade de Grande-Bretagne pour m'assurer que la princesse de Galles va bien.

— Elle va bien, merci.

— Y a-t-il quelque chose que nous puissions faire ? Si elle le désire, nous pouvons mettre un appartement à sa disposition dans nos locaux.

— Je vous suis très reconnaissante d'être venu jusqu'ici, lança Diana depuis la salle de bains. Si vous avez accès à un téléphone en état de marche, ayez la gentillesse de joindre Clarence House pour rassurer mes fils.

— Ce sera fait, comptez sur moi.

— Tu ne veux vraiment pas rentrer à Londres ? interrogea David une fois Albury parti.

— Non, ma place est ici. Et pas seulement pour soutenir Matthew. Dans les jours qui viennent, beaucoup de gens vont avoir besoin de moi.

10.

Septembre 2001 - Mai 2002

Matthew rentra de Chicago en voiture, tard dans la nuit. Les seules nouvelles qu'il avait reçues de Kate tenaient dans les quelques mots désespérés qu'elle avait laissés sur la messagerie de son téléphone portable, un peu avant dix heures quinze. « C'est moi, papa, je t'aime. Je t'aime et je sais que je vais mourir. Nous sommes bloqués dans les bureaux. Tout craque autour de nous, le feu s'approche, de la fumée commence à passer sous les portes. Je t'aime, papa, je t'aime, ne m'oublie pas. » La jeune femme comptait maintenant au nombre des milliers de disparus dont les pompiers s'activaient à rechercher la trace dans les carcasses fumantes des tours du World Trade Center. Sonné par l'angoisse et le chagrin, Coleby restait assis sans bouger devant son téléviseur, saisi par un espoir fou chaque fois que les secouristes retrouvaient un survivant dans les décombres, sourd aux suppliques de sa compagne qui l'implorait de prendre un peu de repos.

— Les blessés ont été répartis dans tous les hôpitaux de la ville. Les recenser tous prendra sûrement plusieurs semaines... Il faut croire à la vie, croire que Kate s'en est sortie et que nous la reverrons bientôt franchir la porte de cette maison. Va dormir un peu, darling, je t'en prie...

Le staff du Princess Diana International Fund, dont les bureaux étaient situés au quatorzième étage de la tour sud, la deuxième à avoir été touchée, avait eu le temps de quitter le bâtiment avant qu'il ne s'effondre. Seule Connie, la secrétaire de la princesse, gravement intoxiquée par le nuage de fumées et de cendres qui s'était abattu sur Manhattan après le désastre, avait dû être dirigée sur St Vincent Hospital. Sollicitée par la Croix-Rouge internationale, l'ex-belle-fille d'Elizabeth II avait donné l'exemple en se rendant, dès l'après-midi du 12 septembre, dans l'une des antennes mobiles de collecte de sang installées à la hâte dans New York. Impuissante devant le désarroi de Matthew, pressée de se rendre utile, elle multipliait les interventions dans les médias, appelait l'ensemble des citoyens du monde à répondre aux nombreux appels aux dons lancés par les associations, se rendait dans les casernes pour soutenir le moral des pompiers et visitait les hôpitaux où elle réconfortait les victimes.

« Je rentre chaque soir épuisée d'avoir vu et entendu s'exprimer tant d'héroïsme et de détresse, écrivit-elle à la duchesse de Kent. Au milieu de toute cette désolation, les gens restent courageux et dignes et trouvent encore la force de sourire et de croire en l'avenir. Ils mériteraient un monde meilleur. » Diana, reine des cœurs, devenait peu à peu le symbole actif et compatissant d'une Amérique meurtrie dans sa chair. De l'autre côté de l'Atlantique, la presse britannique faisait l'éloge de sa princesse et blâmait à demi-mot les Windsor de n'avoir pas su la retenir. « Il fallait une tragédie comme celle-là pour que nous mesurions enfin l'énormité de ce que nous avons perdu, écrivit le *Morning Standard.* Cette capacité hors du commun à répondre à l'appel de ceux qui souffrent et à apaiser leurs tourments d'un sourire, d'un geste de la main… La monarchie ne se remettra sans doute jamais d'avoir eu peur de cette femme unique, dont l'étoile brille depuis peu d'un éclat plus aveuglant que jamais. »

De Londres, où il avait été contraint de rentrer pour ses affaires, David Duncannon s'efforçait, de son côté, de mobiliser les plus grosses fortunes de la City et battait le rappel de ses relations aux quatre coins de la planète. Il s'avouait impressionné par l'énergie déployée par la jeune femme et lui laissait sans cesse des petits messages affectueux l'assurant de son admiration et de son éternel dévouement. Diana, elle, l'appelait plusieurs fois par jour pour parler de Matthew, qui s'enfonçait dans la dépression. Un mois après les attentats, Kate avait été officiellement placée sur la liste de ces disparus dont on n'espérait plus le retour. Muré dans une douleur sur laquelle il n'avait même pas la force de mettre des mots, Coleby se jetait à corps perdu dans le travail et prenait prétexte de ce qu'il rentrait tard pour dormir sur le canapé du salon. Il s'était remis à fumer, buvait plus que de raison. Désemparée, Diana pleurait en secret la fin du bel amour qui les avait unis si longtemps.

Une nuit de novembre, elle se réveilla en sursaut et trouva son compagnon agenouillé à côté d'elle, le visage baigné de larmes.

— Va-t'en, lui dit-il d'une voix embrumée par l'alcool, fuis-moi. Fuis-moi, tu m'entends ? Tu n'as plus rien à faire ici. Va retrouver tes enfants…

— Ne me chasse pas, Matthew. Je veux t'aider, je *peux* t'aider…

— Je n'ai pas besoin de toi, je ne veux plus te voir. Toi et tes bons sentiments ! Plus rien ne sera jamais comme avant, tu ne comprends pas ? Tu dois partir.

La jeune femme dut se résoudre à quitter Manhattan. William lui avait suggéré de monter une exposition itinérante de sa robe de mariée pour recueillir des fonds au profit des familles endeuillées et des pompiers morts pendant les opérations de secours. « Et dire qu'il y a cinq ans, tu voulais la donner à bouffer aux mites, ta grosse meringue ! » avait plaisanté Harry. L'idée avait immédiatement reçu l'approbation enthousiaste de Charles. Elle allait réorganiser sa vie, installer un nouveau QG de sa fondation à Londres. Et, qui sait, une fois loin de Coleby, peut-être finirait-elle par lui manquer…

— Bienvenue à la maison, Ma'am !

— Merci, Paul. J'ai cru que Londres ne voudrait plus jamais de moi, et voilà que nos retrouvailles sont bien plus agréables que je ne l'imaginais…

La princesse reprit doucement possession de ses quartiers au palais de Kensington où, en son absence, rien n'avait changé. Dans son rôle de gardien du sanctuaire, le fidèle Paul Burrell avait fait merveille.

— Mon bureau ! s'exclama-t-elle en entrant dans le petit salon. Exactement tel que je l'avais laissé !

Elle promena sa main sur les photos de William et Harry enfants et sur un petit christ en marbre autour duquel était enroulé le chapelet dont lui avait fait cadeau Mère Teresa. Son regard s'attarda sur sa collection d'animaux en porcelaine Herend, joliment disposée sur une étagère, et sur ses anciens chaussons de danse en satin rose accrochés à la porte.

Puis elle éclata de rire en apercevant l'autocollant « J'aime Di » accroché en évidence sur la cheminée.

— C'est chez moi, ici, murmura-t-elle. Rien ni personne ne pourra jamais m'en déloger.

Dans l'escalier aux murs tendus de soie jaune bouton d'or qui conduisait à ses appartements privés, elle s'arrêta devant le grand portrait d'elle peint par Nelson Shanks. L'image infiniment romantique d'une jeune femme rêveuse en blouse blanche vaporeuse et ample jupe de taffetas bleu...

— Regardez-moi, Paul ! lança-t-elle à l'attention de son majordome. Vous trouvez que cette fille-là me ressemble toujours, ou... ?

Sans attendre la réponse à sa question, elle grimpa les marches quatre à quatre, courut jusqu'à sa chambre et se jeta sur son lit avec un gloussement de plaisir.

— Paauuul ? Pourriez-vous monter, s'il vous plaît ?

— Oui, Ma'am !

— Laissez tomber les bagages, nous nous en occuperons plus tard. Emmenez-moi faire un tour en voiture, voulez-vous ? Vous conduirez, je profiterai du paysage !

— Avec plaisir, Ma'am.

— Et puis, non... Je vais d'abord appeler le prince de Galles. Savez-vous en fait ce qui me ferait vraiment plaisir ? Une pomme de terre en robe de chambre avec du fromage fondu et une salade verte. Je passerai la soirée ici, à travailler.

Après dîner, Diana resta un long moment au téléphone avec son ex-mari, parti se reposer quelques jours à Highgrove, sa résidence du Gloucestershire. Charles se montra surpris mais heureux de la voir de retour, et lui demanda où en étaient ses ambitieux projets.

— Je cherche de nouveaux locaux pour ma fondation, lui raconta-t-elle. Quant à l'expo de ma robe de mariée, elle se révèle plus difficile à organiser que je ne le pensais. Plusieurs grandes sociétés nous ont fait des offres de partenariat, mais je me méfie du côté… commercial que ça pourrait prendre. J'aimerais que ma fondation soit seule maître à bord. Toi qui as fait des miracles avec le Prince's Trust, tu pourrais peut-être me donner des conseils…

— Ha ! s'esclaffa l'héritier du trône. Si, au moment de notre séparation, on m'avait annoncé qu'un jour tu te soucierais de mon avis, ça m'aurait fait doucement rigoler ! Souviens-toi qu'à l'époque, tu fuyais tout ce qui venait de moi comme la peste !

— Tu acceptes de m'aider, oui ou non ? le coupa Diana.

— Bien sûr que je vais te donner un coup de main ! Mon secrétariat se mettra en rapport avec toi dès demain pour organiser une première réunion. Je te présenterai une partie de mon équipe, des gens efficaces et formidables qui seront très heureux de t'aider. Quel nom comptes-tu donner à cette exposition ? *A Dress to Di for* ?

— Ne sois pas bête ! Mais j'y pense… revoir cette robe l'année où nous aurions dû fêter notre vingtième anniversaire de mariage… ça ne va pas nous faire comme un petit pincement au cœur ?

— Possible…

— Nous nous sommes fait tant de mal, Charles…

— Ne reparlons plus de tout ça. Sache que si je suis aujourd'hui un homme meilleur, c'est en grande partie grâce à toi.

Fin janvier 2002, le Princess Diana International Fund ouvrit ses bureaux sur Sloane Square, au-dessus du grand magasin Peter Jones. Une dizaine de bénévoles avaient été recrutés pour préparer le lancement de l'exposition Lady D., dont l'inauguration avait été fixée au 14 mars dans le gigantesque hall de la Tate Modern, sur Bankside, à l'est de Londres. Déballer la robe et ses accessoires, soigneusement rangés depuis deux décennies dans le dressing attenant au petit boudoir de Diana, n'avait pas été une mince affaire. La princesse avait convié les couturiers Elizabeth et David Emanuel, leurs créateurs, à venir superviser l'opération. Aidés par Paul Burrell, tous deux avaient délicatement sorti le bustier brodé de dentelle ancienne et les volumineux jupons de tulle et de taffetas de soie ivoire de leur housse en coton. Ils avaient déplié la traîne, longue de plus de sept mètres et demi, dans l'escalier et inspecté les douze mètres de voile brodés de dix mille sequins pour en vérifier l'état de conservation. La jeune femme n'avait pas imaginé une seule seconde qu'elle pleurerait autant en retrouvant ses escarpins ornés d'un gros cœur de dentelle. Afin de rendre l'exposition plus attractive encore, elle avait également décidé de présenter au public l'ombrelle à volants qui aurait dû la protéger en cas de pluie pendant la montée des marches de la cathédrale St Paul, une série de collages réalisés avec les fleurs de son bouquet de mariée – des freesias, des brins de muguet, du lierre et des roses Mountbatten –, ainsi que les jupons ayant servi aux répétitions de la cérémonie. Elizabeth et David Emanuel proposaient, en outre, de mettre en vente au profit de la fondation mille petits rectangles de soie découpés dans les restes d'un coupon ayant servi à la confection de la robe, à raison de mille cinq cents euros pièce. L'ensemble promettait d'être très réussi.

L'approche du grand soir fut joyeusement célébrée par l'ensemble de la presse britannique, dont c'était là les retrouvailles avec sa princesse. Charles refusa poliment de se rendre à l'inauguration, jugeant en privé l'invitation lancée par son ex-épouse « gentille, mais déplacée ». La reine Elizabeth, elle, s'était abstenue de tout commentaire en présence des membres de sa famille, mais avait fait cette confidence teintée d'un soupçon d'amertume à son habilleuse Angela Kelly : « On nous a reproché ce mariage pendant vingt ans mais, à écouter maintenant les uns et les autres, on dirait qu'en un demi-siècle de règne, c'est quasiment ce que j'ai fait de mieux. »

Sir Godfrey Masonby venait d'être retrouvé mort par son majordome dans son appartement du palais de St James. En prenant son service, à sept heures du matin, le domestique avait découvert le corps étendu dans le couloir menant de la chambre au salon, une épée fichée en plein cœur. Le pouce de sa main droite avait été sectionné. Fils d'un ancien secrétaire particulier de la reine Victoria, ce distingué nonagénaire avait joui toute sa vie du traitement de faveur réservé par la maison royale aux bons et loyaux serviteurs du trône. La monarchie était notamment redevable à son père, Sir Frederick, d'avoir protégé la réputation de la souveraine en l'empêchant de mener à bien un projet insensé : l'écriture d'une biographie de son domestique écossais, John Brown, auquel – c'est du moins ce que prétendaient les commères de l'époque – elle aurait été mariée en secret. Cent ans après la mort de Victoria, le bruit courait que la famille Masonby continuait de veiller sur un véritable trésor – des dizaines de lettres échangées par les deux amants et les feuillets manuscrits rédigés de la main même de Sa Majesté en hommage à son cher Mr Brown. Sir Godfrey avait, toute sa vie, entretenu avec soin le mystère qui entourait les documents, veillant à ne jamais confirmer ou infirmer la rumeur selon laquelle il les avait en sa possession.

Demeuré obstinément célibataire, il avait sacrifié sa vie entière aux deux seules passions qu'on lui ait jamais connues : Elizabeth II et la peinture. Grand amateur d'art, spécialiste des maîtres italiens du Quattrocento, il avait été engagé par la reine au milieu des années cinquante afin de seconder Anthony Blunt dans sa tâche d'inventaire et de conservation des collections de la Couronne. Il était ensuite devenu le conseiller personnel de Sa Majesté lorsque le passé d'espion de ce dernier avait été révélé par le Premier ministre Margaret Thatcher, en 1979. Masonby avait été prié de prendre sa retraite à la fin des années quatre-vingt-dix, mais n'avait jamais pu se résoudre à quitter tout à fait ses fonctions. Par permission spéciale de la souveraine, il avait continué de bénéficier d'un accès illimité à toutes les résidences royales et d'un logement de faveur à St James. Les gardes racontaient qu'à la belle saison, une fois la nuit tombée, ils le voyaient errer sans but sur les toits du palais.

Pour quelles raisons s'en était-on pris au vieil homme ? Les circonstances de sa disparition évoquaient étrangement celles de l'agression dont avait été victime le duc de Cumberland au début du XIXe siècle, lorsqu'il occupait le même appartement. Une nuit de 1810, le fils de George III avait été tiré de son sommeil par un mystérieux assaillant, qui avait réussi à l'atteindre de plusieurs coups d'épée avant de prendre la fuite. Son valet, un Corse répondant au nom de Sellis, avait peu après été retrouvé la gorge tranchée dans le cabinet de toilette attenant à la chambre de son maître. Ce dernier avait été gravement blessé à la tête ainsi qu'à la poitrine et avait eu le pouce droit à demi sectionné. L'affaire n'avait jamais été vraiment élucidée, la thèse officielle ayant conclu à un accès de folie puis au suicide du valet.

En ce 8 février 2002, les tabloïds rapprochaient en tout cas la fin tragique de Masonby du sort qui avait bien failli être réservé à Cumberland près de deux siècles plus tôt. « Nouvelle mort inexpliquée dans l'entourage des Windsor », titrait le *Morning Standard.* Le lendemain de la découverte du corps, Robert Shelby recevait par le courrier du matin une petite boîte en carton étiquetée à ses nom et adresse personnelle. À l'intérieur se trouvait le pouce de Sir Godfrey, accompagné d'une petite carte sur laquelle on avait dessiné les contours d'une fleur de mandragore.

Le 9 à sept heures du matin, Diana fut réveillée par un coup de fil de Charles lui annonçant la disparition de la princesse Margaret.

— Une ultime attaque… Sarah et David m'ont dit qu'elle n'avait pas souffert et qu'elle était morte en paix. La cérémonie aura lieu dans la chapelle St George, ce serait bien que tu sois présente.

— J'y serai, tu peux compter sur moi.

Sitôt le téléphone raccroché, la princesse alla s'asseoir à son bureau et écrivit une longue lettre de condoléances à Elizabeth II : « Je sais quelle doit être votre peine, et je tenais à vous exprimer ma sympathie et mon affection. J'éprouve moi-même un chagrin infini. Je ne peux imaginer ce que sera la vie ici, sans tante Margo. » La jeune femme sentait les larmes couler sur ses joues et ne cherchait pas à les retenir. Après avoir fermé l'enveloppe et y avoir inscrit ses initiales dans le coin du bas à gauche – un code réservé à la correspondance personnelle de Sa Majesté, utilisé uniquement par ses proches et amis –, elle s'appliqua à rédiger une courte missive à l'intention de Queen Mum.

L'intraitable reine-mère, qui n'avait jamais accordé une seule interview et considérait la presse comme *le* fléau des temps modernes, ne lui adressait plus la parole depuis plus de dix ans. La princesse de Galles, pensait-elle, était la principale responsable de l'épouvantable série de scandales qui avait frappé les siens au cours des deux dernières décennies. « Vulgaire, vulgaire, vulgaire… » Elle n'avait pas de mots assez forts pour qualifier la publicité tapageuse qui avait toujours entouré les moindres faits et gestes de Diana. Et peu lui importait que celle-ci n'ait, le plus souvent, courtisé les médias que dans le but de sensibiliser l'opinion à de justes causes. Au regard de l'éducation qui avait été celle d'Elizabeth Bowes-Lyon, même l'excellence pouvait être vulgaire chez une femme dès lors qu'elle servait à attirer l'attention. Dans l'entourage de la dernière impératrice des Indes, on mettait surtout l'ire de la vieille dame sur le compte de l'immense déception qu'elle avait éprouvée lorsqu'elle avait compris que le mariage de Charles était voué à l'échec. À ses yeux, la princesse avait eu le tort de ne pas rendre son conjoint heureux. Dans la grande aristocratie du royaume, on avait coutume de dire que la réussite d'un couple était moins une affaire de fidélité que de loyauté. Diana n'avait pas voulu l'entendre de cette oreille. Mais la vie au sein de la famille royale était comme une pièce de théâtre, un jeu dont on n'enfreignait les règles qu'à ses dépens. Queen Mum n'avait jamais pardonné.

La dépouille de Margaret venait d'être transférée de l'hôpital Edward VII au palais de Kensington. Diana alla se recueillir devant le cercueil, au pied duquel elle déposa un bouquet de roses et de lys blancs. « Vous serez toujours dans mon cœur, tante Margo », murmura-t-elle entre deux sanglots en se penchant vers le visage de la défunte. La sœur cadette d'Elizabeth II lui avait toujours gardé sa confiance et son estime, y compris aux heures les moins glorieuses de la guerre des Galles. « Ta femme est mon amie et je ne la laisserai pas tomber », avait-elle sèchement répondu à Charles – que, pourtant, elle adorait – un jour où, maladroitement, il lui avait demandé de choisir son camp. Son indulgence vis-à-vis des frasques médiatiques de la jeune princesse avait toutefois montré ses limites après l'interview que celle-ci avait accordée à la très populaire émission « Panorama », sur la BBC, en novembre 1995. Diana y avait clairement exprimé des doutes sur la capacité de son mari à devenir un bon roi. « La monarchie est une institution fragile, dont nous sommes tous les gardiens à des degrés divers, lui avait-elle écrit. Critiquer l'infidélité de Charles est une chose. Mettre en cause sa capacité à succéder à Elizabeth en est une autre. Tu as manqué à ton devoir le plus élémentaire en trahissant l'institution que ton propre fils aura à diriger après son père. Je suis déçue par la légèreté dont tu as fait preuve vis-à-vis de nous tous, et je t'implore, à l'avenir, de ne plus confondre tes problèmes personnels avec des enjeux constitutionnels dont l'importance, manifestement, te dépasse. Si je te parle avec franchise, concluait-elle, c'est parce que j'estime que l'affection que nous avons l'une pour l'autre m'y autorise. » Sa disparition ne privait pas seulement Diana d'une alliée, elle lui enlevait une amie fidèle et sûre que personne au monde ne serait jamais capable de remplacer.

Le 15 février, elle assista aux funérailles, célébrées à trois heures de l'après-midi en la chapelle St George du château de Windsor, au côté de ses fils et des autres membres de la famille royale. Camilla Parker-Bowles, elle, n'occupait encore officiellement aucune place dans la hiérarchie du clan et dut se contenter de suivre la cérémonie au côté d'Andrew, son ex-mari, à quelques rangées de sièges des Bowes-Lyon. Les deux anciennes rivales tombèrent face à face sur le parvis, peu après que la souveraine et ses proches eurent quitté les lieux en voiture. Elles échangèrent un sourire embarrassé et une brève poignée de main. La photo fit la une de tous les journaux du lendemain. Pour la plupart des observateurs, la monarchie refermait enfin un douloureux chapitre de son histoire. Pour le *Sun*, l'heure était venue du « grand pardon ».

Vingt et une heures. Le vaste *open space* dans lequel était installé le bureau de Robert Shelby était à présent désert. La tête entre les mains, le détective du MI5, à mi-chemin entre l'incrédulité et l'effroi, était absorbé dans la lecture du mémo qu'Osbert Satcheverell lui avait fait parvenir dans l'après-midi.

Mon cher ami,

Je suis aujourd'hui en mesure d'affirmer qu'Aelfric, le fils naturel d'Athelstan, a bien eu une descendance. Mes recherches m'ont conduit sur la piste d'un cer-

tain Atheling, qui, en l'an 1066, fait alliance avec Guillaume, duc de Normandie. Le roi Edward le Confesseur, qui occupe alors le trône d'Angleterre, va bientôt mourir sans avoir eu d'enfant. Atheling et ses partisans proposent à leur cousin français de venir combattre à leurs côtés pour les aider à reprendre le pouvoir, et lui promettent d'importantes compensations territoriales en cas de victoire. Guillaume le Conquérant débarque à Pevensey avec ses troupes, vainc Harold, le successeur désigné du monarque défunt, à Hastings, puis trahit ses alliés en décidant de garder le trône pour lui seul. Il mène ensuite une implacable campagne d'élimination de tous les descendants d'Athelstan. En 1071, il croit y être enfin parvenu – c'est du moins ce qu'il laisse entendre dans une lettre écrite de sa main, que j'ai retrouvée à la Bibliothèque nationale de France. À tort.

Car la nébuleuse Athelstan est comme un incendie qui finit toujours par renaître de ses cendres. Combien de fois a-t-elle tenté de renverser nos rois au motif que ceux-ci n'auraient été que des usurpateurs ? Difficile à dire. Ce qui est certain, en revanche, c'est qu'ils manquent de peu d'aboutir au tout début du XVIIe siècle. Ils forment alors le gros des troupes de la communauté des riches marchands londoniens. En 1620, ils désignent le plus ambitieux d'entre eux, Oliver Cromwell, comme leur chef. Cromwell, à qui une brillante carrière militaire servira d'aller simple pour les plus hautes sphères du pouvoir, devient leur champion, leur poulain. Ils le soutiendront et le financeront jusqu'à sa nomination à la fonction suprême de Lord Protector, *en 1653.*

Un examen un peu attentif de la correspondance du régicide permet d'ailleurs de se rendre compte de l'état d'esprit dans lequel il se trouve à l'époque. Il s'y pré-

sente comme le bras armé choisi et dirigé par Dieu lui-même pour précipiter la chute des Stuart et rétablir les « élus » dans leurs droits. En 1161, la canonisation d'Edward le Confesseur avait été décidée afin qu'il ne soit plus possible de mettre en doute le caractère divin du règne de ses successeurs. Cinq siècles plus tard, les héritiers d'Athelstan, revenus au pouvoir après avoir procédé en toute légalité à l'assassinat de Charles Ier, décident la destruction du trésor royal – couronnes, sceptres, orbes –, non pas par idéal républicain, comme on l'a toujours cru, mais pour marquer une rupture définitive avec les « usurpateurs » normands, Tudors, Plantagenêts, Stuarts et autres.

Shelby alluma une cigarette et alla se poster devant la baie vitrée la plus proche de son bureau. À en croire l'historien, les comploteurs formaient aujourd'hui encore une coterie puissante et sans doute dotée de gros moyens, dont l'influence et les réseaux s'étendaient bien au-delà des frontières de la Grande-Bretagne. Peut-être même comptaient-ils dans leurs rangs des politiciens haut placés, des aristocrates ralliés à leur cause, des financiers de renom, des artistes, des militaires… L'ennemi était d'autant plus difficile à identifier qu'il se cachait derrière mille visages.

« Je termine ce truc et je rentre », songea Robert en étouffant un bâillement.

Voyez d'ailleurs ce qui se passe en 1657, poursuivait Satcheverell. *La cérémonie qui confirme Cromwell dans ses fonctions de* Lord Protector *ne porte pas officiellement le nom de couronnement, mais elle en a toutes les caractéristiques. Oliver prend place sur la chaise à l'intérieur de laquelle se trouve la fameuse pierre Lia Fail, revêt un manteau pourpre bordé d'hermine et brandit le sceptre et l'épée. Je suis convaincu que, s'il refuse alors le titre de monarque, c'est parce qu'il se sait déjà malade et qu'il place désormais tous ses espoirs en son fils Richard. Richard, il en est sûr, sera le premier à coiffer à nouveau la couronne d'Athelstan. Malheureusement, ce dernier n'a pas la trempe de son père, et encore moins ses talents d'homme d'État. Après la mort de Cromwell, en septembre 1658, il ne réussit à se maintenir au pouvoir que quelques mois. Charles II, l'héritier Stuart, rentre d'exil. Le peuple lui offre une couronne flambant neuve en 1661. Fin (provisoire) de l'épisode Athelstan.*

Fasciné, David Duncannon peinait à détacher son regard des volutes de tulle et de soie froufroutante, artistiquement présentées dans un gigantesque cube de verre.

— Si ta robe de mariée était à vendre, je l'achèterais sur-le-champ ! murmura-t-il à l'oreille de Diana. Et tu peux me croire… ton prix serait le mien…

— Tsss tsss… Je te vois venir.

— Regarde tous ces gens… Ils sont comme moi : littéralement hypnotisés ! Cette merveille est devenue un objet culte. Dans cinquante ans, cent ans même, on se bousculera encore pour venir l'admirer !

— Puis-je me permettre, Ma'am, de vous présenter mon grand ami Alexandre de Juillé ?

La jeune femme se tourna vers Barry Etherington, le commissaire de l'exposition. Ce dernier tenait une assiette de petits fours dans la main gauche et, de la droite, agrippait fermement le bras d'un petit homme légèrement bedonnant dont elle aima tout de suite le beau sourire.

— Alexandre est un député européen, moitié français, moitié anglais. Comme il est aussi l'un de vos plus grands admirateurs, je me suis permis de l'inviter...

— Mais vous avez bien fait ! Je suis enchantée, vraiment, dit Diana en tendant une main chaleureuse au nouveau venu. Votre nom sonne comme une invitation à visiter cette ville merveilleuse qu'est Paris...

— Considérez cette invitation comme ferme, Ma'am, lui répondit le député d'une voix enjouée. Je ne saurais vous dire combien je suis heureux d'avoir la chance de vous rencontrer. Pardonnez-moi... je suppose que vous devez entendre ce genre de banalités à longueur de journée...

— Détrompez-vous ! Voilà déjà bien longtemps que le gentleman distingué que vous voyez ici et qui fait de son mieux pour ne pas montrer qu'il espionne notre conversation ne se donne plus la peine de faire autant d'efforts pour m'être agréable...

— Comment peux-tu oser dire une chose pareille ? fit semblant de s'offusquer Duncannon.

— Je le dis, c'est tout. Cher monsieur de Juillé, je serais ravie de poursuivre cet entretien dans un cadre un peu plus tranquille. Que diriez-vous de venir déjeuner avec moi à Kensington ? La cuisine y est bien meilleure qu'au palais de Buckingham, c'est en tout cas ce que m'assurent tous ceux qui ont eu la chance de pouvoir faire la comparaison.

— Eh bien...

— Mon secrétariat se chargera de vous joindre, par l'intermédiaire de Barry. Je vous laisse, je crois que ces vieux messieurs en costume que j'aperçois en train de s'agiter, là-bas, sur l'estrade ne seraient pas contre un petit discours...

Elle s'éloigna sans le saluer. À quoi bon les salamalecs lorsqu'on sait que l'on va bientôt se revoir ?

Le 9 avril, la famille régnante se réunit à nouveau pour dire adieu à l'un des siens. Queen Mum s'était tranquillement éteinte le 30 mars, moins de deux mois après sa fille cadette. Pendant plusieurs jours, des centaines de milliers de Britanniques avaient patienté des heures sous la pluie et dans le froid afin de pouvoir s'incliner devant sa dépouille. Les Windsor, eux, accusaient le choc tant bien que mal. Le prince Philip s'inquiétait secrètement pour Elizabeth qui, à quelques mois seulement du cinquantième anniversaire de son avènement, perdait coup sur coup les deux personnes qui – lui mis à part – comptaient le plus dans son existence. La souveraine éprouvait une peine infinie mêlée d'un épouvantable sentiment de solitude dont elle s'efforçait de ne rien laisser paraître. De tous, Charles était certainement celui qui se montrait le plus affecté par la disparition de la doyenne de la famille. Entre l'héritier du trône et sa grand-mère s'achevait une longue et magnifique histoire d'amour. Tout au long de la cérémonie des funérailles, célébrée en l'abbaye de Westminster, Diana ne put détacher son regard de son ex-mari, dont les yeux rougis et les traits déformés par le chagrin trahissaient la détresse.

La mort de la veuve de George VI avait plongé Londres dans une semi-torpeur qui ne lui ressemblait guère. « Je déteste le silence qui règne dans cette maison ! » se plaignait maintenant la princesse chaque fois qu'elle rentrait à Kensington. Le calme étrange qui s'était installé au palais n'était troublé que par le va-et-vient des camions de déménagement devant l'entrée de l'appartement 1A. David, le fils aîné de Margaret, avait proposé à Diana de choisir un souvenir parmi les effets personnels de sa mère avant que ceux-ci ne soient rangés dans leurs cartons. Après moult hésitations, elle avait opté pour un long fume-cigarette en argent ciselé. Dans les années cinquante, la sœur d'Elizabeth II avait été l'une des toutes premières femmes à oser fumer en public, revendiquant ainsi une liberté d'action et de pensée qui avait fait d'elle une féministe avant l'heure. Pour la princesse de Galles, ce petit objet était le symbole de l'indépendance d'esprit de tante Margo, mélange de résistance passive et de provocation intelligemment menée.

Au début du mois de mai, la jeune femme reçut un coup de fil pour le moins inattendu de son ex-mari. « Écoute, Camilla part quelques jours à Florence avec une amie. Ça fait une éternité qu'on ne s'est pas retrouvés tous les quatre, je te propose de venir dîner demain soir à la maison, avec les garçons. » Diana accepta sa proposition avec joie. Il était temps de montrer aux boys que leurs parents avaient réussi à tourner la page. William avait commencé une maîtrise de géographie à l'université écossaise de St Andrews. Harry, lui, terminait sa quatrième année au collège d'Eton. Le premier était devenu un beau et grand jeune homme, studieux et réfléchi bien que sujet, de temps à autre – c'était là son plus gros défaut –, à de redoutables accès de colère hérités de ses lointains ancêtres Hanovre. Avec son adorable frimousse, sa joie de vivre communicative et ses cheveux roux en bataille, le second – de toute évidence assez peu intéressé par ses études – entamait ce qui s'annonçait déjà comme une prometteuse carrière de tombeur.

Diana, qui avait toujours voué à ses fils un amour

inconditionnel et exclusif, ne pouvait s'empêcher d'éprouver un soupçon de jalousie à l'égard de leurs petites amies. Longtemps épris d'Arabella Musgrave, une jolie brune pétillante légèrement plus âgée que lui, Wills paraissait maintenant nourrir de doux sentiments pour Kate Middleton, une ravissante jeune fille rencontrée sur les bancs de la fac. « À la différence de son père et de son frère, on dirait que les blondes, ça n'est pas son truc ! » plaisantait souvent la princesse en essayant tant bien que mal de cacher le trouble qui s'emparait d'elle lorsqu'elle réalisait que son aîné entrait dans l'âge adulte. Bien qu'impatiente de retrouver ses enfants à Highgrove, elle s'inquiétait aussi des questions qu'ils n'allaient pas manquer de lui poser sur Coleby. Elle avait en effet préféré leur cacher la détérioration de ses relations avec Matthew. Leur espoir de la voir enfin trouver le bonheur auprès d'un homme n'avait déjà été que trop souvent déçu.

Le futur roi d'Angleterre avait fait dresser une table couverte de petits bouquets de muguet et de feuillage dans le jardin de sa propriété du Gloucestershire. Dans la lumière du soleil couchant montaient le parfum des roses trémières et des campanules, et les accords harmonieux des concertos pour harpe de Jean-Sébastien Bach. Les garçons s'empressaient autour de Diana comme si elle avait été l'invitée d'honneur d'une soirée de gala. La princesse, elle, éprouvait un sentiment curieux mâtiné de nostalgie et de regrets. L'héritier du trône, qui percevait l'embarras de son ex-femme, fit de son mieux pour la mettre à l'aise.

— Je ne te fais pas visiter, tu connais déjà ! La

déco a juste un peu changé mais, tu verras, trois fois rien…

— J'avais oublié à quel point ce jardin était magnifique…

— Papa en est tellement fier, figure-toi qu'il en a fait un DVD ! la coupa William. Dire que des gens vont acheter ça, c'est à mourir de rire !

Charles prit un air faussement vexé.

— Je suis sûr que votre mère le regarderait avec beaucoup d'intérêt. Vous me ferez d'ailleurs penser à lui en offrir un quand nous aurons dîné…

Tous les quatre éclatèrent de rire. Carolyn, la cuisinière, arriva sur ces entrefaites avec un plateau chargé de jus de fruits biologiques et d'un pichet de lambrusco, un vin pétillant italien. Diana, qui n'avait jamais eu beaucoup de goût pour l'alcool, se laissa convaincre d'en prendre un verre.

— Allez, maman ! Ce soir, c'est la fête ! s'exclama Harry.

À vingt heures précises, des centaines de petits lampions multicolores installés dans les arbres et les massifs de fleurs illuminèrent la nuit de leurs feux dansants. Le repas se révéla particulièrement enjoué. La princesse se lança dans une série d'imitations plutôt bien troussées de plusieurs membres de la famille – dont une, très réussie, de tante Fergie. Au dessert, Charles et les garçons improvisèrent un petit numéro de danse inspiré du film *The Full Monty*. Puis William et Harry demandèrent à leurs parents la permission de leur fausser compagnie pour rejoindre un groupe d'amis dans un pub du village voisin de Tetbury.

— Salut, les jeunes ! lança Harry en courant vers la voiture, dans laquelle l'attendaient ses gardes du corps. Et soyez sages !

La soirée commençait à fraîchir. Le prince invita

Diana à passer au salon, où flambait un beau feu de cheminée. Celle-ci reconnut aussitôt la patte de Camilla dans la nouvelle décoration de la pièce, habillée de tons verts, bruns et rouille, et ornée de gravures de chasse.

— De toute façon, tu n'as jamais aimé cette maison…, fit remarquer Charles comme s'il devinait ses pensées.

— Disons qu'elle est associée à des souvenirs qui ne sont pas tous très agréables, répliqua-t-elle froidement.

Ils se regardèrent longuement. Un peu gênée, la jeune femme passa la main dans ses mèches blondes.

— Excuse-moi… je ne voulais pas…

— Je sais, ne t'en fais pas. Dis-moi… les enfants n'ont pas osé te poser la question, mais… Tu comptes retourner vivre aux États-Unis ou… ?

— Entre Matthew et moi, rien ne sera plus jamais comme avant. C'est curieux comme les aléas de l'existence finissent toujours par me ramener ici, en Angleterre…

— Je suis désolé pour vous deux. Sincèrement.

— Mon joli rêve américain s'est brisé juste au moment où j'entamais les démarches pour acheter la propriété de Jackie Kennedy, sur Martha's Vineyard. Je n'aurai pas d'enfant avec Coleby et quelque chose me dit que je n'aurai pas non plus de maison à moi… en tout cas pas de sitôt. Voilà. Et inutile de me répéter combien tu es navré pour moi, Charles… Je le lis déjà dans tes yeux…

— …

— Changeons de sujet, veux-tu ?

— Tu as revu Sarah, récemment ? Ton imitation était si parfaite, tout à l'heure, que je me suis demandé si…

— Nous sommes réconciliées depuis longtemps. Andrew ne t'a rien dit ?

— Nous n'avons jamais ce genre de conversation avec Andrew, tu le sais bien…

— Elle a beaucoup changé, beaucoup mûri. Comme moi, elle a aussi beaucoup réfléchi sur le passé, sur ses erreurs d'autrefois…

— Je n'ai bien sûr aucun conseil à te donner mais… garde tout de même tes distances. J'ai énormément d'affection pour Sarah, et je reconnais qu'elle fait en ce moment des efforts considérables, tant pour rembourser ses dettes que pour éviter d'embarrasser la famille. Mais nous savons toi et moi que votre… association n'a pas toujours eu que du bon.

— Tout est différent, maintenant. Nous ne sommes plus ni l'une ni l'autre ces… ces *aliens* que tes conseillers et ceux de ta mère tentaient par tous les moyens de neutraliser. On aurait d'ailleurs essayé de nous comprendre au lieu de nous traiter comme des gamines indisciplinées ou des adversaires à abattre, tout aurait été différent. Quelle était l'expression qu'employaient tes amis en parlant de moi et de ma mère, déjà ? Ah oui… « Ce qui coule dans leurs veines, c'est le sang pourri des Fermoy… »

— Ne remettons pas ces vieilles histoires sur le tapis, je t'en prie. Je t'ai déjà demandé pardon mille fois pour m'être laissé influencer par tous ces… ces parasites qui voulaient la perte de notre mariage et s'étaient juré de te faire subir le même sort que ta mère.

— Il m'arrive de me dire qu'ils avaient peut-être raison, après tout… Je n'avais peut-être pas l'étoffe d'une reine.

— Ne dis pas de bêtises !

— Tu te souviens de la honte que je t'ai infligée lorsque j'ai titillé le président portugais sur la couleur de ses bretelles ? fit-elle en esquissant une petite grimace. Le pauvre... il en était tout cramoisi... Toi aussi tu étais tout rouge... Mais de colère !

— Je ne sais vraiment pas ce qui t'a pris ce jour-là !

— Moi non plus... Je me sentais toujours si... si stupide, si inconsistante à côté de toi.

— Hein ? Mais partout où nous allions, il n'y en avait que pour toi ! Les gens râlaient quand c'était moi qui venais leur serrer la main. « Vous n'avez qu'à demander à être remboursés », je leur disais... Tu exagères, franchement !...

— Crois-le ou non, tout ce cirque m'épuisait. Physiquement, émotionnellement... Il fallait donner, donner encore, serrer toujours plus de mains, sourire jusqu'à manquer d'en crever. Je rentrais le soir vide de tout, vide d'amour, de compassion... de tout ce qu'on m'avait pris dans la journée. En fait, je n'ai jamais trouvé de paix qu'auprès des malades et des déshérités. Ce sont eux qui ont le plus à donner.

— Tu es toujours la même, fit Charles d'un ton amusé. Je constate avec plaisir que ton petit tumulte personnel est intact. Et plus je te regarde... plus je me dis que les années n'ont décidément aucune prise sur toi.

Il la prit par le bras et l'entraîna jusqu'au canapé.

— Tu veux un fond de sherry ?

— Non, je te remercie. Daniels va me ramener et je n'ai pas envie qu'il me voie pompette...

— Veux-tu que Carolyn te prépare un thé au gingembre ?

— Non, je me sens très bien comme ça.

Le prince se surprenait à ne pouvoir détacher son

regard de son ex-épouse. Il s'assit à ses côtés. Sans un mot, elle lui prit la main et posa tendrement la tête sur son épaule. Retrouvant des réflexes de jeune marié, il se mit à lui caresser doucement les cheveux. Parler était devenu inutile. Saisi d'une inexplicable ivresse, Charles se pencha vers Diana et posa ses lèvres contre les siennes. « Je serai toujours là pour toi, darling, murmura-t-il. Toujours. »

11.

Mai 2002 - Janvier 2003

Un même titre s'étalait en première page de tous les journaux du matin : « *Charles and Diana, in love again !* » Une photo floue, déposée par coursier au standard des rédactions de Fleet Street dans l'après-midi du 7 mai, montrait les anciens époux enlacés sur un canapé. Dans une courte lettre non signée, l'auteur du cliché racontait la scène de « tendres retrouvailles » dont il avait été témoin depuis les jardins de Highgrove. En découvrant les tabloïds, Diana ne sut trop si elle devait rire ou pleurer. L'héritier du trône, lui, exprima son indignation dans un communiqué vengeur dénonçant les « tentatives de destruction organisées et méthodiques » dont sa famille et lui-même étaient l'objet depuis trop longtemps, et procéda en personne à un interrogatoire serré de tous les membres de son personnel dans l'espoir d'identifier le coupable. La réclamation qu'ils déposèrent chacun de leur côté auprès de la Commission des plaintes contre la presse ne suffit pas à désamorcer l'affaire. Assiégée par les reporters et les photographes, Camilla se barricada à Ray Mill House, sa résidence privée de Lacock, un joli petit village du Wiltshire, au côté de ses enfants et de sa sœur Annabel. « L'arroseur arrosé ! » s'esclaffèrent les médias américains. Dix ans après la séparation du prince et de la princesse de Galles, c'était au tour de la « Rottweiler » d'endosser le costume couleur chagrin de la femme bafouée. Des photos d'Andrew Parker-Bowles venant rendre visite à son ex ne firent qu'ajouter à la confusion générale. Elizabeth II, dont la patience était à bout, fit savoir à son secrétaire particulier qu'à l'exception du *Racing Post* et du magazine *Horse & Hound,* plus aucune publication ne devait être introduite dans l'enceinte des résidences royales jusqu'à nouvel ordre.

La cote de popularité de Charles – et, avec elle, celle de la famille Windsor tout entière – se trouvait une fois de plus en chute libre. « Trente ans qu'il emmerde tout le monde avec sa Camilla ! s'indignait l'homme de la rue. Et tout ça pour quoi ? » Dans une note interne rédigée à l'intention de Sa Majesté, le responsable des relations avec les médias du palais de Buckingham prédit une « longue série de catastrophes incalculables » si rien n'était fait pour « stopper net les errements autodestructeurs » du prince et « rassurer l'opinion sur ses aptitudes en tant que futur roi ». Le 8 en fin de matinée, mère et fils eurent une conversation téléphonique houleuse, au cours de laquelle l'héritier du trône supplia la souveraine de l'autoriser à épouser enfin sa maîtresse. « Tu ne penses pas avoir fait assez de dégâts comme ça ? lui rétorqua-t-elle. Un mariage précipité n'arrangerait rien, tu peux en être sûr. Ton père et moi pensons qu'il vaut mieux d'abord laisser les choses se calmer. De ton côté, commence déjà par essayer de te faire pardonner, emmène cette pauvre femme en vacances quelques jours et, lorsque vous rentrerez, montrez-vous ensemble le plus possible. Mon Dieu,

Charles, il m'arrive parfois de me demander pour qui tu roules… Mais si tu crois que je te laisserai tout fiche par terre sans réagir, j'aime autant te prévenir tout de suite : *tu te trompes* ! »

Excédée, elle lui raccrocha au nez. Elizabeth II se sentait gagnée par le découragement. « Je sais ce que me dirait Mummy si elle était encore là, murmura-t-elle. "Quoi qu'il arrive, et quoi qu'il nous en coûte, *the show must go on…*" » Chaque fois que le navire monarchique prenait l'eau, Queen Mum ressortait ses chaussures à talon et ses chapeaux à plumes et s'en allait parader pour les photographes dans quelque manifestation sans intérêt. « Toi et moi, nous devons être un peu comme des comédiennes de cinéma ou de théâtre, lui répétait-elle. Règle numéro un : toujours connaître nos répliques sur le bout des doigts. Règle numéro deux : ne pas avoir peur des rôles costumés. » La reine de tous les Anglais, à qui une bonne dose de timidité naturelle avait longtemps rendu pénibles ses nombreux devoirs de représentation, se demandait parfois si elle n'aurait pas fait une meilleure présidente de la République. Un peu comme cette Mary Mac Aleese, en Irlande, tiens… Elle en était encore à se lamenter sur la servitude du métier de souverain lorsque le prince Philip entra dans la pièce sans se faire annoncer.

— Je ne suis pas une femme à fanfreluches ou à bijoux, je suis un chef d'État, moi ! lui lança-t-elle. Je sais remettre un Premier ministre égaré dans le droit chemin, rabibocher deux chefs de clan africains ou convaincre un président français qu'il est le plus beau, le plus intelligent et le plus cultivé de tous les politiques que j'aie jamais rencontrés. Mais, et je le dis une fois pour toutes, *je ne sais pas* de quel mal étrange souffrent mes enfants et je ne peux décidément rien faire pour eux !

Lilibet termina sa phrase dans un semi-hurlement. Abasourdi, le duc d'Édimbourg se figea dans une attitude qui ressemblait à une sorte de garde-à-vous emprunté.

— Euh… tu viens déjeuner ?

Shelby avait mal au crâne. Allongé sur son lit, une poche de glaçons avachie sur le front, le détective maudissait sa migraine et l'odeur écœurante du Tupperware de soupe que sa sœur, Clare, avait déposé sur sa table de chevet. « Troubles du système neurovégétatif, avait diagnostiqué le médecin appelé en urgence. Reposez-vous, c'est la seule chose à faire. » Se reposer… Le détective du MI5 avait perdu le sommeil depuis que le cadavre de Henry Marmadock, vingtième baron Stew et vingt-deuxième baron Mulbray, avait été retrouvé déchiqueté entre deux voies de chemin de fer, à la sortie de la petite ville de Glenfield, dans le Leicestershire. De tous les représentants de la noblesse siégeant à la Chambre des lords, Stew était le seul à descendre encore en ligne directe de ces valeureux Normands venus envahir l'Angleterre au XIe siècle avec Guillaume le Conquérant. Moustachu et rougeaud, taillé comme une armoire à glace et vêtu été comme hiver de costumes de tweed, l'homme paraissait tout droit sorti d'un roman de Walter Scott. Proche des cercles royaux, il fuyait pourtant les mondanités comme la peste, préférant, disait-il, la compagnie des gens simples à celle des aristocrates de son espèce. Sa plus grande fierté était de compter des jardiniers, des peintres en bâtiment et des chauffeurs de taxi parmi ses meilleurs amis. Après la mort de sa femme, Lady Jane, en 1996,

Henry s'était définitivement retiré sur ses terres de Waldon Hall, dans le Surrey. Les circonstances tragiques de son décès – il avait probablement été jeté d'un train en marche après avoir été roué de coups au visage et au thorax – avaient semé la consternation chez ses pairs et alimenté bien des conversations dans les couloirs du parlement de Westminster. Shelby, lui, avait perdu un ami. Un ami dont la paume des mains, arrachée sous l'effet du choc, portait des traces de peinture dorée. Ce cauchemar n'en finirait-il donc jamais ?

La capitale du royaume bruissait d'une effervescence inhabituelle à l'approche des festivités du Jubilé d'or d'Elizabeth II. Les rues de la ville s'étaient couvertes de drapeaux et d'oriflammes. Les Londoniens dressaient des tables de fête sur les trottoirs, dans les parcs fleurissaient un peu partout des kiosques à musique parés de rouge et d'or. Diana, à qui les principaux conseillers de la souveraine et du prince de Galles n'avaient pas jugé « opportun » d'adresser la moindre invitation – ni pour le concert pop-rock organisé dans les jardins du palais le 3 juin, ni pour le service d'action de grâces prévu en la cathédrale St Paul le lendemain –, cachait mal sa déception. William et Harry avaient tenté de plaider sa cause auprès de Granny, mais en vain. Camilla n'avait en effet consenti à reprendre sa place dans le royal show – et dans la vie de Charles – qu'après bien des hésitations. Au terme d'âpres négociations, l'ex-« sorcière du Wiltshire » avait été autorisée à assister aux cérémonies au côté des membres du clan Windsor. Une entorse au protocole à laquelle Sa Majesté n'avait consenti qu'à contrecœur. « Ça ne m'amuse pas plus que vous, boys, avait déclaré Lilibet à ses petits-fils, mais là, je n'ai pas le choix. La présence de votre mère serait vécue comme une provocation. Ne nous créons pas de problèmes inutilement. » Blessée dans son amour-propre, la princesse de Galles avait décidé de « résister » en donnant un dîner pour quelques intimes au palais de Kensington, le 3 au soir. Alexandre de Juillé lui avait proposé de venir accompagné d'une vieille amie de sa famille, la baronne de Castex. « Une originale, lui avait-il dit. Ce n'est pas ton genre du tout, mais nous allons sûrement beaucoup nous amuser… »

La baronne correspondait en tous points aux clichés peu flatteurs dont la grande noblesse britannique aimait affubler les aristocrates français. Extravertie et accoutrée comme une diva, la voix éraillée et le propos ponctué à tout bout de champ de rires en chasse d'eau, Marie-Aude – c'était son prénom – pénétra dans le petit salon du premier étage en se trémoussant dans une robe charleston vaporeuse, un boa en plumes d'autruche négligemment enroulé autour du cou. Visiblement très excitée à l'idée de partager pour quelques heures l'intimité de la femme la plus célèbre au monde, elle roucoula quelques compliments sur la décoration de la pièce avant de tomber en pâmoison devant une photo en noir et blanc de William et Harry.

— Les adorables chéris ! Quels amours ! Tu ne trouves pas, mon Alex, que ce sont deux véritables amours ?

Diana roula des yeux effarés en direction du député européen, lequel peinait à réprimer l'hilarité qui le gagnait.

— Comme c'est gentil à vous d'être venue jusqu'ici ! lança-t-elle, agacée.

— Je suis folle de joie ! Que dis-je… ivre de bonheur de vous rencontrer. Ce cher ange m'a teeeeellement parlé de vous ! J'espère que vous allez me faire visiter cet endroit extrâàordinaire. Je suis... je suis... je ne sais même pas comment vous dire... comme folle d'impatience !

Sans attendre d'y être invitée, elle courut jusqu'à la salle à manger.

— Mais quelle merveille ! s'exclama-t-elle. Ce rouge, mon Dieu, mais ce rouge ! Un bijou ! Et cette porcelaine, d'une finesse !... Oh, et ces verres !

Médusée, Diana se tourna vers Alexandre.

— Encore merci pour cette délicate attention... Une... une hystérique ! Un soir comme aujourd'hui !

— Tu avais envie de te jeter par la fenêtre ? Marie-Aude va t'aider à oublier tes idées noires, fais-moi confiance. Regarde-la... Est-ce qu'elle n'est pas formidable ?

— Mais si, mais si... Et j'en connais un autre qui sera certainement tout aussi ravi que moi de faire sa connaissance...

Elle avait à peine terminé sa phrase que la sonnerie de la porte d'entrée retentit à nouveau.

— David ! fit-elle en l'attrapant par la manche de sa veste. J'ai rarement été aussi contente de te voir !

— Peut-on savoir pourquoi mon arrivée te transporte à ce point ?

— Juges-en par toi-même..., lui glissa-t-elle à l'oreille en le conduisant jusqu'au salon. Je vous présente mon ami, Mr Duncannon.

— Je me souviens de vous..., fit Juillé en lui serrant la main. Nous nous sommes croisés à l'inauguration de l'exposition Lady D., en décembre dernier.

— Mais quelle merveille ! Je suis teeeeellement heureuse ! Alexandre, mon chéri, merci, merci, merci !

La bonne humeur de Marie-Aude finit-elle par se révéler communicative ? Le repas – excellent – fut en tout cas ponctué d'échanges légers et brillants, menés à un train d'enfer par la baronne, dont l'esprit s'échauffa rapidement après deux verres de château-yquem. Diana commençait à la trouver fréquentable lorsque, mue par on ne sait trop quelle inspiration, la Française se leva brusquement de sa chaise et alla ouvrir une fenêtre en grand. Le son d'un orchestre de jazz New Orleans installé dans Kensington Gardens parvint aux oreilles des convives.

— Ah, la musique ! C'est toute ma vie ! Exactement comme la littérature... Alex, mon chéri, tu leur as dit que j'étais aussi écrivain ?

Après avoir ôté ses escarpins, elle grimpa sur le sofa et ébaucha quelques pas de danse en agitant son boa. Puis elle se jeta littéralement sur David et tenta de l'entraîner dans ses gesticulations désordonnées. Celui-ci la repoussa sans trop de ménagement.

— Je ne suis pas bon danseur, mais vous, continuez, je vous en prie, vous faites cela tellement bien !

Prise de fou rire, Diana se pencha vers lui.

— Je regrette d'avoir donné congé à Paul, il nous aurait été bien utile. De toute ma vie, jamais je n'ai vu une chose pareille. Peut-être pourrions-nous lui apporter un verre d'eau ?

— Je crois malheureusement qu'il n'y a plus rien à faire...

— Du vin, encore du vin ! cria la baronne en se déhanchant d'un air extatique.

— Chère amie, fit Alexandre, je crois qu'il est temps de nous retirer. Je vais vous raccompagner à votre hôtel.

— Déjà ? Mais il est à peine minuit ! Remarquez, chéri, je me sens si fatiguée... Diana, je peux vous appeler Diana, n'est-ce pas ? Quel dommage de vous quitter, vous êtes si… si…

Juillé l'attrapa par la taille et l'aida à descendre le grand escalier qui menait au hall d'entrée. Après avoir lancé un clin d'œil complice à la princesse, il poussa la baronne dans la cour et referma la porte derrière lui.

— J'espère que tu n'as pas l'intention de partir tout de suite, gronda gentiment la jeune femme en s'adressant à David. Je te sers un café ? Nous n'avons même pas pu discuter… Dis-moi… dis-moi au moins si Matthew va bien…

— J'ai peur qu'il lui faille encore beaucoup de temps pour se remettre.

— Est-ce qu'il te parle de moi de temps en temps ?

— C'est un sujet que nous évitons, et je crois, sans vouloir te faire de peine, que c'est mieux ainsi. Et puis… cet hiver, une espèce de… de miracle s'est produit.

— …

— Des ouvriers ont retrouvé le sac à main de Kate dans les décombres du World Trade Center. Matthew dort maintenant avec ses affaires posées à côté de lui, sur la table de chevet. Un portefeuille, un bâton de rouge à lèvres… J'ai essayé plusieurs fois de le faire revenir à la raison, mais sans succès. Il ne cesse de répéter qu'il est mort avec sa fille et que personne au monde ne pourra rien y changer.

— Je suis partie au moment où il avait sans doute le plus besoin de moi…, dit tristement Diana.

— Tu ne lui serais d'aucun secours, crois-moi. Matthew se reconstruira seul. Mais ne perds pas espoir. Peut-être qu'un jour, vous finirez par vous retrouver…

Baignés d'une lumière bleutée tombant en cascade de larges baies vitrées, les murs de la Salle des dépôts du Collège des armoiries étaient couverts de rangées de livres sagement alignés dans de profondes bibliothèques. L'air y sentait le vieux cuir et la poussière. Au centre de la pièce trônait une lourde table d'acajou autour de laquelle Robert Shelby tournait comme un lion en cage depuis maintenant vingt bonnes minutes.

— Bonjour, inspecteur, fit une voix familière.

— Bonjour, Sir Clements. Merci de me recevoir aussi vite.

— Je vous en prie. Vous savez quelle estime j'avais pour Timothy. Il vous considérait un peu comme un fils, un fils certes turbulent et qu'il ne comprenait pas toujours, mais un fils tout de même. Sachez donc que vous serez toujours le bienvenu ici.

— Avez-vous retrouvé les papiers dont je vous ai parlé ?

— Les voici, répondit Clements en lui tendant une serviette de cuir. Je ne peux pas vous autoriser à les sortir du Collège, car ils sont la propriété des Archives royales de Windsor. Mais prenez tout votre temps pour les consulter.

— Vous y avez jeté un œil ?

— Non. Pas par manque de curiosité, mais simplement parce que j'aurais eu l'impression de trahir la confiance d'un vieux camarade.

— Je comprends.

— Il me reste à vous souhaiter bonne chance pour vos recherches. Que Dieu vous garde, mon ami.

Le petit homme voûté quitta la pièce aussi silencieusement qu'il y était entré. Robert ouvrit la mallette et en sortit une grande enveloppe, dont il étala le contenu sur la table. Son regard fut immédiatement attiré par un parchemin jauni portant le dessin d'un blason. Une lettre à en-tête des Archives royales, adressée à Timothy Gwynn-Bedingfield, précisait qu'il avait été retrouvé en 1819, à Padoue, chez Giovanni Frascati, le secrétaire italien du dernier grand prétendant au trône d'Angleterre, Henry Benedict Stuart, cardinal-duc d'York. L'ensemble était accompagnée d'une feuille de papier machine sur laquelle avait été dactylographié un texte sibyllin :

Parti en 1 d'azur, à la croix fleuronnée d'or, accompagnée de cinq merlettes du même, et en 2 écartelé en 1 et 4 de gueules à deux léopards d'or, au lion de gueules, au double treschen fleuronné et contre-fleuronné du même, chargé au franc-quartier d'une feuille de myrte, à un lambel d'argent brochant sur le tout, le pendant central chargé d'une fleur de mandragore.

Shelby poussa un cri de triomphe et rangea précipitamment les documents dans leur pochette.

Quelques minutes plus tard, le gardien du Collège des armoiries le vit passer en courant devant sa loge, une serviette de cuir serrée contre sa poitrine.

« Elle réalisa soudain que son ton était devenu différent, presque grave. Il se penchait vers elle, effleurant même un pli de sa robe, comme s'il était anxieux d'avoir à établir un contact plus profond entre eux. Mais, pour elle, ce lien avait été rompu à l'instant même où il avait commencé à parler si gravement, faisant du même coup s'envoler son désir d'avancer une main vers lui pour toucher les favoris bouclés de ses joues. Ces mots qu'il prononçait si sérieusement, ces mots qui semblaient venir d'un lieu secret et sérieux, ces mots adultes et pesants, tout cela l'avait éloigné d'elle plus rapidement que si un aigle l'avait subitement emporté dans les airs. Il se trouvait maintenant dans un autre monde, où les gens se marient, conçoivent, portent et élèvent des enfants, donnent des ordres aux domestiques… M. Holland était en train de lui proposer de l'accompagner dans ce monde. Il lui demandait de devenir sa femme. »

Diana referma le livre posé sur ses genoux et laissa les premiers rayons du soleil de la matinée caresser son visage. Sitôt son petit déjeuner avalé, elle était allée s'asseoir dans le jardin clos de ses appartements de Kensington pour y poursuivre la lecture du livre que son amie Rosa lui avait fait porter – une édition originale de *Toute passion abolie*, son roman préféré. Apaisée par le parfum de l'herbe fraîchement coupée et des roses grimpantes, bercée par la valse lente et mélancolique des écrits de Vita Sackville-West, la princesse repensait à Charles et à cette jolie journée de février où, après une cour expéditive, il lui avait demandé sa main. L'héritier du trône l'avait fait asseoir sur un sofa, dans l'un des petits salons du château de Windsor, puis avait bredouillé quelques phrases gentilles avant de lui poser la question qui allait ensuite les hanter leur vie entière : « Accepterais-tu de m'épouser ? »

« C'est une blague… », avait-elle pensé avant de murmurer un « Yeah, OK » qu'aujourd'hui encore elle ne pouvait se remémorer sans éprouver une gêne affreuse. « Tu réalises ce que cela veut dire, n'est-ce pas ? Tu réalises qu'un jour tu seras reine ? » avait-il insisté en la fixant droit dans les yeux. « Oui,

oui… Bien sûr que oui… », avait-elle répondu dans un souffle. Saisie par une émotion indescriptible, elle avait ensuite posé la main sur la manche de son veston et, rouge jusqu'aux oreilles, avait répété à plusieurs reprises : « Je t'aime tant, je t'aime tant… » Curieusement, lui n'avait pas eu le moindre geste tendre à son égard. « Quoi que le mot amour puisse bien vouloir dire… », avait-il simplement ajouté avant de se lever et de se diriger vers l'escalier menant à ses appartements privés pour téléphoner la bonne nouvelle à sa mère.

« Quoi que le mot amour puisse bien vouloir dire… » Pour son malheur, Charles avait une nouvelle fois prononcé cette phrase au cours de la conférence de presse qui avait suivi l'annonce de leurs fiançailles, le 24 février 1981. Depuis toujours, la presse et les opinions du monde entier se méprenaient sur le sens qu'il avait voulu lui donner. « Il m'aimait, mais à sa manière, avait-elle confié un jour à Rosa. Je l'amusais, je l'intriguais, j'étais jeune et pleine de vie. Il avait déjà donné son cœur à Camilla, mais je lui plaisais, ça, j'en suis certaine. Il ne souhaitait pas seulement que je lui donne des enfants, il voulait aussi être quelque chose pour moi, quelque chose comme un guide, un mentor, un meilleur ami. Ce dont il n'était pas sûr, c'était plutôt de cet amour dont je disais l'aimer, moi. De quelle sorte d'amour aime-t-on lorsqu'on n'a pas même vingt ans ? J'aurais fait ce qu'il fallait pour le mettre en confiance, l'assurer que je n'attendais rien d'autre de lui que ce qu'il était prêt à m'offrir, tout aurait été différent. Et va savoir… Si j'avais été moins jeune, moins immature, notre couple aurait peut-être réussi à trouver une sorte d'équilibre et Charles ne serait pas retombé dans les bras de Camilla. Tu vois, Rosa, je me suis souvent posé cette question : comment expliquer que l'homme de ma vie soit la seule personne au monde dont je n'aie jamais été capable de m'occuper correctement ? »

Shelby se rua hors du taxi qui venait de le déposer devant la maison d'Osbert Satcheverell et tambourina à la porte.

— J'arrive, j'arrive ! fit l'historien d'une voix agacée. Je croyais que nos accords étaient clairs et que vous ne deviez jamais débarquer ici sans prévenir...

— Je sais, mais nous remettrons les politesses d'usage à un autre jour, si vous le voulez bien. Ce que j'ai dans cette serviette ne peut pas ne pas vous intéresser.

L'expert chaussa la paire de petites lunettes rondes à fine monture dorée qui dépassait de la poche de son gilet et examina attentivement le dessin que lui tendait le détective.

— Alors ? demanda Robert.

— Alors nous voilà sans aucun doute en présence d'armoiries royales. On y retrouve la plupart des éléments qui composent celles des souverains d'Angleterre depuis près de dix siècles, mais agencés de manière inhabituelle. Toute la partie gauche du blason est occupée par les armoiries d'Edward le Confesseur. La moitié droite reprend quant à elle les deux léopards d'or de Guillaume le Conquérant, ainsi que les armoiries de l'Écosse. Le lambel, cette barre horizontale à trois pendants sur la partie supérieure de l'écu, indique que nous avons affaire au fils aîné d'une famille. La myrte est un symbole traditionnel de fécondité. On la retrouve par exemple dans les armoiries créées pour la princesse Diana à la veille de son mariage avec Charles. Et la fleur de mandragore nous ramène bien entendu au réseau Athelstan. Comment êtes-vous entré en possession de ce document ?

— Timothy Gwynn-Bedingfield, le cinquième aristocrate assassiné, était un expert en héraldique. Nous nous connaissions bien… Peu de temps avant sa disparition, il m'a confié avoir fait une découverte surprenante en consultant les Archives royales, à Windsor.

— Pourquoi vous a-t-il donné cette information à vous en particulier ?

— Vous avez vos secrets, j'ai les miens.

— Comment ce dessin est-il entré en possession des archivistes de Sa Majesté ?

— Lisez cette lettre… Il aurait été retrouvé en Italie, chez le secrétaire du cardinal-duc d'York, juste après sa mort. Je n'en sais pas davantage.

— Mmmm…

— Cela aurait-il une quelconque importance ?

— Et comment, mon cher, et comment !

L'historien alla s'asseoir dans un large fauteuil recouvert d'un tissu gris pelucheux et pressa les paumes de ses mains l'une contre l'autre, à hauteur de son menton.

— On ne peut être sûr de rien, mais il est possible qu'après la chute des Stuart, les descendants d'Athelstan, bien que responsables de la mort de Charles Ier, aient cherché à s'allier à leurs malheureux descendants afin de récupérer le trône, poursuivit-il d'un air pensif. D'où l'insurrection manquée de 1715 et le débarquement raté de Charles III, trente ans plus tard. La lignée s'est finalement éteinte avec le cardinal-duc d'York, en 1807. On peut imaginer que son secrétaire, mû par un certain sens de l'Histoire, ait conservé les papiers personnels de son maître et, parmi eux, un certain nombre de documents témoins de cette compromission.

— Ce qui signifierait… ?

— Que les armoiries que vous tenez entre vos mains étaient peut-être celles d'Aelfric lui-même. Tout y est… la fleur de mandragore, la myrte qui symbolise la vitalité hors du commun de cette dynastie maudite… Rien n'interdit de penser que les armoiries d'Edward le Confesseur et de Guillaume le Conquérant sont en réalité bien antérieures à leur époque. Qui nous dit qu'ils ne les ont pas reprises à leur compte afin de s'attribuer une fois pour toutes la légitimité d'Athelstan et de ses descendants ? Quant au blason écossais, souvenez-vous qu'Athelstan a en quelque sorte parachevé son entreprise d'unification du royaume en écrasant Constantin II, roi des Scots, et ses alliés à la bataille de Brunanburh, en 937… Tout concorde, c'est extraordinaire…

— L'ennui, c'est que je ne vois pas très bien comment ce dessin va pouvoir nous aider à remonter jusqu'à l'homme que nous cherchons, bougonna l'inspecteur.

— Pouvez-vous me le confier quelques jours ?

— Malheureusement, non. Je dois le rapporter au Collège des armoiries avant qu'on s'aperçoive de sa disparition.

— Tiens, c'est là, arrête la voiture.

— Ce minuscule cottage, là ?

— Oui. Il y a un terre-plein, de l'autre côté de la route, où tu vas pouvoir te garer.

— OK. Sors les perruques du sac, j'aime autant qu'on ne se fasse pas repérer.

Diana et Fergie pouffèrent de rire.

— Fais voir ta tête ? T'es pas si mal, en blonde…

— Mmouais... Un peu bizarre avec les taches de rousseur, mais va pour ma nouvelle trombine de poupée Barbie. Et toi ?

— J'ai pris goût au brun avec Hasnat. Je mettais ce truc-là pour pouvoir l'accompagner au restau ou au cinéma. Je crois d'ailleurs qu'il me trouvait plutôt sexy, comme ça...

— Comment il va ?

— Aucune idée. Si seulement les journaux avaient continué de s'intéresser à lui après notre rupture, ça m'aurait au moins permis d'avoir de ses nouvelles...

— On ne va commencer à ressasser. Nous avons des choses bien plus intéressantes à faire.

Perruques vissées sur le crâne et lunettes noires sur le nez, les deux ex-belles-sœurs s'extirpèrent de la R5 et se dirigèrent vers une maisonnette au toit de chaume, située au bord d'un lac où glissait un couple de cygnes. Une petite bonne femme pétillante d'une cinquantaine d'années se porta à leur rencontre.

— Suivez-moi, leur dit-elle. Je vous attendais.

Elle les invita à entrer dans une pièce longue, étroite et basse de plafond, dont une énorme table en bois occupait presque toute la superficie.

— Penn, commença la duchesse d'York, j'ai souvent eu l'occasion de parler de vous à Diana et elle a souhaité vous rencontrer afin que vous lui donniez une idée de ce qui l'attend dans les années à venir.

— Vous avez bien reçu toutes les informations que je vous ai envoyées ? s'enquit la princesse.

— Je vous remercie, oui. Nous allons débuter par votre thème astral, puis nous verrons ce que les cartes ont à nous dire.

— Tu vas voir, elle est incroyable ! s'exclama Fergie en se tournant vers sa complice.

— La tendance générale est à un changement

complet dans votre manière de concevoir et d'aborder l'existence, favorisé par l'influence grandissante de Pluton, commença l'astrologue. Uranus vous inspire depuis longtemps une envie forte de faire place nette, d'en finir pour de bon avec les débris encombrants du passé pour favoriser nouvelles rencontres et nouveaux projets. Mais les années qui s'annoncent seront paradoxalement celles de la réhabilitation et de la redécouverte de ce passé, étape nécessaire à l'accomplissement d'une œuvre majeure dans un domaine qui vous tient particulièrement à cœur. La notion de rupture disparaît progressivement de votre existence, sans vous amener pour autant à aliéner votre indépendance d'esprit ou votre liberté d'agir.

— C'est génial ! cria la duchesse en battant des mains. Charles et toi !... Imagine...

— Ne sois pas bête, voyons...

— L'amour est là, mais il sera difficile à apprivoiser. Un étranger va jouer un rôle décisif dans votre vie, au point de la faire basculer. Sa personnalité atypique, presque subversive, vous fera peur, mais elle exercera sur vous une attraction extrême à laquelle vous ne pourrez résister. Et c'est en y succombant que vous réaliserez la nécessité impérieuse de renouer avec certains éléments dominants de votre passé, comme une appartenance à une famille ou à une lignée. Jusqu'en 2006, septembre sera le mois de tous les dangers. Chaque année à cette période, prenez garde aux aventures dans lesquelles on pourrait chercher à vous entraîner.

— Dingue, non ? s'enthousiasma Fergie en se dandinant sur sa chaise.

— Je t'en prie, arrête de nous interrompre toutes les cinq minutes.

— Bon, bon, ça va…

— Votre existence devrait prendre sous peu une dimension ésotérique. Soyez à l'écoute de vos rêves, restez attentive aux manifestations étranges de toutes sortes qui pourraient se présenter à vous. Vous ferez preuve de courage et d'un remarquable esprit de décision, et serez aidée en cela par votre forme physique, qui jamais ne vous fera défaut.

— …

— Diana, tu ne dis rien ?

— Je comprends une fois de plus qu'il me sera très difficile d'aimer et d'être aimée en retour, c'est tout. Et ça me désespère…

— Vous connaîtrez encore bien d'autres passions, reprit doucement l'astrologue. Elles rempliront votre vie de femme, mais il est probable que, chaque fois, l'une chassera l'autre.

— Moi qui n'ai toujours rêvé que d'un foyer stable et uni, d'un long cheminement amoureux qui durerait toute une vie.

— Vous en avez rêvé, mais êtes-vous bien sûre que ce soit ce qui vous convient profondément ?

— Que voulez-vous dire ?

— Que je ne vois pas dans votre thème astral de raison de perdre espoir, bien au contraire. La femme que vous croyez être va s'effacer pour libérer enfin celle qui sommeille en vous depuis trop longtemps. Gardez confiance. Contrairement à ce que vous semblez croire, le bonheur n'est pas forcément dans ce qui n'est plus.

12.

Février 2003 - Décembre 2003

Chère Lœlia,
C'est avec une infinie tristesse que j'apprends le décès de votre époux. La perte récente de ma tante et de ma grand-mère ne me rend que plus sensible encore à votre chagrin. Camilla et moi-même pensons affectueusement à vous et à vos enfants en ces heures si difficiles.
Vous décrire la peine que j'éprouve à cet instant m'est impossible, tant le souvenir de Lord Bowe demeure à tout jamais associé dans mon esprit aux vacances qu'enfant, je passais à côté de chez vous à Broadlands, la propriété de mon grand-oncle Louis Mountbatten. Saviez-vous que c'était moi qui, le premier, lui avais donné le surnom de Lord Jaune ? Imaginez un peu ma surprise lorsque, à l'âge de cinq ou six ans, je me suis rendu compte que tout, de la livrée de ses valets à la carrosserie de ses voitures en passant par la vaisselle en vermeil dans laquelle il dînait tous les soirs, était de cette couleur ! Ce qui, chez d'autres, aurait été considéré comme une impardonnable faute de goût avait chez lui quelque chose d'évident et de parfaitement naturel. Votre mari, ma chère Lœlia, a été le premier à me faire comprendre que, dans l'exis-

tence, il est essentiel d'écouter ce que nous dictent notre instinct et notre cœur, sans nous occuper de ce que pourra bien en dire le reste du monde.
Au jeune garçon que j'étais, il a transmis la passion des fleurs et l'amour des chiens, avec lesquels il paraissait toujours communiquer au moyen de quelque langage secret. Lord Bowe commandait au règne animal comme personne ne le fera plus après lui. « Salue Son Altesse Royale, je te prie », disait-il à ses chevaux. Et le pire, c'est que ceux-ci lui obéissaient ! Je passais des heures à l'écouter raconter les folles équipées de sa jeunesse, ses expéditions dans le Grand Nord ou encore ses aventures de chercheur d'or au Canada. Il avait toujours mille histoires nouvelles, et peu importe qu'elles aient été vraies ou non. C'est avec lui que j'ai appris à rêver. Au cours de l'une de nos toutes dernières conversations, il me disait encore combien votre présence fidèle et aimante avait illuminé son existence. Soyez sûre que je ferai tout ce qui est en mon pouvoir pour que l'enquête sur les circonstances pour le moins troublantes de sa disparition soit menée de manière efficace et rapide.
Votre dévoué,
Charles.

L'héritier du trône cacheta l'enveloppe, la déposa sur une petite pile de courrier à droite de son secrétaire et s'approcha d'une haute fenêtre blanche à guillotine donnant sur les jardins de Highgrove. Il était à peine plus de seize heures mais, en ce début du mois de février 2003, la nuit naissante nimbait déjà les arbres et les buissons dénudés de reflets bleutés. Un silence pesant tombait sur la campagne du Gloucestershire. Le prince frissonna. Depuis l'annonce du décès de Lord Bowe, retrouvé noyé dans la rivière qui traversait ses terres de Walnut Heath, il lui semblait que la mort s'en venait rôder autour de sa propre maison.

— Je suis rentrée, darling ! lança Camilla en ouvrant brusquement la porte du bureau.

— Ta journée s'est bien passée ? demanda Charles d'une voix éteinte.

— Ooooh, on dirait que le moral des troupes est à nouveau en berne...

— Le crépuscule n'a jamais été une bonne heure pour les âmes inquiètes comme la mienne.

— Y a-t-il quelque chose que je puisse faire, darling ?

— Peut-être. Accepterais-tu de m'épouser ?

Mrs Parker-Bowles laissa tomber son chapeau et ses escarpins sur le plancher.

— Tu n'es pas sérieux ?

— On ne peut plus sérieux, au contraire.

— Écoute... Je ne sais pas...

— Si quoi ? Si c'est le bon moment ?

— Tu connais l'opinion de certains membres de ta famille...

— Qu'ils aillent au diable ! Aurai-je un jour le droit d'être un homme heureux, oui ou non ?

— Bien sûr, mais...

— Essaie de ne penser qu'à nous, ne serait-ce qu'une minute ou deux, murmura Charles en s'approchant de sa maîtresse. Je vais maintenant mettre un genou à terre et te reposer la question, exactement comme il y a trente ans. Ne réfléchis pas, ne laisse parler que ton cœur. Acceptes-tu de m'épouser ?

— ... Oui, darling, bien sûr que oui.

Les yeux remplis de larmes, le prince de Galles porta la main de sa compagne à ses lèvres, puis la serra longuement dans ses bras.

— Si je devais mourir maintenant, au moins ce serait en paix, dit-il tout bas.

— À qui va-t-on annoncer la nouvelle en premier ? demanda Camilla d'une voix étranglée par l'émotion.

— À ton père, répondit l'héritier de la Couronne en esquissant un sourire. Je vais lui téléphoner moi-même. Imagine qu'il me refuse ta main, nous serions dans de beaux draps...

— Vous pensez à quoi, patron ?

— Et à quoi vois-tu que je pense, Leverson ?

— Euh... je ne sais pas, patron. Vous avez l'air de quelqu'un qui... qui réfléchit, quoi.

— Et je ressemble à quoi, quand je réfléchis ?

— À ma mère quand elle cogite une nouvelle recette de pâté de tête, pouffa l'adjoint de Shelby. Quand elle se demande si elle doit y mettre du persil ou pas... Voyez ce que je veux dire.

— Très drôle, Leverson, vraiment très drôle, grommela l'inspecteur. Et, surtout, excellent pour ton avancement.

— Vous fâchez pas, patron. J'essayais simplement de vous dire que si je peux vous filer un coup de main... rapport à la mort de ce type, là... Lord quelque chose.

— Lord Bowe... Mon problème, vois-tu, Leverson, c'est que je cherche un criminel dont j'ignore tout. Je ne sais pas s'il est brun ou blond, s'il a un physique de déménageur ou s'il est taillé comme un gringalet. Je n'ai aucune idée de son âge, de sa profession, ni des gens qu'il fréquente. Si t'as la solution à mon problème, t'es le bienvenu.

— Vous ne savez pas à quoi il ressemble, mais vous pourriez peut-être brosser une espèce de portrait-robot psychologique... J'sais pas... Vous le sentez comment, par exemple, ce gars-là ?

— ...

— J'ai dit une connerie ?

— Pas du tout, Leverson, pas du tout. C'est moi qui ne suis qu'un crétin. Écoute-moi bien... je vais te poser une question. Tu vas essayer d'y répondre d'instinct, sans réfléchir. Si tu te prenais pour un roi ?

— Je vivrais comme un roi.

— Si tu te prenais pour l'héritier du trône d'Angleterre ?

— J'essaierais de vivre un peu comme l'ami Charles, voyez. Je me donnerais un peu des airs, je donnerais dans des trucs comme la chasse à courre, ou même l'aquarelle. Je copierais sa manière de s'habiller, la couleur de ses cravates... Il y aurait comme une espèce de... comment dit-on, déjà ?

— Une espèce de mimétisme ?

— C'est ça, une espèce de mimétisme. J'aurais aussi une petite cour, des secrétaires, des domestiques, tout un tas de lèche-cul que je recevrais chez moi à tout bout de champ... Je voyagerais beaucoup, ça c'est sûr... Et puis, je serais marié, j'aurais une reine, quoi. Et si je n'en avais pas, j'en chercherais une...

— T'es un génie, Leverson.

— Merci, patron.

— Un génie est capable de garder un secret, non ?

— Bien sûr que oui, patron.

— Une organisation très dangereuse et apparemment très bien structurée travaille au moment même où je te parle à renverser la reine Elizabeth pour la remplacer par son chef, l'assassin à la fleur de mandragore. Il est possible que le gars en question soit effectivement l'héritier légitime de la Couronne, ce qui te donne une idée du bordel qui nous attend si on le laisse faire. Le SO13 a renforcé la surveillance autour des membres de la famille royale, des mecs d'ici, à qui je n'ai rien expliqué pour éviter les fuites, planquent depuis des mois... tout ça sans résultat. Tu sais pourquoi ? Parce que le type attend son heure. Et, tu peux me croire, cette heure approche. Je ne sais pas pourquoi, mais je le sens.

— Elle est dingue, votre histoire, patron...

— Dingue, oui, c'est exactement le mot que je cherchais. Tu sais ce que tu vas faire ? poursuivit Robert en fourrageant dans l'un des tiroirs de son bureau. Tu vas contacter tous les clubs de chasse à courre un par un et leur faxer le dessin de ces armoiries pour savoir si quelqu'un les aurait déjà aperçues quelque part, sur une selle par exemple ou une couverture de canasson. Quand t'auras terminé, t'iras sur le site internet des fournisseurs officiels de leurs altesses et tu relèveras le nom et les coordonnées de tous ceux de Charles. Décoration, bouffe, vêtements, tout... Si le gars vit comme un prince, ça m'étonnerait qu'il se déplace dans les boutiques pour faire ses courses lui-même. Il doit bien de temps en temps convoquer un tailleur ou deux chez lui, envoyer des courriers accompagnant des règlements de factures sur du papier à en-tête avec un nom, une adresse, quelque chose qui pourrait déjà nous donner un début de piste... Après, tu t'attaqueras aux boîtes qui organisent des réceptions, y compris celle tenue par une cousine de la reine, là, dont j'ai oublié le nom. Tu demanderas à chacune la liste de leurs clients et de tous les pince-fesses donnés à

Londres au cours des douze derniers mois. On passera ensuite les listings au peigne fin.

— Mais… c'est énorme, comme boulot, patron !

— Tu veux devenir inspecteur, oui ou non ? Moi, je vais aller déjeuner chez White's, j'en profiterai pour poser discrètement quelques questions.

— Vous avez pas pris le plus dur…

— C'est le privilège du chef, ça, Leverson. Ah, et pendant que j'y pense, tu passeras le bonjour à ta mère et tu lui diras de ma part que dans la vraie recette du pâté de tête, y a pas de persil…

Entre Diana et Matthew, l'amour achevait de s'éteindre doucement. La princesse avait repris contact avec son beau diplomate début janvier. Depuis, elle lui écrivait presque tous les jours, joignant à ses courriers des poèmes de Yeats, de Wordsworth ou de Henley, des maximes inspirées du bouddhisme ou des « pensées » glanées au fil de ses lectures. Persuadée qu'elle était la seule à pouvoir tirer Coleby de la dépression dans laquelle celui-ci s'était enfermé depuis la mort de sa fille, la jeune femme se sentait investie d'une mission et en parlait souvent à son fidèle Paul Burrell en lui citant cette phrase d'Eileen Caddy : « Le secret pour que quelque chose marche dans notre existence, c'est avant tout de désirer profondément qu'il en soit ainsi, de croire avec foi que cela peut marcher, d'en garder en toutes circonstances une conscience claire et de suivre avec attention les étapes successives de cette réussite, sans laisser la moindre place à l'incertitude ou au doute. » De son côté, Diana trouvait dans la relation complice et chaste qu'elle entretenait désormais avec Alexandre de Juillé la force de surmonter la douleur et la déception causées par sa rupture avec Matthew. La presse la comparait souvent à celle qui avait uni Jackie Kennedy au diamantaire d'origine belge Maurice Tempelsmann. Entre eux s'était installé le genre de délicieuse intimité que l'on rencontre parfois entre anciens amants. Pourtant, le député n'avait même jamais osé prendre la princesse dans ses bras. Tout juste s'était-il permis, un soir, après un dîner aux chandelles au palais de Kensington, d'effleurer de ses lèvres la main qu'elle lui tendait.

— Tu songes à refaire ta vie avec cet homme ? lui avait demandé son amie Lucia.

— Refaire ma vie, non. Mais sa présence m'apaise, elle me rassure, je ne sais pas comment te dire. J'ai l'impression qu'il me protège, que le chemin sur lequel nous nous sommes engagés tous les deux est enfin un chemin tranquille, sans pièges, ni drames, ni trahisons d'aucune sorte. Il ne me promet rien, n'exige rien de moi. Et s'il y a un sujet sur lequel nous sommes d'accord, c'est celui du mariage : on ne nous y reprendra pas.

Au cours du printemps et de l'été, le couple se rendit plusieurs fois à Venise. Fascinée par la beauté douloureuse de la Sérénissime, la princesse aimait parcourir les canaux de nuit et se laisser saisir par le vertige lumineux de la place Saint-Marc après le départ des touristes. « Pourquoi ne viendrais-tu pas t'installer ici une partie de l'année ? » suggéra Alexandre. Début août, l'une de ses vieilles amies, la comtesse Sanseverina, les mit en contact avec un aristocrate ruiné désireux de mettre en vente le palais de sa famille. Celui-ci les guida dans une interminable enfilade de salons aux peintures défraîchies et aux moulures rongées par l'humidité. Les fresques Renaissance des plafonds, les entrelacs de dorures et de miroirs évoquaient irrésistiblement l'atmosphère des films de Visconti. Juillé fit mine d'entraîner la princesse dans une valse. « Je n'ai ni le charme ni l'allure d'Alain Delon dans *Le Guépard*, mais toi, tu es plus belle et plus romantique encore que la Cardinale. Si tu aimes cet endroit, si tu t'y sens bien, alors laisse-moi te l'offrir. Je le ferai restaurer, tu n'auras à t'occuper de rien. Promets-moi d'y réfléchir... »

Mais rien ne pouvait plus retenir trop longtemps Diana loin de Londres. La star des Windsor éprouvait désormais pour la ville témoin de sa grandeur d'autrefois un attachement passionnel, mélange d'attraction quasi charnelle et de ressentiment. Tant de choses y avaient changé en vingt ans... Certes, les curieux ne se pressaient plus comme avant devant les grilles de Kensington. Les photographes ne s'attablaient plus à toute heure du jour en terrasse du Diana Café, sur Wellington Terrace, pour guetter ses sorties en voiture... Mais la capitale, dont elle avait si longtemps dicté les modes et les humeurs, s'acharnait à garder intact le souvenir de ses années de règne comme une petite flamme qu'on ne pouvait pas laisser mourir. Les cartes postales à son effigie continuaient de fleurir sur les devantures des épiceries et des kiosques. Ses portraits trônaient toujours en évidence dans le hall des théâtres et les salles des grands restaurants. Plusieurs agences de voyages proposaient même à leurs clients des « Diana Tours » avec promenade dans le quartier de Coleherne Court, visite de la cathédrale St Paul et lèche-vitrine chez Catherine Walker. Bienveillante, et surtout pas rancunière pour deux sous, Londres l'avait accueillie à bras ouverts au retour de son exil new-yorkais. Là étaient ses racines, son histoire. Et, pour toujours, sa maison.

— Le prince de Galles pour vous, Ma'am. Vous pouvez décrocher ? demanda Paul Burrell en entrant dans le living-room.

Diana interrompit sa lecture du magazine *Tatler* d'octobre et tendit le bras pour attraper le téléphone sans fil.

— Charles ?

— Je ne te dérange pas, au moins ? s'enquit l'héritier de la Couronne.

— Pas du tout, non. Ton emménagement à Clarence House se passe bien ?

— Très bien, oui. Beaucoup plus de place… Les garçons disposent chacun d'un vrai appartement, ils seront beaucoup mieux installés ici qu'à St James. Mais ce n'est pas ça dont je voulais te parler. J'ai quelque chose d'important à te dire… Une nouvelle que je tenais à t'apprendre moi-même.

Diana n'eut pas besoin d'en entendre davantage.

— Tu vas l'épouser, c'est ça ?

— Les fiançailles devraient être annoncées dans un mois et demi, deux tout au plus…

— …

— Tu ne t'y attendais peut-être pas si vite, mais ce n'est tout de même pas une énorme surprise pour toi, n'est-ce pas ?

— Je me suis souvent demandé ce que j'éprouverais… Bizarrement, je ne ressens rien de particulier. C'est comme… comme un grand vide.

— J'ai voulu te prévenir à l'avance pour que tu puisses t'organiser, prévoir un déplacement à l'étranger, par exemple, histoire de ne pas avoir tous ces fichus journalistes sur le dos.

— Je te remercie, il me faut un jour ou deux pour réfléchir à ce que je vais faire. J'ai tout de même une question à te poser... Quel titre ta mère compte-t-elle donner à Camilla ?

— Ne t'inquiète pas pour ça. Tu restes princesse de Galles à vie, ce qui te sera confirmé par lettres patentes. Camilla se serait volontiers passée de titre et de toutes les polémiques qui iront immanquablement avec, tu peux me croire. Mais elle deviendra tout de même en juin prochain duchesse de Cornouailles, comtesse de Carrick et baronne Renfrew. Il était impossible de faire moins.

— Et la bague ?

— Comment ça, la bague ?

— La bague, oui... Tu vois très bien ce que je veux dire.

— Nous ne ferons appel ni à Garrard ni à aucun autre joaillier. C'est un bijou ancien qui appartenait à ma grand-mère. J'ai pensé que... que ce serait plus approprié.

— ...

— Diana, parle-moi, je t'en prie...

— Il n'y a pas grand-chose à ajouter. Je pense qu'il t'a fallu beaucoup de courage pour imposer ce mariage à tes parents... et que Camilla a beaucoup de chance de t'avoir. Voilà. Maintenant, tous mes vœux de bonheur vous accompagnent. Je ferai publier un communiqué en ce sens aussitôt que la nouvelle sera rendue publique. Mais j'espère que tu ne verras pas d'inconvénient à ce que je sèche la cérémonie ?

— Je suis soulagé et heureux que tu le prennes comme ça. Tu te souviens de ce que je t'ai dit le soir où...

— Où nous nous sommes embrassés ? Tu m'as dit que tu serais toujours là pour moi. Tu sais quel est notre problème, Charles ? Nous ne saurons jamais si nous nous sommes connus trop tôt ou trop tard...

— …

— Tu as déjà annoncé la chose aux garçons ?

— Pas encore. J'ai prévu de réunir tout le monde à Highgrove, ce week-end.

— Je te souhaite bonne chance, Charles, de tout mon cœur.

— Merci, Diana. Prends bien soin de toi.

La princesse raccrocha le combiné, attrapa le gros hippopotame en peluche qui traînait à ses pieds sur la moquette et se pelotonna contre lui. Il ne lui restait plus assez de force pour pleurer.

Dissimulée au regard des passants par les vitres fumées de son Audi, la jeune femme était garée depuis près d'une heure devant l'entrée du Royal Brompton Hospital. « Je ne comprends pas…, murmura-t-elle. Il devrait être sorti depuis longtemps… » Elle composa le numéro du standard de l'établissement sur son portable.

— Bonsoir, ici le docteur Allegra, fit-elle en prenant une voix haut perchée. Je souhaiterais parler au docteur Khan, s'il vous plaît.

— Je suis désolée, mais le docteur Khan ne travaille plus ici.

— Vous en êtes sûre ?

— Absolument, oui.

— Mais… depuis combien de temps ?

— Depuis trois mois.

— Bien, je vous remercie.

Parti !… Hasnat était parti sans même l'avertir, sans même chercher à la revoir une dernière fois !… Saisie par une rage irrépressible, Diana martela violemment le volant de sa voiture de ses deux poings. Lorsqu'elle eut recouvré ses esprits, elle appela Paul Burrell. « C'est moi. J'espère que vous n'aviez pas prévu de rentrer tôt, ce soir… Non ?… Parfait. Je fais un saut à cette soirée chez David et, en rentrant, je vous confierai un message à porter à Hasnat. Vous aurez juste à le glisser sous sa porte, je vous expliquerai… En attendant, j'ai un autre petit service à vous demander. Appelez Peter Wind au *Morning Standard* et demandez-lui s'il a eu de ses nouvelles, récemment. Ce cher docteur a quitté le Royal Brompton sans prévenir. Comme ils avaient l'air de s'apprécier, tous les deux, je me dis qu'il l'a peut-être tenu au courant de ce qu'il allait faire. À tout à l'heure, Paul. »

L'accès à Ennismore Gardens était fermé à la circulation. La princesse confia les clés de son véhicule à un voiturier et termina à pied les quelques mètres qui la séparaient de l'entrée de la résidence de Duncannon.

— Te voilà enfin ! s'exclama celui-ci.

— Tu n'exagères pas un peu, là ? Il est à peine plus de vingt heures !…

— Suis-moi… Mes amis sont tous très impatients de te connaître.

L'appartement de David était plongé dans une semi-pénombre qui mit immédiatement Diana mal à l'aise. Le maître des lieux avait fait tamiser les lumières et recouvrir lustres et abat-jour de carrés d'étoffe rouge et or. La jeune femme eut une petite moue désapprobatrice.

— Tu sais qu'on n'y voit rien, chez toi ? Je déteste ce genre d'ambiance…

Une centaine d'autres convives étaient déjà rassemblés dans le grand salon. Des applaudissements nourris saluèrent leur entrée dans la pièce. « L'hommage dû à ta beauté… », glissa Duncannon à l'oreille de son invitée. L'ex-épouse du prince Charles était vêtue d'une courte robe noire moulante finement pailletée, ornée sur le côté droit d'un large nœud de taffetas. De magnifiques pendants d'oreilles en perles taillées en forme de poire rehaussaient l'éclat de son teint sans défaut. Mais son lumineux sourire était trompeur. Ce soir, le cœur n'y était pas. « Encore des dizaines et des dizaines de mains moites à serrer, pensa-t-elle. Je crois que je vais vomir. » Les messieurs se confondirent en compliments et en courbettes, les femmes, intimidées, se contentèrent pour la plupart de lui adresser de gentils sourires crispés. Après une heure et demie de conversations convenues et sans intérêt, Diana, à bout de nerfs, demanda à être excusée et se retira dans la salle de bains.

Elle tira la porte derrière elle sans la refermer complètement. « Seigneur ! chuchota-t-elle en levant les yeux au ciel. Si vous m'entendez, faites que je sois bientôt rentrée chez moi ! » Elle sortit son poudrier et son mascara, et entreprit de se remaquiller par petites touches légères. Son regard fut rapidement attiré par un étrange spectacle, dont elle aperçut le reflet dans le miroir. De l'autre côté du couloir, une quinzaine de personnes s'étaient regroupées à l'entrée d'une grande chambre au parquet recouvert d'épais tapis. Debout au centre de la pièce, David les laissait s'avancer vers lui une par une et posait tour à tour sa main droite sur leur front, leur ventre ou leur bras. La scène ne dura en tout que trois ou quatre minutes. Gagnée par une incontrôlable angoisse, Diana rangea précipitamment son make-up dans son sac et regagna le salon. Duncannon s'approcha d'elle, une coupe de champagne à la main.

— Cette manie qu'ont les femmes de toujours

vouloir se pomponner, surtout quand elles n'en ont nul besoin ! plaisanta-t-il.

— J'espère que tu ne m'en voudras pas, lui répondit la princesse à voix basse, mais j'ai eu une journée difficile et je suis un peu fatiguée. Je regrette de ne pas pouvoir rester davantage. Tu prieras tes invités de bien vouloir me pardonner.

— Tu ne peux pas me faire ça !... Pas à moi !

— Je suis désolée, vraiment désolée...

Elle fit brusquement demi-tour et regagna l'entrée de l'appartement en courant. La poignée de secondes que le voiturier mit à retrouver son véhicule lui parut durer des heures. Sans même prendre le temps d'attacher sa ceinture de sécurité, Diana s'éloigna d'Ennismore Gardens à vive allure, brûlant au passage plusieurs feux rouges sur Kensington Road. Elle avait gâché la soirée de Duncannon mais n'en éprouvait aucun remords.

Shelby avait donné rendez-vous à Leverson chez Sticky Fingers, sur Phillimore Gardens. Lorsqu'il arriva, un peu avant treize heures, il vit que celui-ci avait déjà englouti la moitié d'un burger californien et d'une énorme assiette de frites.

— Merci de m'avoir attendu. Tu prendras peut-être un petit dessert pendant que je consulte la carte ?

Leverson prit un air penaud et posa ses couverts sur la table.

— Finis, finis, maintenant que tu as commencé. Comme ça, au moins, tu n'auras pas la bouche pleine pour me faire ton rapport.

Robert commanda des travers de porc grillés et une bière. Dans tous les restaurants du quartier, c'était l'heure de pointe. La salle lui parut encore plus bruyante que d'habitude.

— On s'entend pas hurler, ici, patron.

— Parfait, Leverson, parfait. Pas d'oreilles indiscrètes. Allez, raconte-moi tout...

— J'ai pas chômé, patron. Vous pouvez commencer par laisser tomber la piste chasse à courre... Les gars m'ont tous dit la même chose : des armoiries comme celles qu'on leur a faxées, le genre royal, voyez, se repèrent à vingt mètres. Un type se serait promené avec ça qu'il serait pas passé inaperçu. Alors, ensuite, j'ai fait le tour des meilleures adresses de Son Altesse...

Leverson se pencha vers Robert.

— Sapé comme un rupin, le Charles !

— Garde tes commentaires pour plus tard. Avance, avance...

— Notez, j'ai pas eu beaucoup à voyager. J'ai interrogé une bonne moitié des boutiquiers de St James's Street, John Lobb, son bottier, James Lock, son chapelier et aussi Swaine Adeney Brigg, le fabricant de parapluies. Ça a été plus difficile avec les tailleurs. Des coincés, le genre « Ici, môssieur, nous ne divulguons aucune information sur nos clients ». Enfin, bon... Bonne pioche chez Gieves and Hawkes, sur Savile Row, et chez Turnbull & Asser, sur Jermyn Street. Là-bas, on m'a parlé d'un même client mystère, un type qui se fait appeler Bendor. Ça vous dit quelque chose ?

— Rien du tout...

— Ça a commencé il y a à peu près six ans. Un mec en costard est arrivé, a donné les mensurations du Bendor en question et commandé pour lui toute une garde-robe sur mesure, complets, cravates, chemises, chaussettes, tout. Il est revenu trois semaines plus tard et a payé l'intégralité en liquide. Une sacrée somme, apparemment… Les employés qui l'ont aidé à porter les paquets jusqu'à sa voiture, une grosse BMW noire, n'ont rien remarqué de particulier. Depuis, le même manège se reproduit deux fois par an. Une fois à l'automne, une fois au printemps. Mais ça n'est jamais le même gars qui revient.

— Qui nous dit que c'est notre homme et pas… je ne sais pas… un prince du Moyen-Orient venu écouler ses pétrodollars ?

— Ils ont des couronnes, au Moyen-Orient ?

— Euh… il ne me semble pas, non. Pourquoi ?

— Le caissier de Turnbull & Asser, qui a l'œil pour ces trucs-là, m'a raconté que les envoyés de Bendor portaient tous les mêmes boutons de manchette, des boutons ovales en émail bleu cerclé d'or portant un B majuscule surmonté d'une petite couronne. Il m'a dit que la première chose à laquelle il avait pensé en les voyant, c'est que la princesse Diana offrait souvent les mêmes à son personnel ou à ses petits amis, mais en argent.

— Renseigne-toi chez le joaillier qui les lui fabriquait. Ce genre de boutons n'est pas courant et doit forcément faire l'objet de commandes particulières. Épluche ses registres sur les six dernières années et, si tu ne trouves rien chez lui, procède de même chez tous les bijoutiers de la ville. J'aurai la peau de cet enfoiré, Leverson, sa peau et le reste avec, tu m'entends ?…

— Stop, *girls* !… Arrêtez tout !

Tess Stone et son assistante s'immobilisèrent, un panier de bigoudis et un sèche-cheveux dans les mains. Diana vida d'un trait le verre de jus de carotte que Paul Burrell venait de déposer sur sa coiffeuse et brandit en direction du plafond l'exemplaire du *Fashion Chronicle* qu'elle était en train de lire.

— Écoutez ça !... « Le style Parker-Bowles en passe de révolutionner nos armoires ! Conquis par le look intemporel ultraféminin adopté par la compagne du prince Charles depuis quelques mois, plusieurs créateurs anglais nous préparent déjà pour l'hiver 2004-2005 des collections marquées par le grand retour des bibis à plumes, des velours et des ourlets (très) en dessous du genou. Le tout décliné dans les tons préférés de la favorite : des vert sombre, du blanc cassé, des bleus porcelaine et des grenat. Ce début de millamania... »

La princesse partit d'un grand éclat de rire qui l'empêcha de terminer sa phrase.

— Ils sont devenus fous, ou quoi ?

Ne sachant trop comment réagir, Tess et son adjointe se tenaient debout derrière la jeune femme en se jetant discrètement de petits coups d'œil inquiets. Diana réfléchit quelques secondes, jeta à terre la serviette qui lui couvrait les épaules et se leva d'un bond.

— Ils ont décidé de la jouer comme ça ? Eh bien, ils vont voir ce qu'ils vont voir !

Elle se rua à l'extérieur du dressing et courut s'enfermer dans sa chambre.

— Je ne voulais pas en arriver là, murmura-t-elle entre ses dents en pianotant sur le clavier du téléphone, mais ils ne pourront pas dire qu'ils ne l'ont pas cherché.

— Peter Wind.

— Bonjour, Peter, c'est Diana.

— Pour une surprise...

— J'ai une dette envers vous, vous vous souvenez ?

— À vrai dire, non...

— Les lettres...

— L'affaire a été résolue par le MI5, moi je n'y suis pour rien.

— Ne compliquez pas tout. J'ai une information qui va sûrement vous intéresser...

— Je vous écoute.

— Le palais annoncera les fiançailles de Charles et Camilla dans une semaine, le 10 décembre exactement.

— Vous êtes certaine de ce que vous avancez ?

— Certaine.

— Vous vous rendez bien compte que, sur un coup pareil, c'est mon boulot et même ma carrière que je risque.

— Vous pouvez publier sans crainte, faites-moi confiance.

— Puis-je me permettre de vous demander pourquoi vous faites ça ?

— ...

— Excusez-moi, je me mêle de ce qui ne me regarde pas.

— Je suis sincèrement contente pour mon ex-mari, mais quelque chose en moi refuse de quitter la scène sans un dernier... disons, un ultime pied de nez. Voilà. Travaillez bien...

Diana retourna dans le boudoir.

— Nous allons couper un peu, aujourd'hui ! lança-t-elle d'un ton décidé en se rasseyant devant son miroir. Trop de volume derrière et sur les côtés... J'ai envie de quelque chose de plus... de plus glamour et de plus jeune à la fois. Paauuul ?

— Oui, Ma'am ? s'enquit Burrell en pénétrant à larges enjambées dans la pièce.

— Vous avez entendu parler de cette ligne de

cosmétiques baptisée Milla que vient de lancer je ne sais plus quelle grande marque ?

— Euh, oui…

— Ça ne vous ennuie pas d'aller nous chercher chez Harrod's… voyons voir… allez ! trois boîtes de poudre, translucide si possible.

— Vous êtes sûre, Ma'am ?

— Mais oui, Paul. Je ne sais pas ce que vous en ferez, vous, les filles, ajouta-t-elle en se tournant vers Tess. Mais moi, je sais déjà fort bien où je vais me la mettre…

Le 4 décembre à dix-sept heures, le communiqué de Clarence House officialisant les fiançailles du prince de Galles et de sa compagne prit le monde entier par surprise. Après négociations avec le *Morning Standard,* il avait été convenu que l'annonce n'interviendrait qu'en fin d'après-midi de manière à laisser le temps au quotidien de préparer une édition spéciale destinée à court-circuiter les journaux du soir. Au QG de l'héritier du trône, on pestait contre cette « maudite presse » qui, une fois encore, contrariait la stratégie de communication élaborée par les conseillers de Charles. Devant l'insistance de Peter Wind – mais par qui ce diable de journaliste avait-il donc été renseigné ? –, il avait fallu lâcher la date du mariage – le 16 juin 2004 – et se résoudre à avouer l'inavouable : divorcé, le futur chef de l'Église anglicane devrait se contenter d'une union civile célébrée au château de Windsor, suivie d'une bénédiction en la chapelle St George.

À dix-huit heures, les jeunes princes William et Harry souhaitèrent aux deux héros du jour « toute la chance et le bonheur du monde ». Diana, elle, s'était envolée pour Paris en début d'après-midi en compagnie d'Alexandre. Au standard de Buckingham – passage obligé pour joindre l'ensemble des résidences royales –, on avait pour consigne de ne passer aucun appel au palais de Kensington. Dans la soirée, Brandon Waite, le collaborateur de la princesse, fit parvenir par fax aux rédactions des principaux quotidiens le communiqué suivant : « J'adresse tous mes vœux de bonheur à Son Altesse Royale ainsi qu'à sa future épouse. Le prince Charles et moi-même continuerons de veiller en bonne intelligence sur l'éducation de nos deux fils et remercions par avance l'ensemble des médias de bien vouloir respecter leur tranquillité. »

Une limousine envoyée par l'ambassade de Grande-Bretagne attendait Diana et son compagnon à leur descente d'avion, à l'aéroport du Bourget. La jeune femme avait été courtoisement mais fermement dissuadée par Scotland Yard de séjourner chez le député européen, qui possédait pourtant un grand duplex dans le quartier du Marais. À l'hôtel Borghèse, siège de la représentation diplomatique du royaume, rue Saint-Honoré, Lord et Lady Holmes la reçurent avec tous les égards dus à son rang et se montrèrent des hôtes pleins d'attention et de délicatesse. Ils mirent à sa disposition la très belle Chambre de l'ambassadrice, d'un bleu délicat tirant sur le mauve, et le Salon jaune, tendu de lampas bouton d'or, situés au premier étage de la résidence. Après avoir dîné en leur compagnie dans la Salle à manger des tapisseries – allusion aux très belles tapisseries bruxelloises datant de la seconde partie du XVIIIe siècle qui ornent ses murs –, Alexandre prit congé.

— Aimeriez-vous que je vous fasse visiter la maison ? proposa Lady Holmes à son invitée.

— Avec grand plaisir, répondit Diana. Chaque fois que nous sommes venus ici, Charles et moi, nous n'avons jamais pu voir autre chose que la Salle de bal !

Les deux femmes traversèrent la Salle du trône et s'arrêtèrent dans le Salon Pauline.

— Lorsqu'il était jeune, c'est ici que mon ex-mari aimait dormir quand il était de passage à Paris, non ? interrogea la princesse en se plantant devant un grand lit en bois doré surmonté d'une impériale d'où tombaient en cascade des flots de soie bleu pâle.

— Effectivement, répondit Lady Holmes en souriant. Je me suis d'ailleurs souvent demandé ce que ce lit avait de si spécial. De Victoria à votre ex-mari en passant par Edward VII, Edward VIII et bien d'autres, chaque fois qu'un membre de la famille royale s'est trouvé de passage ici, il a insisté pour y coucher. L'expérience vous tente ?

— Merci, non ! s'esclaffa la jeune femme. Ce lit est bien trop chic pour moi...

Une fois parvenue dans le Salon rouge, la princesse se dirigea vers deux portraits d'enfants encadrant une console surmontée de deux chandeliers.

— Frederick van Diest et sa sœur Louisa, par John Hoppner, commenta l'épouse de l'ambassadeur.

— J'ignore pourquoi, mais je ne peux m'empêcher de retrouver un peu de William et Harry petits dans ces visages, fit Diana, songeuse. Vous ne trouvez pas vous aussi qu'il y a quelque chose ?

Elle resta de longues minutes à contempler les deux tableaux. Puis elle jeta un œil à sa montre.

— Une heure du matin ! Pardonnez-moi de vous avoir obligée à veiller aussi tard, c'était tout à fait involontaire de ma part.

— Que comptez-vous faire demain ? demanda Lady Holmes.

— Alexandre m'a proposé de me faire visiter le château de Versailles, dont je ne connais que la Galerie des glaces. Mais ne vous inquiétez pas… j'ai tout ce qu'il faut pour passer incognito.

— Nous mettrons tout de même à votre disposition l'un de nos chauffeurs pour la journée.

— Je ne vous remercierai jamais assez pour votre accueil et votre hospitalité. Si ma présence ne vous cause pas de dérangement particulier d'ici là, je rentrerai en Grande-Bretagne après-demain matin. Je passerai probablement quelques jours chez ma sœur, Sarah, avant de regagner Londres.

La princesse se fit conduire jusqu'à sa chambre, où ses bagages avaient été défaits et un poste de télévision installé. Elle se démaquilla, enfila un pyjama-kimono en coton gris perle et se mit au lit. Confortablement calée contre ses oreillers, elle chercha CNN et la BBC. Les deux chaînes d'information passaient en boucle les images de la première apparition publique des nouveaux fiancés de la couronne d'Angleterre, dans l'un des salons de cérémonie du château de Windsor. L'héritier du trône, visiblement un peu nerveux, tripotait sa chevalière. Camilla, radieuse dans une robe longue d'un rouge très vif, se déclarait « sur un petit nuage ».

« Ne te réjouis pas trop vite, lança Diana. Je suis toujours là. »

13.

Décembre 2003 - Décembre 2004

Il aurait pu avoir toutes les beautés qu'il voulait… Pour son malheur, il leur a préféré une Lady sans pedigree nantie d'un brushing incertain et d'un physique un peu pataud d'honnête mère de famille. Le 16 juin, au terme d'une liaison mouvementée de près de trente-cinq ans, Charles, héritier patenté du trône d'Angleterre, épousera Camilla Parker-Bowles, dite l'ex-sorcière du Wiltshire, au cours d'une cérémonie civile à trois sous boudée par la famille royale au grand complet. De peur que le bruit des sifflets ne couvre celui des applaudissements, le personnel des associations caritatives dont il est le parrain a reçu une journée de congé pour pouvoir venir faire la claque autour des marches de l'hôtel de ville de Windsor. Depuis l'annonce officielle de ses « fiançailles », le 10 février dernier, la cote de popularité du fils d'Elizabeth II connaît en effet une nouvelle dégringolade vertigineuse, à la mesure de l'abîme de ressentiment et d'incompréhension qui le sépare de ses futurs sujets. « Chaz », le quinqua grisonnant, et Milla, la fiancée qui a le culot de faire son âge (cinquante-six ans), n'ont, c'est vrai, ni le physique ni le profil d'un couple de conte de fées. Taxée de « loque », d'« épave » ou encore de « vieille carcasse » par une grande partie de l'opinion, « la » Parker-Bowles continue de déchaîner les foudres des adorateurs de Diana, la première épouse du prince, dont le culte semble aujourd'hui se radicaliser dans certaines couches de la société.

Charles poussa un cri de rage et envoya valser son exemplaire du *Morning Standard* à travers la salle de réunion. Face aux colères de Son Altesse, ses conseillers avaient appris à observer un mutisme prudent. Un peu plus courageux que les autres, Paddy Campbell, le chef du service de presse de Clarence House, se risqua toutefois à prendre la parole.

— Sans vouloir vous offenser, Sir, il me semble que le vrai problème est ailleurs, dit-il calmement. Nous saisirons la Commission des plaintes dans la journée, en espérant que ce sera suffisant pour faire cesser les attaques contre Mrs Parker-Bowles. Mais je vous rappelle que, d'après les informations dont nous disposons, c'est la légalité même de votre union que plusieurs médias s'apprêteraient maintenant à mettre en cause, en invoquant le fameux acte sur les mariages qui interdit aux membres de la famille royale de prendre mari ou femme en dehors de l'Église anglicane. Nous avons consulté les meilleurs experts constitutionnels du royaume et sommes donc sûrs de notre affaire, mais je suggère que nous demandions l'aide de Lord Falconer, le ministre de la Justice. Vous l'avez reçu, il y a peu, à Highgrove. Il vous est très favorable, je crois...

— Jusqu'où devrai-je m'abaisser? vociféra le prince de Galles, rouge de colère. Nous avons déjà laissé tomber le château pour transférer la cérémonie à l'hôtel de ville, nous avons précisé que mon épouse ne porterait pas le titre de reine après mon accession au trône, mais celui de princesse consort. Je dois faire semblant de trouver tout à fait normal que mes parents n'assistent pas à mon mariage parce qu'une fois de plus Sa Majesté choisit de faire passer ses obligations de monarque avant ses devoirs de mère. Camilla est humiliée, mes noces tournent à la farce. Vous ne pensez pas que je démarre l'année suffisamment mal ?

— Nous pensons aussi qu'un petit geste de votre ex-épouse pourrait contribuer à calmer les esprits.

— Mais vous êtes tombé sur la tête ! Vous voudriez quoi ? Qu'elle nous invite à dîner et que nous posions comme trois cornichons devant le palais de Kensington ?

— Non, mais... nous pourrions peut-être la convier aux cérémonies organisées pour le soixantième anniversaire du Débarquement de juin 1944, par exemple. En lui promettant je ne sais trop quoi en échange pour qu'elle consente à nous honorer de sa présence, bien entendu. Nous pourrions aussi appeler un ou deux journalistes « amis » en les rassurant sur nos intentions à son égard. Il suffirait de pas grand-chose... De laisser entendre que nous mettons tout en œuvre pour qu'à l'avenir, la princesse Diana soit de nouveau associée aux grands rassemblements de famille, comme les festivités du quatre-vingtième anniversaire de Sa Majesté, dans deux ans, ou le cinquantième anniversaire de mariage de la reine Elizabeth et du prince Philip, en 2007...

— Encore faudrait-il que ma mère nous donne son accord.

— Peut-être pourriez-vous la sonder discrètement sur la question ?

— Dites à mon secrétaire particulier de se mettre en rapport avec celui de Sa Majesté afin de convenir d'un rendez-vous. Je préfère que la reine et moi-même n'ayons pas ce genre de conversation au téléphone. De toute façon, je ne vous cache pas que je ne suis pas très optimiste sur la réussite de cette entreprise...

L'assistante du rédacteur en chef du *Times* déposa le courrier du matin sur le bureau de son patron. Clarence Dickson jeta un œil à quelques cartons d'invitation et éparpilla une pile de lettres du plat de la main. Une feuille de papier bleu pâle frappée du monogramme AD attira son attention. Il lut.

> *Cher mister Dickson,*
> *La honte et le remords sont des fardeaux bien lourds à porter, voilà pourquoi, lorsque vous prendrez connaissance de ces quelques lignes, j'aurai mis fin à mes jours. Mon nom est Alaster John Henry Mactier, et avec moi s'éteindra enfin la lignée félonne des ducs de Dartington. Prisonniers d'un serment prêté il y a mille ans sur la tombe du roi Athelstan, les maîtres de Bolkham Manor, dont je suis l'héritier méprisable entre tous, n'ont jamais cessé de conspirer contre les institutions de ce royaume. Un peu partout en Grande-Bretagne, des hommes et des femmes dont personne ne songerait à mettre en doute l'honorabilité travaillent, comme eux, au rétablissement d'une dynastie maudite qui, depuis la nuit des temps, sème sur son passage le chaos et la mort. Membre de l'ordre très noble et très prestigieux des Douze de Chester, j'ai moi-même trahi mes pairs en les livrant au bourreau. Minto, Oxfuird, Bessborough, Warwick, Gwynn-Bedingfield, Masonby, Marmadock et Bowe ont tous été tués par ma faute. Leur élimination est l'ultime étape d'un plan visant à porter le diable en personne*

sur le trône d'Angleterre. Soyez sûr, monsieur, que la lettre que vous êtes en train de lire n'est pas celle d'un fou. Elle est celle d'un homme rongé par la maladie et le déshonneur, qui espère, grâce à ses confessions, gagner le repos de son âme. Publiez-la sans attendre, car le temps est compté. L'heure approche où, à la tête de ses troupes, celui qui se prétend roi renversera la maison Windsor. Je remets mon âme à Dieu et le sort de mon pays entre vos mains.

— Janet ! hurla Dickson. Appelez-moi tout de suite Terence Hogg, à Downing Street !

Les deux hommes se retrouvèrent à midi au Foyer, le restaurant de l'hôtel Claridge's, à l'angle de Brook Street et Davies Street. Après avoir commandé des bières et des club-sandwiches, Dickson sortit de la poche intérieure de son veston la lettre de Dartington. Le jeune conseiller pour la presse de Tony Blair la parcourut rapidement.

— Qu'est-ce que c'est que ce délire ?

— Qui te dit que c'est un délire ? rétorqua le rédacteur en chef du *Times*. J'ai interrogé le responsable du carnet mondain du canard. Grosse famille, les Dartington... Alaster était un homme intelligent, sérieux et cultivé, à qui on ne connaissait ni femme, ni amant, ni maîtresse, ni excentricité d'aucune sorte. Il avait l'air d'être apprécié de tous, de ses voisins, des gens de sa paroisse, des fermiers de son domaine, de l'épicier du coin... Il aurait subitement pété un plomb et inventé toute cette histoire ? Bizarre, quand même, tu ne trouves pas ?

— Tu as prévenu Scotland Yard ?

— Non, pourquoi ?

— Avant de mettre le feu au palais, il faudrait au

moins essayer de retrouver le cadavre de ce type. Ça donnerait déjà un début de... de crédibilité à sa lettre. Je vais voir ce que je peux faire.

— En attendant ?

— En attendant, tu ne bouges pas et, surtout, tu ne souffles mot de cette affaire à personne. Laisse-nous le temps de tout vérifier, y compris l'existence de ces Douze de Chester, là, dont je n'avais encore jamais entendu parler. On se croirait dans un mauvais remake de *Dix petits nègres* !... Combien seraient morts, déjà ? Huit ? Neuf avec Dartington ? En admettant qu'ils aient bien été douze au départ, il doit donc en rester trois. On les trouvera.

— Tu vas en toucher deux mots à Tony ?

— Je crois, oui. Je ne peux pas me permettre de prendre le moindre risque. Où as-tu planqué l'original de cette lettre ?

— Dans un coffre, au bureau.

— Tu ne l'en sors pas avant que je te le dise. Cette série d'assassinats chez les aristos a fini par créer un drôle de climat un peu partout, pas seulement à Whitehall. Je discutais il n'y a pas très longtemps avec un mec de l'Intérieur qui me racontait que, dans certaines administrations, les gens commençaient à se fliquer entre eux. Personne n'en parle mais, dans la haute, on est devenu parano. Beaucoup de grandes familles auraient maintenant recours à des boîtes privées pour surveiller leurs propriétés. Gardes du corps, maîtres-chiens, tout le tremblement... Alors efforçons-nous de faire le moins de vagues possible.

— Nous sommes mi-mars. Je te laisse jusqu'à la fin du mois d'avril. N'oublie pas que c'est un échange de bons procédés. Je te file la copie de la lettre, tu promets de me réserver la primeur de tout ce que vous aurez trouvé…

— Diana ? C'est Sarah, je ne te dérange pas ?

— Pas du tout, non. J'aime quand ma grande sœur me donne de ses nouvelles…

— Ce n'est malheureusement pas pour te parler de moi que je t'appelle. Maman est morte il y a une heure.

— Mon Dieu, non ! s'effondra la princesse.

Mille images désordonnées se bousculaient dans son esprit. Ce jour où mummy avait quitté Althorp en les traînant par la main, elle et son petit frère… Ces vacances de Noël à la fin desquelles leur père n'avait pas voulu les laisser repartir… Et puis le divorce, le manque, l'angoisse, les pleurs…

— Au moins, maintenant, elle ne souffre plus, poursuivit Sarah. Notre chagrin n'est rien comparé à ce que la maladie lui a fait endurer. Mais j'ai parlé au chanoine MacKay, qui est resté avec elle jusqu'à la fin. Il m'assure qu'elle est partie en paix.

— Elle et moi, on ne se parlait plus depuis des années… Comment ai-je pu laisser s'installer une situation pareille ?

— Ne te culpabilise pas, ça ne sert à rien. La dernière fois que je suis allée la voir, il y a à peu près deux mois, elle m'a parlé de toi comme si elle t'avait quittée la veille. Chez elle, il y avait d'ailleurs des photos de toi partout… Et, pour toi, je suis sûre que c'était pareil. Malgré toutes vos disputes, tu n'as jamais cessé de l'aimer.

— Pourquoi n'ai-je pas cherché à la revoir ? Il y a quelque chose de mauvais en moi, Sarah, quelque chose de profondément mauvais… Je ne me le pardonnerai pas. J'ai si mal, si tu savais..

— Elle ne t'en a jamais voulu, je crois même qu'elle te comprenait. Toutes ces choses maladroites qu'elle t'avait dites à propos d'Hasnat et de Dodi, elle a passé le restant de sa vie à les regretter. Et tu sais quoi ? Je suis contente qu'elle ne puisse pas voir Charles épouser la Parker-Bowles. Ça lui aurait fait tellement de... tellement de peine... Au fait... si tu cherches un endroit où te réfugier le 16, tu sais que tu peux toujours venir à la maison.

— Merci, Sarah, mais Paul m'a déjà invitée à passer la journée chez lui, avec Maria et les enfants. Il dit que personne n'aura l'idée d'aller me chercher là-bas, ce qui n'est pas idiot. Je serais volontiers partie quelques jours avec Alexandre, mais il sera retenu à Singapour pour son boulot.

— Ce pauvre Charles... Je crois que maman lui en aura voulu jusqu'à son dernier soupir. Tiens... tu ne crois pas que ça, c'était une vraie preuve d'amour ?

— Elle était tellement désagréable avec lui, les derniers temps... Je me demande même s'il n'avait pas fini par en avoir un peu peur...

— Ta souffrance lui rappelait ce qu'elle avait elle-même subi trente ans plus tôt, quand toute la bonne société lui avait claqué la porte au nez après qu'elle eut quitté papa. Elle ne s'en était jamais remise. Quand vous avez divorcé, d'une certaine manière, elle a eu mal pour deux.

— L'enterrement aura lieu quand ?

— Le 10, à Oban. J'espère que ton ex-mari n'aura pas l'idée saugrenue de vouloir venir.

— Ça m'étonnerait. Même si c'était le cas, il y aurait beaucoup de gens autour de lui pour l'en dissuader. Il faut que je prévienne William et Harry. La nouvelle va leur faire beaucoup de peine...

— Nous nous verrons tous là-bas. D'ici là, sèche

tes larmes. Tu sais que tu peux m'appeler quand tu veux si ça ne va pas. Je t'embrasse, ma Duch'.

Le 16 juin à quatorze heures trente, Camilla fit son entrée dans la chapelle St George du château de Windsor, au bras du prince Charles. Assise devant la télévision, Diana suivait la marche lente des nouveaux époux vers l'autel, décoré de roses, de muguet, de narcisses et de jacinthes, symboles de l'amour éternel. Son visage ne trahissait curieusement aucune émotion particulière.

— Avez-vous besoin de quelque chose, Ma'am ? s'inquiéta Burrell.

— Non, Paul, répondit-elle. Restez là, à côté de moi, c'est tout ce que je vous demande.

Les commentateurs de la BBC se lancèrent dans une description détaillée de la tenue de la duchesse de Cornouailles, une robe longue en soie bleu porcelaine griffée Robinson Valentine, brodée au fil d'or de motifs inspirés d'un bijou ayant autrefois appartenu à sa mère, la regrettée Rosalind Shand. « Ça lui va mieux que ce truc blanc qu'elle portait ce matin à l'hôtel de ville, vous ne trouvez pas ? » La princesse de Galles laissa échapper un petit rire moqueur lorsque Milla manqua trébucher en gravissant les marches qui menaient jusqu'au chœur. « Excusez-moi, Paul, je sais que je ne devrais pas, mais c'est plus fort que moi. »

Le service de prières et d'actions de grâce conduit par l'archevêque de Canterbury, le Dr Rowan Williams, ne dura que quarante-cinq minutes. Diana sentit sa gorge se serrer lorsque le couple se promit fidélité et fit acte de pénitence en implorant Dieu de lui pardonner ses fautes. « Avez-vous vu cette manière qu'elle a de poser constamment sa main sur celle de

Charles? Ça ne vous semble pas un peu… un peu maternel ? » À l'issue de la cérémonie, les membres de la famille royale et leurs invités se retrouvèrent sur le parvis de la chapelle. Un vent coquin faillit emporter la coiffe de Camilla. « Finalement, tout s'est bien déroulé », commenta sobrement la reine Elizabeth. L'ex-femme de l'héritier du trône regarda ses fils monter en voiture pour regagner le château de Windsor, où Sa Majesté donnait une réception en l'honneur des mariés. « Les garçons ont l'air content, c'est bien. Ils m'ont appelée hier soir pour me dire qu'ils penseraient beaucoup à moi aujourd'hui, et qu'il ne fallait pas que je m'inquiète parce que, quoi qu'il arrive, je resterai toujours numéro un dans leur cœur. Je ne sais pas ce que je ferais sans eux, vous voyez, Paul. Vraiment, je ne sais pas. »

Shelby n'aimait pas aller à Downing Street. Six mois plus tôt, l'inspecteur du MI5 avait été chargé par un membre du cabinet de Tony Blair d'enquêter sur le nouveau soupirant de sa fille – un *bad boy* à particule porté sur l'alcool et la cocaïne. Ses recherches avaient abouti à la disgrâce du prétendant. Le conseiller du chef du gouvernement ne s'était certes pas montré ingrat – deux mille livres sterling en petites coupures avaient été déposées par porteur spécial à son domicile –, mais Robert avait appris, souvent à ses dépens, combien ces messieurs de la haute administration détestent partager leurs secrets de famille avec des types comme lui. Il était dix-huit heures dix, et voilà déjà quarante minutes qu'on le laissait poireauter dans le hall de la grande salle de réunion du Numéro Dix. Déclenché par on ne sait quelle commande à distance, l'huissier qui l'observait du coin de l'œil depuis un bon moment finit par quitter sa chaise et se posta devant lui, droit comme un I. « Le Premier ministre vous attend. »

Le détective entra dans une pièce qu'il jugea à vue de nez longue de dix à douze mètres et large de six. Les murs étaient beiges, les fenêtres, hautes comme des vitraux d'église, cachées à la vue par d'épais rideaux couleur or. Huit hommes en bras de chemise étaient assis autour d'une immense table ovale en bois verni. D'un signe de la main, l'un d'eux invita Robert à s'asseoir en face de lui.

— Nous avons donc fait venir Mr Shelby, à qui l'enquête sur la série de meurtres qui nous occupe a été confiée il y a déjà… Il y a combien de temps, déjà, mister Shelby ?

— Euh… quelque chose comme six ans.

— Six ans ! Et depuis, avons-nous progressé d'une manière quelconque, mister Shelby ?

— C'est l'enquête la plus longue et la plus complexe qu'il m'ait jamais été donné de mener, Sir. Mais nous avançons. Je ne peux pas encore vous livrer le coupable, mais je peux vous parler de lui. Je sais ce qu'il a dans la tête, comment il vit, ce qu'il cherche…

— Bien, bien, vous nous direz tout cela plus tard. Si nous vous avons convoqué, c'est parce qu'un élément nouveau susceptible de vous aider dans vos recherches nous a été transmis par la direction du *Times*. Un courrier, dont je vous demanderai de bien vouloir prendre connaissance…

L'homme tendit la lettre de Dartington à Robert, qui blêmit en apercevant le monogramme du duc. Les bras croisés, Tony Blair observait la scène sans dire un mot.

— Avez-vous terminé votre lecture, mister Shelby ?

— Oui, Sir.

— Qu'en pensez-vous ?

— Je suis très troublé, Sir.

— Pour quelles raisons ?

— Il se trouve que je connais très bien l'auteur de ce courrier, Sir.

— Mais encore ?

— Je ne sais pas si je peux en parler...

— Le moment me paraît au contraire tout indiqué.

— Je suis l'un des derniers survivants de l'ordre de Chester, Sir.

— Et pourquoi diable le gouvernement est-il le dernier à apprendre l'existence de... de ces guignols ! explosa le Premier ministre en frappant violemment du poing sur la table. Qu'est-ce que c'est encore que cette histoire ? Vous vous croyez où ? Dans le *Da Vinci Code* ?

— Les Douze de Chester étaient à l'origine une confrérie de chevaliers recrutés parmi les plus valeureux du royaume pour protéger la personne du souverain, répondit l'inspecteur sans se démonter. Ils ont été créés par saint Dunstan pour garantir la sécurité des rois qui ont succédé à Athelstan sur le trône d'Angleterre.

— Bon Dieu, mais qu'est-ce qu'Athelstan vient faire là-dedans ?

— La disparition de sa couronne dans des circonstances qui seraient un peu longues à vous expliquer a placé tous les monarques qui l'ont suivi dans une espèce... d'illégalité, et en tout cas sous une menace de destitution permanente. Il est probable qu'une opération de grande envergure visant à renverser Elizabeth II se prépare. L'élimination des Douze en est en quelque sorte le signe annonciateur...

— Vous êtes en train de m'expliquer que les Windsor pourraient être des imposteurs ?

— Si on s'en tient à certains textes du Xᵉ siècle, euh… oui…

— Le responsable de ces assassinats n'aurait donc pas le profil d'un *serial killer*, mais plutôt celui d'un illuminé persuadé qu'il devrait être en train de régner à la place de Sa Majesté…

— En effet. À un détail près : je ne pense pas qu'il s'agisse d'un illuminé.

— Si je puis me permettre, mister Shelby… Trouvez-vous normal qu'en six ans vous n'ayez jamais jugé utile de nous informer de l'existence de cette conspiration ?

— J'étais dans une position difficile, Sir. J'étais tenu au secret, je suis sûr que vous pouvez le comprendre.

— Si je vous suis bien, il y a des chances que l'homme que nous cherchons ait cette fameuse couronne en sa possession ?

— C'est certain, Sir.

Tony Blair posa ses coudes sur la table et prit son visage entre ses mains.

— Manquait plus que ça !… Il y a sûrement un moyen de contester la légalité des textes dont vous parlez… Mettons en doute leur provenance, payons un expert pour qu'il nous dise que leurs auteurs supposés n'ont en fait jamais existé, je ne sais pas, moi… On sait faire ça, non ?

— Ce sera compliqué…

— Attendez… Ni le Parlement ni l'opinion ne laisseront un hurluberlu sorti d'on ne sait où renverser la reine en invoquant des documents tombés dans l'oubli depuis mille ans, ça n'a pas de sens. Le danger est ailleurs… L'irruption en place publique d'un nouveau prétendant au trône pourrait provoquer un peu partout l'ouverture de débats menaçant l'existence même de la monarchie dans notre pays. Les Britanniques sont profondément attachés à la personne d'Elizabeth II, mais le sont-ils autant à celle du prince Charles ? Au vu des réactions suscitées par son remariage, non seulement en Grande-Bretagne mais aussi dans de nombreux États du Commonwealth, on peut en douter... L'Écosse et le pays de Galles ne profiteraient-ils pas de la situation pour essayer de se libérer de la tutelle de la couronne d'Angleterre ? Et que dire de l'Irlande du Nord ? Ou encore de l'Australie, déjà si fâcheusement sujette à des accès de fièvre républicaine ? Vous ne comprenez donc pas ? Nous avons affaire à un adversaire d'une grande intelligence qui ne cherche pas à obtenir quoi que ce soit pour lui-même, mais travaille lentement, méthodiquement, à la perte d'un régime qu'il a perdu tout espoir de renverser à son profit. Nous devons le neutraliser avant qu'il sème la pagaille...

— Mieux vaudrait prévenir la souveraine, suggéra un petit homme chauve. On ne peut pas la laisser plus longtemps dans l'ignorance de ce qui se trame...

— La reine est au courant depuis longtemps, coupa Shelby.

— Je vous demande pardon ?

— Il se trouve que notre Vénérable, le patron de l'ordre de Chester, si vous préférez, est l'un de ses plus proches conseillers. De plus, la légende des Douze et de la couronne disparue d'Athelstan est une histoire qui se transmet oralement chez les rois d'Angleterre depuis toujours.

— Il y a quelque chose qui m'échappe, intervint à

nouveau Tony Blair. Si vous et vos… frères étiez les seuls à connaître l'existence de ce trésor, comment expliquez-vous qu'on lui ait consacré une exposition, ici même, à Londres, il y a trois ans ? Et le bouquin de cet historien, là, qui a fait tant de bruit ?

— Tous les dessins, documents et autres œuvres d'art du Xe siècle représentant Athelstan coiffé de sa couronne ont été détruits, à l'exception d'un seul, un vitrail oublié dans une petite abbaye du Somerset. Osbert Satcheverell est un universitaire spécialiste du Moyen Âge, qui, au départ, voulait simplement écrire un livre sur les attributs du pouvoir royal tels qu'ils étaient à époque. Il a fait son boulot d'historien, c'est tout.

— Et les sceptres, les croix, les tuniques présentés lors de l'exposition ?

— Là, c'est différent. Satcheverell affirme ne jamais avoir été en contact avec les responsables du projet et se demande lui-même comment il a été possible de recréer ces objets de manière aussi précise. On peut aussi s'interroger sur l'origine des fonds qui ont permis de financer cet énorme travail, sur la motivation des gens qui l'ont soutenu… Il est possible que certains d'entre eux soient liés à la nébuleuse Athelstan, des gens très bien placés, dans des ministères par exemple…

— Comment ?! s'étrangla le chef du gouvernement.

— Disons que ce n'est pas à exclure.

— J'en ai assez entendu pour aujourd'hui. À partir de maintenant, mister Shelby, c'est à mon conseiller, Greeson, et à lui seul, que vous rendrez compte de l'avancée de votre enquête.

— Bien, Sir.

— Greeson ?

— Oui, Sir ?

— Quand vous aurez cinq minutes, vous me vérifierez discrètement le pedigree de nos amis de la Culture.

— Oh, Diana ! lança gaiement Elizabeth II en s'avançant vers son ex-belle-fille. J'espère que je ne vous ai pas prise de court en vous appelant ainsi, un peu au débotté, un soir de semaine…

— Pas du tout, Ma'am, pas du tout. Je suis toujours heureuse de vous voir, vous le savez bien.

— Asseyez-vous, ma chère… Comment allez-vous ?

— Bien, Ma'am, très bien, même, je vous remercie.

— Vous savez que je suis toujours très mal à l'aise lorsqu'il s'agit d'aborder des sujets personnels… Mais Philip et moi, nous tenions à avoir cette conversation avec vous maintenant que le remariage de Charles est… disons… derrière nous. Je voudrais d'abord être sûre que vous ne vivez pas trop difficilement cette situation.

— Je n'ai ni animosité ni rancœur, si c'est cela que vous craignez…

— Je suis contente de l'entendre, Diana. C'est…

La porte s'ouvrit brusquement. Le prince Philip entra dans la pièce à grands pas pressés.

— Bonsoir, Diana, bonsoir bonsoir ! Vous avez encore une fois commencé sans moi, Elizabeth… Cette manie que vous avez de toujours vouloir diriger les opérations !

Le duc d'Édimbourg prit place sur un fauteuil en soupirant.

— Vous en étiez où ?

— J'étais sur le point de demander à Diana de quelle manière elle envisageait l'avenir. Ses relations avec Charles et la famille en général…

— Pourquoi faut-il toujours que vous compliquiez tout ? On ne va pas tourner cent sept ans autour du pot ! Nous voulons que tu retrouves ta place parmi nous, ce n'est quand même pas très compliqué à dire…

— Ne commence pas à m'agacer, Philip, je t'en prie…

— Vois-tu, poursuivit le prince en se tournant vers son ex-bru, il nous semble important de préserver les liens que nous avons avec toi pour plusieurs raisons. Il y a bien sûr le bonheur de William et Harry, mais aussi les égards qui sont dus au titre que tu portes et… et notre histoire commune, en quelque sorte. Il y a cinquante ans, les Windsor t'auraient discrètement versé une rente et offert une jolie baraque en province pour que tu disparaisses de la circulation et que tu leur fiches la paix. Mais Lilibet et moi, nous ne sommes pas d'accord avec ces manières de faire. N'est-ce pas, Lilibet ?

— Pa', je…, tenta d'intervenir la princesse.

— Laisse-moi terminer. Nous ne nous sommes pas toujours très bien compris, mais reconnais que nous t'avons toujours respectée et que nous avons surtout essayé de te protéger du mieux que nous le pouvions. Charles nous a déçus, c'est une affaire entendue. Quant à toi, tu as toujours mis un point d'honneur à ne jamais suivre nos conseils… Après tout, ça te regarde. L'important, aujourd'hui, c'est que nous arrivions à tirer un trait une bonne fois pour toutes sur toutes ces vieilles histoires et que nous redevenions une famille unie.

— …

— Dis quelque chose, bon sang de bois ! Tu es d'accord avec moi, ou non ?

— Oui, mais je…

— Parfait ! Voilà ce que nous avons décidé, Lilibet et moi... Dorénavant, tu seras invitée à toutes les grandes réunions de famille, mariages, baptêmes, anniversaires, bals en tous genres, à l'exception de Noël et de Boxing Day[1] qui nous ont paru trop compliqués à... à organiser, j'espère que tu le comprends. Il en sera de même pour *Trooping the Colour* ainsi que pour les cérémonies du 11 novembre. Je vais être franc : la bande d'incapables dont s'est entouré ton ex-mari le pousse à essayer de t'impliquer dans toutes sortes de manifestations publiques afin de te forcer à cautionner de manière tacite son remariage avec Camilla. Nous ne sommes pas d'accord avec ça. Nous pensons simplement qu'il serait très injuste de faire comme si tu n'existais plus, c'est tout. Voilà pourquoi nous comptons mettre à ta disposition un cottage à Sandringham où tu seras libre de séjourner autant que tu le souhaites, et ce dès la fin de l'année. Si tu choisis d'y passer Noël, par exemple, pour être plus près de tes fils, nous viendrons t'y rendre visite, Lilibet et moi, histoire de marquer le coup. N'est-ce pas, Lilibet ?

— Pour être traitée comme Sarah, qu'on oblige chaque année à rembourser le sapin et les guirlandes qu'on lui installe à Wood Park ?

— Si Beatrice et Eugenie nous l'avaient dit plus tôt, nous aurions pu mettre un terme à ces pratiques avant qu'elles fassent les gros titres de ces saletés de journaux. Et ne mélange pas tout. Je tolère Sarah à Sandringham, toi je t'y invite, c'est très différent.

— Charles et moi avons divorcé il y a plus de huit ans. Pourquoi me faire cette offre aujourd'hui ?

1. Le 26 décembre, jour férié en Grande-Bretagne.

— Parce que nous estimons que tu y es prête et que… d'une certaine manière, nous y sommes prêts nous aussi. Réfléchis, tu n'as pas besoin de nous donner ta réponse tout de suite. N'est-ce pas, Lilibet ?

Philip se leva, prit Diana par les épaules et l'embrassa affectueusement sur les deux joues.

— Je vous quitte. Je dois me préparer, j'ai un dîner à l'Amirauté…

Il laissa les deux femmes en tête-à-tête.

— Je ne sais pas quoi dire, pour l'instant, avoua la princesse, un peu troublée.

— Ça n'a aucune importance, répondit la souveraine. Prenez tout le temps que vous voulez pour nous donner votre réponse. Voudriez-vous boire quelque chose ? Philip m'épuise… Je crois que je prendrais volontiers un petit verre de sherry.

La souveraine fit appeler son valet, à qui elle donna quelques instructions.

— C'est un nouveau, fit-elle à voix basse une fois que le jeune homme eut quitté la pièce. Très très timide. Chaque fois que je m'adresse à lui, il rougit jusqu'aux oreilles et se met à bafouiller des trucs incompréhensibles. Je fais tout ce que je peux pour le mettre à l'aise, mais enfin… Y a-t-il quelque chose que je puisse faire pour vous dans l'immédiat, ma chère ?

— Je suppose que non. Vous m'avez déjà rendu un immense service, il y a quelques années, en me refusant ce poste d'ambassadrice de bonne volonté. Sur le moment, je reconnais que je vous en ai terriblement voulu, et puis… j'ai fini par comprendre que vous aviez simplement eu l'intelligence de m rendre ma liberté, de me donner la possibilité de refaire ma vie… autrement.

— Je sais qu'au fond de votre cœur vous ne souhaitiez sincèrement pas divorcer. Mais, avec du recul, reconnaissez que vous l'avez tout de même vécu comme une espèce de renaissance. Vous n'étiez pas faite pour les contraintes qui sont les nôtres. Je vous voyais vous évader avec une espèce de... d'euphorie de cette famille et, dans le même temps, vous me demandiez la permission de vous soumettre à nouveau à toutes sortes de contingences, d'obligations de représentation. Ni Charles ni vous n'auriez pu tourner la page. Vous vous seriez inévitablement retrouvés l'un et l'autre dans des situations conflictuelles. Divergences d'intérêts, lutte pour toujours plus de reconnaissance et de popularité... Non... tout aurait recommencé comme avant. Alors que là, vos relations sont excellentes, je crois. Moi aussi, je lis les journaux..., termina la reine avec un sourire amusé.

— Le temps finit par arranger bien des choses...

— Dans les années qui viennent, Charles sera de plus en plus présent dans la vie officielle de ce royaume. Je lui déléguerai sans doute progressivement une partie de mes responsabilités. Je n'ai aucune intention de passer la main, mais... il est temps que les gens apprennent à le connaître et à l'apprécier. L'attitude que vous aurez sera déterminante, vous en avez conscience. Voilà pourquoi je voulais vous remercier pour la dignité dont vous avez fait preuve à l'occasion de son mariage avec Mrs Parker-Bowles. Je ne l'oublierai pas. En attendant...

— Oui, Ma'am ?

— De la même manière que j'ai déjà prévenu les autres membres de la famille... Je vous demanderai d'être très prudente pendant quelque temps. Gardez ça pour vous, mais... une bande d'hurluberlus serait prête à employer les grands moyens pour me forcer à partir, voire pour en finir avec la royauté dans ce pays. Vous êtes de nouveau sous la protection de Scotland Yard depuis un moment, peut-être vous en étiez-vous aperçue ? En tout cas, soyez vigilante. N'hésitez pas à signaler tout ce qui pourrait se passer d'un peu… étrange autour de vous.

— Alors, comme ça, vous aussi vous êtes de la haute, patron ?

— …

— C'est un collègue du SO13 qui me l'a dit. Il tient ça d'un pote à lui, un type aux Affaires étrangères.

— Et qu'est-ce que ça change, Leverson ?

— Rien du tout, patron, rien du tout. C'est juste que ça me fait drôle de vous imaginer comme eux. J'sais pas… sur un cheval ou en duc de Machinchose dans une espèce de château…

— Des châteaux, dans ma famille, il n'y en a plus depuis longtemps, si c'est ça que tu veux savoir. Chez nous, on serait même plutôt du genre fauché de père en fils. La faute à un arrière-grand-père, le seizième baron de Lowndon-Bellocq, qui serait parti tout flamber pour une bonne femme, en Inde.

— Et donc, tous ces types qu'on a zigouillés, c'étaient des connaissances à vous ?

— Voilà. Des connaissances…

— Y compris le Dartington ?

— Y compris Dartington. Au fait, tu sais si son corps a été retrouvé quelque part ?

— Dans sa cave. Le gars a eu une fin horrible. Il s'est enfermé dans une espèce de réduit minuscule, dont on n'a pas repéré l'entrée tout de suite tellement la trappe d'ouverture se confondait avec les lames du plancher. Le légiste dit qu'il a étouffé lentement, à mesure qu'il épuisait l'oxygène de l'air autour de lui. Un gars qui s'en voulait drôlement, apparemment… Qu'est-ce qu'elle avait donc fait de si terrible, sa famille ?

— Difficile à dire. Tout ce que je sais, c'est que le père de Dartington a eu un rôle pas clair, juste après la Première Guerre mondiale, quand le prince de Galles de l'époque, le futur Edward VIII, a voulu épouser Lady Rosemary Millicent Leveson-Gower, une jolie fille, de très bonne famille. Lui, il n'était pas vraiment fait pour le job de monarque, on le disait faible, capricieux, très gamin dans sa tête. Dans l'entourage de son père, le roi George V, tout le monde était d'accord pour dire que l'influence de Rosemary allait sûrement lui être extrêmement bénéfique. Tout le monde, sauf Dartington. Pour des raisons fumeuses que personne n'a comprises à ce moment-là, il a tout fait pour ruiner la réputation de la mignonne. Elle avait une mère divorcée, un frangin qui avait la maladie du jeu, mais bon… Du coup, George V a fini par mettre son veto à ce mariage. Je peux te dire que, quand son fiston lui a ramené la Wallis Simpson, quelques années plus tard, il l'a amèrement regretté. Dartington, lui, est mort avant de pouvoir connaître la suite de l'histoire, l'abdication, l'exil, tout ça. Va savoir… Pour les héritiers d'Athelstan, le jeune prince de Galles devait avoir le profil idéal du type fragile et instable qui, une fois coupé de son entourage et poussé dans ses retranchements, aurait pu faire exploser le système et créer des conditions favorables à l'arrivée sur le trône d'un autre prétendant…

— Sincèrement, vous y croyez, vous, patron, à ces conneries ?

— Dur comme fer, Leverson. Vraiment dur comme fer.

L'école de Rébecca de Juillé, l'une des petites-filles d'Alexandre, donnait son traditionnel spectacle de Noël le 19 décembre. Diana – affublée de sa perruque brune et de ses fausses lunettes de vue – attendit que les lumières de la salle de théâtre soient éteintes pour venir s'asseoir à côté de son compagnon. « Tu vas voir…, lui chuchota-t-il, elle joue le rôle d'une petite paysanne dans une espèce de pièce historique : *Edward le Confesseur guérissant les malades…* C'est ce qui est marqué dans le programme. » La princesse grimaça. « Pas très drôle pour des enfants, mais c'est de saison… »

Le rideau se leva sur un décor naïf en bois peint représentant une forêt en hiver. La jeune femme applaudit à tout rompre l'apparition de Rébecca. Vêtue d'une tunique en feutrine rapiécée et appuyée sur une fausse béquille en bois, la fillette vint s'agenouiller aux pieds d'un garçonnet habillé d'une cape et coiffé d'une couronne en carton. Celui-ci prononça quelques paroles inaudibles sur un ton solennel et posa sa main sur sa jambe. « Oh, mon Dieu ! » s'exclama Diana. Sous le regard médusé de son compagnon, elle se leva d'un bond et sortit précipitamment. Dehors, la neige commençait à tomber. La princesse courut jusqu'à sa voiture et s'y enferma. Elle sentait des gouttes de sueur glacée perler sur son front et descendre lentement le long de sa colonne vertébrale. Saisie par un sentiment d'angoisse indescriptible, elle composa fébrilement le numéro de son ex-mari sur son portable.

— C'est moi, Charles, j'ai tout compris ! lui dit-elle à toute allure sans même lui laisser le temps de prononcer un seul mot. J'ai tout compris !...

— Mais enfin, de quoi parles-tu ?

— Athelstan, les objets... C'est chez lui que je les ai vus !

— Ma voiture m'attend, je dois partir, rappelle-moi à un autre moment...

— Noooon, Charles, je t'en supplie, ne raccroche pas. David Duncannon... Je t'ai déjà parlé de David Duncannon, non ?

— Je ne sais pas... peut-être...

— Eh bien, il organise des soirées bizarres chez lui, avec des gens sur lesquels il pose ses mains, comme s'il voulait les soigner ou les délivrer de quelque chose.

— Ne me dis pas que tu recommences à fréquenter tous ces gourous...

— Ça n'a rien à voir, Charles, je t'assure, rien du tout ! Tout m'est revenu d'un coup. Cette exposition Athelstan, là, tu t'en souviens ? Eh bien, les objets, je les avais vus chez lui bien avant... Chez lui, tu m'entends ?

— C'est impossible, voyons...

— Si, c'est possible ! Je sais ce que je dis, je suis sûre de moi. Je suis toute... toute retournée... Je le prenais pour un véritable ami, tu comprends ?

— Attends... Ne t'emballe pas, il y a sûrement une explication.

— Je ne suis plus une petite fille, Charles, ne me parle pas comme ça. Préviens qui tu veux, mais fais quelque chose, il faut absolument...

— OK, OK... Tu es seule ?

— Oui, enfin non... Alexandre va arriver...

— Redonne-moi le nom du type...

— David Duncannon.

— Très bien. À tout à l'heure, je te rappelle.

Une demi-heure plus tard, Robert Shelby, accompagné d'une vingtaine de policiers en uniforme, força la porte du 8, Ennismore Gardens. L'appartement avait été entièrement dépouillé de son mobilier. Sur le plancher du grand salon était peinte une fleur de mandragore, au centre de laquelle avait été dessiné un grand B.

14.

Janvier 2005 - Septembre 2005

— C'est là.

Shelby baissa les yeux vers ses chaussures maculées de boue et secoua le bas de son pantalon d'un air excédé. Depuis vingt bonnes minutes, le détective du MI5 suivait Sir Robin Janvrin, le secrétaire particulier d'Elizabeth II, dans le dédale des souterrains du château de Windsor. Il braqua sa lampe torche sur une quinzaine de cartons empilés de manière désordonnée au fond d'un cul-de-sac.

— Les souris, l'humidité ? s'enquit-il, vaguement inquiet.

— Les souris s'attaqueront peut-être aux emballages, mais c'est tout, répondit son guide avec un sourire pincé. Et je vous rappelle que l'or ne rouille pas.

Robert se baissa et défit la ficelle de corde qui entourait l'une des boîtes.

— En tout cas, on voit que vous ne craignez pas les voleurs.

— Je vous l'ai dit, cher monsieur, personne n'aura l'idée de venir les chercher ici.

L'inspecteur déplia ce qui ressemblait à une grosse boule de papier journal. Lorsqu'il eut terminé, il laissa échapper un petit sifflement admiratif.

— La couronne de la reine mère Elizabeth... Du tout platine... Le diamant que vous voyez ici, au centre de la croix, est le fameux Koh-i-Noor, une pierre de cent cinq carats. La légende dit qu'il porte malheur aux hommes, mais bonheur aux femmes...

— Et donc, là, à nos pieds...

— Se trouvent les joyaux de la Couronne. Dans ce carton, ont été rangés l'orbe, la couronne impériale et celle de saint Edward. Celui du fond – voyez, celui qui est nettement plus long que les autres – renferme le sceptre à la Croix et l'inestimable Cullinan I, un diamant de cinq cent trente carats.

— Pourquoi n'avez-vous pas préféré déposer ces trésors dans une chambre forte ?

— C'est ici qu'ils ont déjà passé toute la Seconde Guerre mondiale. Sa Majesté considère cette cachette comme l'une des plus sûres au monde, et elle a raison. Parvenir jusqu'à cet endroit demande une connaissance parfaite des souterrains du château, un véritable labyrinthe creusé au XIe siècle dont il n'existe pas le moindre plan.

— Comment avez-vous justifié leur... leur disparition ?

— Très simplement. Nous avons expliqué que les bijoux nécessitaient une sorte de... de toilettage à intervalles réguliers. Notre conservateur a donné une conférence de presse au cours de laquelle il a menti de manière éhontée, il a été formidable...

Shelby rangea la couronne dans sa chiffonnade de papier et toussota.

— Je vous propose que nous retournions sur nos pas, Sir Robin. Je suis sujet à des crises de claustrophobie, et...

— Je comprends, cher monsieur. Mais dites-moi… j'ose espérer que vous n'allez pas laisser l'individu responsable de tout ce chambardement nous… nous importuner trop longtemps ?

— Du plus petit au plus grand, du plus jeune au plus vieux, Sir Robin, il n'est plus un seul flic à l'intérieur des frontières de la Grande-Bretagne qui ne soit pas occupé à traquer David Duncannon. De votre côté, quelles dispositions avez-vous prises pour mettre à l'abri les membres de la famille royale ?

— Ça s'est évidemment révélé beaucoup plus compliqué que pour les bijoux, je suppose que je n'ai pas besoin de vous faire de dessin.

— …

— Nous avons pensé, dans un premier temps, qu'il serait plus raisonnable de regrouper tout le monde dans un seul et même endroit. Sa Majesté, le prince Philip et leur fille, la princesse Anne, étaient d'accord pour s'installer quelque temps ici, au château de Windsor. Les princes Andrew et Edward ont refusé de quitter Buckingham, où ils ont leurs habitudes. Le prince Charles, lui, a dit que ce serait Balmoral ou rien. Sur ces… problèmes de logistique sont ensuite venues se greffer un certain nombre… comment dire… d'incompatibilités ? Sa Majesté m'a laissé entendre qu'elle était lasse des disputes entre Charles et son père. La comtesse de Wessex, elle, ne paraissait pas très enthousiaste à l'idée de devoir prendre tous les jours son petit-déjeuner en compagnie de la duchesse de Cornouailles qui, de son côté, n'a pas de passion particulière pour la princesse Anne. Ajoutez à cela…

— C'est bon, j'ai compris, coupa Shelby. Résultat des courses ?

— Eh bien… comme d'habitude : chacun chez soi… et Dieu pour tous.

— Paul, où êtes-vous ?

— À l'office, Ma'am !

Diana trouva son majordome occupé à faire la vaisselle dans la petite cuisine du premier étage.

— Comme d'habitude ? lança-t-elle en empoignant un torchon. Vous lavez, j'essuie…

— Bien, Ma'am…

— Je ne voudrais pas me montrer indiscrète, Paul, mais il me semble que, depuis un moment… vous n'êtes pas tout à fait dans votre assiette. Je me trompe ?

— Ce serait… trop difficile à expliquer, Ma'am. Ne m'en voulez pas, mais…

La princesse attrapa Burrell par le bras.

— Regardez-moi, Paul. Depuis vingt-cinq ans que nous nous connaissons, nous nous sommes toujours tout dit. Vous n'allez pas commencer à faire des cachotteries maintenant ! Des problèmes avec Maria ? Avec les boys, peut-être ?

— Pas du tout, non…

— Alors ? s'impatienta-t-elle.

— J'ai été contacté par un grand groupe américain spécialisé dans la décoration et les arts de la table. Ils voudraient lancer une ligne de vaisselle haut de gamme, argenterie, cristal et tout le bazar, sous une marque créée pour moi… Royal Majordome… Ça sonne bien, non ?…

— Et… ?

— Des éditeurs me proposent des sommes astronomiques pour écrire des manuels de savoir-vivre, j'ai même été approché pour donner des conférences aux États-Unis. Je suis très tenté, très flatté aussi sans doute, mais... j'aurais l'impression de vous abandonner, et ça, je ne pourrais pas me le pardonner.

Diana posa le plat qu'elle tenait entre les mains.

— Il y a encore dix ans, j'aurais sûrement fait quelque chose d'idiot pour essayer de vous retenir. J'aurais tenté de sauter par la fenêtre ou menacé de m'ouvrir les veines, avec cette fourchette, par exemple. Mais j'ai changé, Paul. Et vous avez changé, vous aussi. Vous n'avez aucune envie de passer le restant de vos jours entre les murs de cet appartement, aussi jolis soient-ils. Nous avons peut-être l'air d'un vieux couple, mais nous n'en sommes pas un. Il est normal que vous vouliez vivre autre chose que de longs après-midi à m'attendre un plumeau à la main... Chaque fois que j'ai eu besoin de vous, vous avez été là pour moi. Aujourd'hui, c'est vous qui avez besoin de moi pour vous aider à quitter cette maison, et je vous parlerai donc, non plus comme votre boss, mais comme une amie. Partez, Paul. Partez, sans vous retourner.

— Comment allez-vous faire, ici, toute seule ? C'est impossible, vous le savez bien...

— Je ne serai pas toute seule puisque, avant de partir, j'espère bien que vous m'aurez trouvé quelqu'un pour vous remplacer ! Je sais que vous faites tout ici, mais tout de même... Voyons... Nous sommes au mois de mai... si vous voulez bien attendre jusqu'au mois de septembre...

— Bien sûr, Ma'am.

— Rentrez chez vous, et annoncez la bonne nouvelle à Maria. Rassurez-la, dites-lui que je pourrai me passer d'habilleuse pendant quelque temps. Qu'elle vienne ici prendre ce qu'il lui plaira. Des robes, des chaussures, des sacs, tout ce qu'elle voudra... Elle en aura plus besoin que moi.

— Ma'am, je ne sais vraiment pas quoi...

— Alors taisez-vous, ce sera plus simple. Je vais me coucher. Ah ! vous n'avez pas oublié que je dois assister à ce concert, là, demain soir. Je dînerai donc très tôt, vers six heures.

— Bien, Ma'am...

Burrell regarda la princesse s'éloigner et disparaître dans sa chambre, au bout du couloir. Il termina sa vaisselle et éteignit toutes les lumières de l'étage, à l'exception de la petite lampe qui se trouvait près de sa porte.

— Merci, Paul... Vous n'oublierez pas de dire à celui qui vous succédera que j'ai peur du noir, n'est-ce pas ?

Julian Miller, le nouveau prodige de la scène musicale british, donnait un concert exceptionnel à l'Albert Hall au profit du Princess Diana International Fund. Les billets, tous vendus en l'espace de quelques heures, s'étaient ensuite âprement négociés au marché noir. La princesse, qui regrettait que William et Harry n'aient pu se libérer, avait demandé à son amie Rosa de l'accompagner. « Fais ça pour moi. Je ne suis pas sûre que ce truc-là soit encore vraiment de notre âge, mais bon... Nous allons enfin voir l'idooooole de près... » Les cheveux longs, le visage fiévreux, l'ange de Liverpool, incarnation romantique et caricaturale du cliché sexe, pop et cocaïne, chantait les amours mortes, la folie des hommes et le désespoir. Il interpréta ses plus grands titres devant une salle déchaînée et conclut son spectacle par une reprise underground du *Bal des Laze* de Michel Polnareff, son maître. Sitôt la représentation terminée, l'ex-épouse du prince Charles demanda à lui être présentée.

À son arrivée, près d'une centaine de personnes se bousculaient déjà dans le couloir qui menait à la loge de la star, dont l'accès était gardé par plusieurs policiers en uniforme. Prétextant un violent mal de tête, Rosa encouragea Diana à y entrer seule. Debout au milieu d'une petite pièce enfumée jonchée de sacs plastique et de canettes de bière, Julian prit le temps de la dévisager de la tête aux pieds avant d'avancer une main hésitante en direction de celle qu'elle lui tendait.

— Je suppose que vous attendez une phrase du genre « Je suis très flatté, Votre Altesse », ou « Comme je suis heureux de vous rencontrer, Ma'am »..., lui dit-il en se contentant d'effleurer l'extrémité de ses doigts.

— Pas du tout, non... Je les ai déjà tellement entendues toutes les deux qu'à force les oreilles me font mal. Je tenais simplement à vous remercier d'avoir bien voulu donner ce concert pour ma fondation.

Miller sourit.

— Intéressant... Vous êtes plus jolie encore qu'en photo... Mais j'imagine qu'on a déjà dû vous le dire, ça aussi. Pas facile, avec vous, de trouver un blabla un peu original... Les mecs qui vous draguent doivent sacrément ramer, non ?

— Je...

— Ha ! je vous manque de respect et vous aimez ça... En même temps, les dingues dans mon genre, écorce dure et bois tendre comme disent ces connards de critiques, ça doit pas être vraiment votre truc...

Diana l'entendait sans plus l'écouter. Elle aurait voulu qu'il s'approche d'elle, qu'il touche ses cheveux, son ventre, ses hanches. Sans se départir de son sourire, il lui tourna le dos.

— Vous permettez que je me change ?

— Bien sûr. J'allais partir de toute façon.

— Je suis descendu au Ritz, suite Berkeley. J'y serai dans une demi-heure. Je vous attendrai.

Rouge d'excitation, la princesse sortit de la loge et rejoignit son amie.

— Viens, on s'en va, il faut que j'aille prendre l'air.

— Ça s'est passé comment, tu ne me racontes pas ?

— Si, si... Il est... intéressant.

— Tu as l'air toute bizarre...

— Je crois que je suis un peu fatiguée.

Paul Burrell, qui s'était proposé pour servir de chauffeur à ces dames, les attendait à la sortie de l'Albert Hall. Une fois installées à l'intérieur de la voiture, Diana et Rosa n'échangèrent plus un seul mot. Le majordome déposa cette dernière devant la porte de son domicile, dans Bina Gardens, et prit la direction du palais de Kensington.

— Pas tout de suite, s'il vous plaît, Paul. Je n'ai pas envie de rentrer maintenant.

— Où voulez-vous aller ?

— Nulle part en particulier. Roulez, c'est tout.

L'ivresse qu'elle avait sentie monter en elle lors de sa brève entrevue avec Julian avait maintenant pris possession de tout son être.

— Depuis combien de temps sommes-nous en voiture, Paul ?

— À peu près trois quarts d'heure, Ma'am.

— Arrêtez-moi au Ritz, s'il vous plaît.

— Euh... l'hôtel Ritz, Ma'am ?

— L'hôtel, oui.

Elle dénoua le foulard blanc qu'elle avait autour du cou et en enveloppa ses mèches blondes.

— Je dois avoir une paire de lunettes de soleil dans la boîte à gants. Pourriez-vous me les passer, s'il vous plaît ?

L'Audi s'arrêta devant l'entrée du palace. Le col de sa veste relevé jusqu'aux oreilles et la tête engoncée dans les épaules, Diana se rua hors du véhicule sans même attendre que Paul descende lui ouvrir. Elle traversa le hall en marchant aussi vite que le lui permettaient ses talons aiguilles et s'engouffra dans l'ascenseur. La gorge sèche, le cœur battant, elle stoppa sa course devant la porte de la suite Berkeley. Celle-ci s'ouvrit presque instantanément.

— Je…

— Ne dis rien…

Miller posa sa main sur sa bouche et l'entraîna à l'intérieur de la chambre. Il jeta son sac à main à terre, arracha le foulard qui enserrait ses cheveux et l'allongea doucement sur le lit. Puis il s'étendit à côté d'elle et plongea ses yeux délavés dans les siens.

— Laisse-moi d'abord te regarder.

La princesse sentit la main de Julian se refermer autour de ses chevilles et remonter le long de ses jambes. Il froissa le tissu de sa robe, caressa son ventre, ses seins et son cou.

— Après ça, tes amis vont vouloir me pendre haut et court ?

— C'est un risque, répondit-elle dans un souffle.

— Tant mieux.

Diana ferma les yeux. Elle laissa Miller plaquer ses bras sur le couvre-lit, de chaque côté de son visage, sans lui opposer la moindre résistance. Au contact de son corps, la princesse sentait s'évanouir ses inhibitions. Un sentiment de bien-être infini l'envahit. Elle était maintenant tout à lui.

L'aube les trouva enlacés sur la moquette de la chambre, enroulés dans les draps. Les premières lueurs du jour tirèrent Diana de son sommeil. Elle promena ses doigts dans les boucles de Julian. Vingt-deux ans, vingt-cinq tout au plus... Elle inspira profondément. Elle était en paix, à présent.

— Votre enquête touche donc à sa fin, inspecteur...

— Pas encore, non. Il nous manque l'essentiel, le coupable...

Robert Shelby et Osbert Satcheverell discutaient avec animation autour d'un canard à la cantonaise et de noix de Saint-Jacques grillées aux oignons, dans un restaurant chinois de Lisle Street.

— Malheureusement, je ne vois pas très bien de quelle manière je pourrais encore vous être utile...

— Je tiens à vous remercier pour tout ce que vous avez fait. Sans vos précieuses recherches, nous n'aurions jamais pu prouver l'existence du réseau Athelstan.

— Vous paraissez pourtant... préoccupé.

— Je me pose toujours beaucoup de questions. Pourquoi m'a-t-on laissé en vie, par exemple ? Logiquement, un flic comme moi aurait dû être le premier sur la liste. Dans cette histoire, il y a quelque chose qui ne colle pas.

— Et cet ordre de Chester... pensez-vous qu'il renaîtra un jour ?

— Ça m'étonnerait. D'autant que si nous finissons par mettre la main sur notre homme, sa raison d'être disparaîtra. En même temps... réussira-t-on à l'attraper un jour, ce gars-là ? Il m'arrive d'en douter. Nous avons tout retourné chez Dartington, épluché ses agendas et son carnet d'adresses, passé des dizaines et des dizaines de types sur le gril, rien... Nous avons interrogé la princesse de Galles, mais elle a reconnu elle-même qu'elle ne savait pas grand-chose sur le bonhomme. Idem pour son ancien compagnon, Matthew Coleby. On est allés jusqu'à Yale rechercher les ex-camarades d'université de Duncannon. Le gouvernement fédéral américain nous a donné l'autorisation de mettre tout le monde sur écoute, mais ça non plus ça n'a rien donné. Bendor n'était que locataire de son hôtel particulier à Washington, comme de ses appartements à Londres et à New York. Les loyers étaient payés par virements provenant de comptes de sociétés bidon domiciliées aux îles Caïman. Toutes ses relations d'affaires, toutes ces personnalités avec lesquelles il s'affichait... un écran de fumée, du vent ! Personne n'a jamais partagé son intimité, personne ne le connaissait vraiment. Duncannon et Bendor sont évidemment des noms d'emprunt, nous n'avons pas la moindre idée de sa véritable identité. Nous avons aussi diffusé son signalement à toutes les polices d'Europe, passé au peigne fin les listings des propriétaires de BMW noires achetées en Grande-Bretagne au cours des six dernières années, perquisitionné chez tous les fabricants de boutons de manchette du royaume, et rien... rien de rien... Mais, bizarrement, il y a un truc entre ce type et moi. Il n'est pas loin, je le sens... Il m'arrive même de penser qu'il m'attend.

Pour la première fois depuis 1829, la *Court Circular,* compte rendu quotidien des activités des principaux membres de la famille royale, avait disparu des colonnes du *Times.* Clouée au lit par une mauvaise sciatique – c'est du moins ce que prétendait Buckingham –, la reine Elizabeth avait annulé sine die invitations, rendez-vous et autres déplacements prévus pendant son séjour au château de Balmoral. Charles et Camilla avaient soudainement décidé de prendre quelques vacances « bien méritées » à Birkhall, leur petit manoir écossais – « une semaine ou deux, laissait déjà entendre le service de presse de Clarence House, peut-être trois ». Diana avait rejoint sa sœur Sarah, dans le Lincolnshire. Le prince William, lui, demeurait étrangement invisible depuis plusieurs jours. Seul le prince Harry avait fait une brève apparition chez Boujis, un nightclub à la mode du quartier de South Kensington, escorté d'une bonne dizaine de gardes du corps. « Que nous cache-t-on encore ? » s'indignaient les tabloïds.

La princesse de Galles s'inquiétait pour ses fils. Mis au secret à Balmoral en compagnie de ses grands-parents, son aîné essayait de prendre les événements avec bonne humeur. « Je suis bien ici, maman, surtout ne t'angoisse pas, lui répétait-il au téléphone tous les soirs. Il ne m'arrivera rien. » De son côté, Harry ne supportait pas d'être cantonné à Highgrove sous la surveillance de Scotland Yard. « Y en a marre, mummy… marre, marre, marre…, lui serinait-il plusieurs fois par jour. On m'empêche de voir mes potes. Et, comme on m'interdit de voyager, je ne sais même pas quand je pourrai revoir Chelsy[1]… » Diana avait demandé à Alexandre de quitter la Grande-Bretagne pour quelque temps. « Je me sens forte, je n'ai pas peur, l'avait-elle assuré. Quant à toi, tu seras bien plus tranquille et surtout

1. Chelsy Davy, une jeune étudiante sud-africaine dont le prince Harry est tombé amoureux au printemps 2004.

bien plus en sécurité à Paris ou à Bruxelles qu'ici. » Elle se rendait confusément responsable de la tournure tragique qu'avaient prise les événements. « Je me sens comme l'agneau qui aurait attiré malgré lui le loup dans la bergerie », avait-elle confié à Robert Shelby.

Son entrevue avec le détective du MI5 s'était déroulée au palais de Kensington, juste avant son départ pour le Lincolnshire.

— Parmi les œuvres d'art que vous dites avoir vues chez David Duncannon, y en avait-il une qui aurait pu ressembler à une couronne ? avait demandé le détective.

— Très franchement, non. Vos collègues m'ont déjà posé la question. Nous avons réexaminé très attentivement le catalogue de l'exposition ensemble, et je leur ai montré tous les objets dont je me souvenais.

— Cette scène étrange dont vous avez été témoin, chez lui… pourriez-vous me la décrire à nouveau ?

— David faisait défiler des gens devant lui. Des hommes et des femmes de tous âges… Il posait ses mains sur chacun d'eux. Souvent, il commençait par le sommet du crâne, comme s'il les bénissait, et ensuite il touchait une autre partie de leur corps. Je ne sais pas si vous avez déjà vu faire un guérisseur, mais il procédait exactement de la même manière. Une fois qu'il en avait terminé avec un de ses… patients, il sortait un petit objet de sa poche et le lui donnait. De loin, on aurait dit une grosse pièce de monnaie.

— Le rituel des scrofuleux…

— Je vous demande pardon ?

— Pendant des siècles, une croyance populaire a voulu que les rois de France et d'Angleterre aient le pouvoir de mettre fin aux souffrances des scrofuleux, des personnes atteintes de toutes sortes de maladies de peau, simplement en les touchant. Il était d'usage que le souverain leur fasse ensuite cadeau d'une pièce de monnaie. George Ier a mis fin à cette sorte de… cérémonie au début du XVIIIe siècle. Votre ami… enfin, je veux dire ce Duncannon, se comportait en monarque investi d'un pouvoir divin. Il ne vous a jamais fait l'effet d'un homme un peu… déséquilibré ?

— Jamais, au contraire. C'était l'intelligence et le bon sens personnifiés.

— Une dernière question, Ma'am. Vous a-t-il fait des avances ?

— La première fois que nous nous sommes vus, c'était ici, à Londres. Il nous avait invités à dîner, Matthew et moi, et maintenant que vous m'en parlez, je me souviens qu'il avait eu quelques réflexions bizarres du style « Et qui vous dit que vous n'êtes pas la femme que j'attendais ? ». Sur le moment, j'ai cru que c'était pour faire marcher Matthew, alors je n'y ai pas prêté plus d'attention que ça. Matthew… Le plus dur pour moi dans cette histoire, voyez-vous, c'est que j'en suis arrivée à douter de lui. Ses sentiments pour moi étaient-ils sincères ? Était-il manipulé par David ? Et une question m'obsède depuis plusieurs jours : pourquoi Duncannon m'a-t-il choisie, moi ?

— J'ai pris un coup de vieux, là, non ?

Fergie se pencha vers le miroir du dressing et tira la peau de ses joues en la remontant jusqu'aux oreilles.

— Ah oui, regarde. Cette fois, c'est sûr… Je vais me rencarder pour un lifting.

Diana pouffa de rire.

— Tu n'en as jamais assez, de faire le clown ? Allez, viens dans le salon... Paul doit avoir terminé d'installer l'écran.

— Ça va pas nous faire flipper, tous ces vieux films de famille ?

— Mais non, pourquoi ?

— Je sais pas... J'ai peur qu'ils ne nous rappellent pas que des bons souvenirs... Le premier, c'est quoi ?

— Attends voir... Noël 1989. On est en septembre 2005... Bientôt seize ans, donc.

— J'étais enceinte d'Eugenie jusqu'aux yeux. Énorme, comme d'habitude... Excellent choix, merci...

Les deux amies s'assirent en tailleur sur la moquette.

— Ah, l'ouverture des cadeaux !... Ce n'est pas cette année-là que tu avais offert une batterie de casseroles à Sa Majesté ?

— Si... Elle avait adoré, d'ailleurs... « Ooooh, Sarah ! Exactement ce dont j'ai toujours eu envie ! » Tiens... regarde... Est-ce qu'elle n'a pas l'air absolument ravie ?

— La tête que faisait ce pauvre Charles !

— Il avait eu quoi, lui ?

— Andrew lui avait acheté un abattant de toilettes de voyage, un truc affreux en résine transparente avec des coccinelles à l'intérieur, et Edward avait trouvé le balai qui allait avec.

— Et toi ?

— Une boîte de pinces à linge, un bouquet de fleurs en plastique qui faisait lampe de chevet, répondit la princesse en roulant des yeux d'un air horrifié. Et un exemplaire de ce livre, là... *Le sexe expliqué aux nuls.* C'était toi aussi, ça, non ? D'une finesse, je te jure !

L'arrivée de Burrell interrompit leur conversation.

— On vous demande au téléphone, Ma'am... Un certain mister Shelby.

— J'arrive. Une seconde...

Diana éteignit le projecteur et alla décrocher dans la chambre.

— Mister Shelby ?

— Non, c'est moi, David.

La princesse sentit ses jambes se dérober.

— Ne m'appelle plus, je ne veux plus avoir le moindre contact avec toi, je sais maintenant quelle espèce de... quelle espèce de monstre tu es !

— Nous allons pourtant nous revoir une dernière fois, fit Duncannon d'une voix calme.

— Il n'en est pas question.

— Tu vas faire exactement ce que je te dis. Tu vas prendre ta voiture et te rendre à Bromborough, dans le Cheshire. Il y a une croix dressée au milieu de la grand-rue, tu ne peux pas la rater. Quelqu'un t'y attendra, cette nuit, à deux heures.

— Et pourquoi ferais-je une chose pareille ?

— Parce que l'avenir des gens que tu aimes en dépend. Celui de ton fils aîné, notamment.

— Touche à un seul de ses cheveux, et je...

— William a bien décidé de rentrer à Londres pour la petite fête que tu donneras en l'honneur de l'anniversaire de son frère, demain soir, non ? la coupa David.

— Co... comment l'as-tu appris ? bredouilla Diana d'une voix blanche.

— Aucune importance. Je vais t'expliquer comment les choses vont se passer. Ses gardes du corps ayant refusé de le laisser prendre le train, ton fils quittera le château de Balmoral en voiture tout à l'heure, à vingt heures précises. Nous connaissons tout, l'itinéraire, le dispositif de sécurité, tout.

— Je vais prévenir son père immédiatement. William restera en Écosse et tu ne pourras rien contre lui.

— Si ce n'est pas aujourd'hui, alors ce sera demain, après-demain, peu importe à vrai dire. Sois au rendez-vous que je t'ai fixé, ou ton fils chéri ne connaîtra plus jamais une seule minute de tranquillité. Et, bien sûr, tu tiens trop à lui pour commettre la folie de répéter notre conversation à quiconque... Dépêche-toi, maintenant. Tu as de la route à faire.

David raccrocha. Diana respira profondément pour tenter de dissiper le violent sentiment de panique qui l'envahissait. Elle sursauta en entendant la voix de la duchesse d'York.

— Tu attends quoi, au juste ?

— Il va falloir remettre notre petite séance de cinéma à plus tard. Je... je dois sortir.

— Maintenant ? Mais j'ai demandé aux filles de nous rejoindre ici ! Elles seront là dans moins d'une heure avec les paquets pour Harry.

— Préviens-les, dis-leur que je suis désolée... J'ai une urgence, tu comprends ?

— Un problème avec les garçons ?

— Non, non, rien à voir. Paauuul !

— Oui, Ma'am ?

— Apportez-moi une carte de l'Angleterre, s'il vous plaît. Le plein de l'Audi est fait ?

— Il a été fait hier, Ma'am.

— Je dois partir, et je ne sais pas très bien à quelle heure je rentrerai. Si jamais je ne vous avais toujours pas donné de nouvelles demain à midi, prévenez Mr Shelby au numéro qui est ici, sur le bloc-notes près du téléphone.

— Vous m'inquiétez, Ma'am... Vous ne préféreriez pas que je vienne avec vous ?

— Non, non, ne vous en faites pas... Si vous devez appeler Mr Shelby, dites-lui juste une chose : Bromborough. J'espère qu'il comprendra.

— Mais enfin, comprendre quoi, Duch' ? s'agaça Fergie.

Diana quitta Londres par l'autoroute M1, en direction de l'ouest. Il lui fallut près de cinq heures pour atteindre le village de Bromborough, dont elle dépassa les premiers panneaux indicateurs un peu après minuit. Elle gara sa voiture devant une colonne en pierre moussue surmontée d'une croix et éteignit ses lumières. Nerveuse, elle ouvrit le compartiment de rangement sous l'autoradio et en sortit une barre chocolatée et un paquet de bonbons à la menthe. Les rues environnantes étaient noires et désertes. La princesse frissonna et actionna le verrouillage des portières.

À deux heures moins une minute, elle vit un véhicule s'approcher tous feux éteints. Arrivé à sa hauteur, le chauffeur lui lança un appel de phares. La princesse remit le moteur en marche, alluma ses codes et s'engagea derrière lui. Ils quittèrent le bourg et s'enfoncèrent dans les bois. Tout en conduisant, Diana gardait un œil rivé sur l'horloge du tableau de bord. Après l'avoir guidée un bon quart d'heure sur de petites routes de campagne, la voiture qui la précédait stoppa à l'entrée d'un chemin de terre. Son occupant tendit brièvement le bras dans sa direction. Puis la princesse vit le véhicule disparaître dans la nuit. « Et si c'était un traquenard ? songea-t-elle, la gorge nouée, en essayant de retenir les larmes qui coulaient sur ses joues. Mon Dieu, aidez-moi. Personne ne sait où je suis… »

En suivant le sentier cabossé sur trois ou quatre cents mètres, elle parvint à hauteur d'une baraque délabrée, dont le toit de chaume paraissait percé en plusieurs endroits. De vieux outils de jardin rouillés traînaient le long des murs dévorés par le lierre. Aucune lumière ne brillait à l'intérieur. La princesse se sentit prise d'une incontrôlable angoisse. « C'est du suicide, pensa-t-elle en fouillant dans son sac à la recherche de son portable, un pur suicide… Shelby… Est-ce qu'au moins j'ai pris le numéro de ce Shelby ? » Un choc sourd fit soudainement trembler l'Audi. Diana releva la tête et poussa un cri de terreur. À demi allongé sur le capot, un vieillard aux yeux exorbités tapait violemment de ses deux mains sur le pare-brise. L'ex-épouse du prince Charles ressentit une douleur aiguë dans la poitrine. Elle replia ses bras sur le volant et y enfouit son visage. Respirer. Trouver le téléphone… L'inconnu essaya d'ouvrir la portière. Voyant qu'elle était verrouillée de l'intérieur, il s'empara d'une pioche et fit voler la vitre en éclats. La princesse tenta de lui échapper en montant sur le siège passager pour fuir par l'autre porte. Il l'agrippa par son manteau et la tira brutalement jusqu'à lui. « Où crois-tu pouvoir t'enfuir, hein ? Nous n'en avons pas terminé, toi et moi… »

Elle reconnut la voix de David. Pétrifiée, elle se laissa entraîner à l'intérieur de la maison. Ils pénétrèrent dans une pièce poussiéreuse et sombre, encombrée d'un amoncellement d'objets hétéroclites et de meubles défoncés. Duncannon la poussa sur une chaise et lui entrava les chevilles à l'aide d'une corde. Puis il lui lia les poignets à l'arrière du dossier.

— Laisse-moi te regarder, maintenant... Te voilà enfin tout à moi...

— Pourquoi m'as-tu amenée jusqu'ici ? Laisse-moi partir, je t'en prie... Je ne dirai rien, je te le jure... Tu sais que tu peux me faire confiance, non ?

Duncannon partit d'un rire de dément. Il arracha par poignées les longs cheveux blancs qui lui recouvraient le crâne et décolla de son visage plusieurs pellicules d'une matière ultra-fine et souple.

— Je suis quand même mieux sans mes rides, tu ne trouves pas ?

— Que me veux-tu, David ? Je t'en supplie, dis-le-moi...

— Te contempler... Te dire combien j'ai souffert d'avoir été traité ainsi...

— Je ne comprends pas...

— Tu ne m'as plus jamais donné signe de vie après cette soirée... Tu m'as laissé tomber comme tous ces hommes que tu as pris et jetés tout au long de ta vie sans jamais prendre la peine de leur donner la moindre explication. Mais aucun d'eux ne t'a aimée comme je t'aime, moi ! Aucun, tu m'entends ?... J'ai dû laisser Matthew te toucher, j'ai dû supporter ses confidences, l'écouter me raconter la douceur de ta peau, le bonheur qui illuminait ton visage lorsque vous faisiez l'amour... J'ai cru devenir fou, tu sais. Mais maintenant, c'est terminé. Le destin nous a enfin réunis, et pour toujours.

— Je te le demande encore une fois, David, laisse-moi partir, supplia Diana. Mes enfants ont besoin de moi...

— Mais j'y pense, justement, à tes enfants. Je vais

faire de leur mère une reine… Tu verras, ils seront incroyablement fiers de toi…

David s'agenouilla devant la cheminée. Il enfonça ses mains dans l'amas de cendres et souleva l'abattant d'une petite trappe, dont il extirpa un sac en velours d'une couleur indéfinissable.

— Regarde…

Duncannon sortit délicatement de la pochette un bandeau d'or pur surmonté de quatre fleurs de lys serties de rubis.

— La couronne d'Athelstan… Les rois d'Angleterre la craignent comme un objet de malheur, mais toi, ce n'est pas pareil… Je l'approche de toi… Il ne se passera rien, n'aie pas peur…

Diana recula instinctivement son visage.

— J'ai autre chose à te montrer…

Il retourna à la cheminée et revint avec un deuxième sac.

— Celle-là, je l'ai fait faire spécialement pour toi, dit-il en lui présentant une magnifique couronne en diamants, perles et rubis. J'espère qu'elle te plaît…

— …

— Tu ne me remercies pas ? Tsssss… Je t'explique quand même. Les perles et les diamants que tu vois là, sur le côté, étaient ceux de la Lovers' Knot. Tu te souviens ? Ne me regarde pas comme ça… Bien sûr que l'acheteur mystérieux de ta jolie tiare, c'était moi ! J'ai fait ajouter d'autres diamants, plus beaux encore, ainsi que des rubis… Le symbole de notre amour, ma chérie…

Il essaya de poser le bijou sur ses cheveux. Diana eut un nouveau mouvement de recul.

— Je comprends, c'est encore un peu tôt… Moi, je t'aime depuis toujours, mais toi, tu ne me connais pas encore suffisamment. Ça viendra, ne t'en fais pas.

— Comment peux-tu dire que tu m'aimes depuis toujours ? C'est...

— Tu crois que c'est impossible, parce que tu n'as jamais su, toi, ce qu'aimer veut dire. Pauvre petite princesse... Je suis tombé amoureux fou de toi le jour de ton mariage, lorsque je t'ai vue descendre de ton carrosse au pied des marches de la cathédrale St Paul. Si jeune, si pure, si... Dans ton nuage de tulle et de soie tu m'as fait l'effet d'une... d'une apparition. Oui, c'est exactement ça... une apparition... C'est là que j'ai compris que tu m'étais destinée et, crois-le ou non, depuis, je n'ai plus jamais regardé une autre femme. J'ai quitté les États-Unis pour venir m'installer à Londres. Bien sûr, au début, je me suis demandé comment j'allais faire pour t'arracher aux bras de ton mari... Et je dois bien avouer que, sans le savoir, lui et sa Camilla m'ont beaucoup facilité la tâche...

— Tu n'es qu'un salaud ! hurla Diana. Toi et ton copain Matthew, je vous hais, je vous maudis !

— Tsss tsss tsss... Cet innocent de Coleby n'y est pour rien, je t'assure. Je me suis servi de lui pour me rapprocher de toi, c'est tout... Je l'ai fait inviter à cette soirée de gala à Washington en insistant pour qu'il te soit présenté. Connaissant son appétit pour les jolies femmes et, toi, ton goût pour les gentlemen cultivés et bien mis... Mais ça n'aurait pas marché avec lui, j'aurais essayé avec un autre.

— Pourquoi m'avoir poussée dans ses bras ?

— Avant de devenir ma femme, tu devais d'abord être mon amie. Il me fallait tout apprendre de toi, gagner ta confiance, m'imposer à toi comme une âme sœur, comme le seul homme au monde par qui tu n'aurais jamais été ni trahie ni déçue... Je devais m'immiscer tout doucement dans ton existence, tisser ma toile autour de toi pour qu'à l'instant ultime, celui de mon avènement, tu ne puisses plus m'échapper...

— Tu n'es qu'un fou, un pauvre fou !

— Comment peux-tu me parler ainsi ? J'ai fait beaucoup de choses pour toi, tu sais. C'est moi qui ai tué le type qui avait volé tes lettres chez Hewitt... Wolfegg travaillait pour moi, au début. Et puis, il s'est mis à faire du zèle, il s'est acoquiné avec des gens qui te voulaient du mal. Il a fallu le punir. Et, quand j'ai réalisé que tu étais tombée amoureuse de Matthew, j'ai eu peur que tu souffres... Rester à New York était devenu trop dangereux pour toi. Cette fausse tentative d'enlèvement, c'était moi... Moi, moi, encore moi ! Tu ne le savais pas encore, mais tu m'appartenais déjà...

— Je ne serai jamais ta femme ! Jamais, tu m'entends ?

— Réfléchis... Ce trône que les Windsor t'ont volé, je suis le seul homme au monde à pouvoir te le rendre...

— Tu ne vois donc pas que tout est terminé ? Dans quelques heures, mon majordome signalera ma disparition et donnera à la police le nom de ce village. Ils fouilleront tout, y compris cette maison, tu n'as plus aucune chance de leur échapper !

— Fuir ou mourir... Nos deux destins sont désormais inextricablement liés...

La voix de David était rauque, son visage en sueur en dépit de la fraîcheur nocturne.

— Laisse-moi partir, je t'en supplie...

Duncannon ne répondit pas. D'un geste vif, il sortit un poignard de sa ceinture et pointa la lame sur le cœur de Diana. Ses yeux exorbités trahissaient une excitation qu'il était maintenant incapable de maîtriser. La princesse sentait le contact de l'acier glacé sur sa peau à travers son corsage. Elle pensa à ses fils, étouffa les sanglots qui montaient dans sa gorge. Sauraient-ils jamais à quel point elle les avait aimés ?

— Tu vois, ma belle..., murmura son ravisseur en promenant l'arme sur sa poitrine et ses bras, c'est ici que se joue notre avenir, mais c'est aussi ici que tout a commencé... Athelstan, mon père, a remporté à Bromborough la victoire décisive qui a fait de lui le premier roi de tous les Anglais... Sa lignée s'éteindra ici, ou bien alors elle renaîtra... Grâce à toi, darling, la seule femme digne de porter son héritier...

David appuya le poignard sur le cou de sa prisonnière et commença lentement à dégrafer son chemisier. Diana se mit à crier et tenta de se débattre.

— Tu peux toujours essayer d'appeler à l'aide, personne ne t'entendra, chérie. Personne... Il n'y a que toi et moi, ici, toi et Bendor...

— Ôte tes mains de là, espèce d'enfoiré !

La porte d'entrée céda dans un vacarme assourdissant. Robert Shelby fit irruption dans la pièce et pointa son revolver en direction de Duncannon.

— Inspecteur ! Nous n'attendions plus que vous...

— Lâche-la tout de suite !

— Voyons, voyons, inspecteur... Ne faites pas de bêtise. Avant même que vous ayez appuyé sur la gâchette, j'aurai transpercé son joli cou.

— Qu'avez-vous fait de Satcheverell ?

— Ce cher Osbert gît quelque part dans la Tamise, par plusieurs mètres de fond. Un accident stupide...

— Il m'avait déjà dit tout ce que j'avais besoin de savoir... L'éliminer ne servait à rien...

— J'espère que vous avez apprécié à sa juste valeur mon petit numéro de l'autre jour, au restaurant...

— Je n'ai réalisé qu'une heure ou deux après vous avoir quitté... Satcheverell ignorait l'existence de l'ordre de Chester. Je ne lui en avais jamais parlé.

— Prendre la place d'Osbert était le seul moyen que j'aie trouvé pour entrer en contact avec vous sans éveiller vos soupçons. Je voulais me rendre compte précisément de ce que vous saviez sur moi et ma famille. J'ai compris en parlant avec vous que je n'avais plus grand-chose à vous apprendre.

Robert fit un pas en avant.

— Restez où vous êtes ! Et jetez votre arme... Vous entendez ? Jetez votre arme, ou je l'égorge !

Le détective posa lentement son revolver à terre.

— Gardez les mains en l'air, maintenant. Allez ! Levez-les !... Plus haut que ça !

— Pourquoi ne pas m'avoir tué, comme les autres ?

— Nous y voilà... Voyez-vous, mister Shelby, vous avez le profil du témoin idéal. Vous êtes un flic, un type sérieux, irréprochable, dont personne n'osera jamais remettre la parole en doute. J'avais besoin de quelqu'un comme vous...

— Je ne vois pas en quoi...

— J'ai téléphoné à cette charmante personne en sachant qu'elle devait être sur écoute et que vous ne louperiez pas un mot de notre conversation. Vous aviez un compte personnel à régler avec l'assassin de vos frères de l'ordre de Chester ?... Il y avait donc toutes les chances pour que vous laissiez partir Diana de Kensington en sachant qu'elle allait enfin vous amener jusqu'à moi. Je me trompe ?

— ...

— Je ne vais pas vous tuer, mister Shelby, je vais faire de vous le dernier prisonnier de la légende d'Athelstan. Voyez-vous, l'usurpateur Windsor va pouvoir continuer de régner tranquillement sur l'Angleterre puisque j'ai échoué dans ma mission. La lignée des fils d'Aelfric va s'éteindre cette nuit avec moi et vous serez le seul homme au monde à pouvoir en témoigner. Votre nom sera bientôt dans tous les manuels d'histoire, mister Shelby... Vous allez avoir tant de choses à raconter !

— Je ferai ce que vous voulez, mais laissez-la s'en aller.

— Vous ne m'avez pas bien compris. Puisqu'elle ne portera pas mon enfant, elle partira avec moi.

— Ne faites pas ça...

— Je l'ai attendue pendant près de vingt-cinq ans... Mon amour est le seul qui ait jamais été digne d'elle et...

Trois détonations retentirent dans la pièce. Duncannon blêmit, se raidit brusquement et lâcha son poignard. Un mince filet de sang s'écoula de sa bouche. Il s'effondra sur le sol.

— Bon Dieu, Leverson ! s'énerva Robert. Tu foutais quoi, au juste ?

— Dites donc, patron... vous auriez quand même pu faire gaffe à laisser la porte un poil plus ouverte, non ? Vous croyez que c'est facile de viser un type dans ces conditions ?

— Je ne vous dérange pas, là, au moins ? lança Diana.

— Excusez-nous, Ma'am...

Robert se précipita vers la princesse.

— Vous avez fait preuve de beaucoup de courage, Ma'am..., fit-il en commençant à défaire ses liens. Les Windsor vous doivent une fière chandelle. J'espère qu'ils sauront s'en souvenir.

Épilogue

Althorp, 1er juillet 2041

« J'ai quatre-vingts ans et j'ai choisi le jour de mon anniversaire pour terminer la rédaction de mes Mémoires. Que mon éditeur me pardonne cette coquetterie de vieille dame. Mes souvenirs sont comme les morceaux d'un puzzle qui n'a bien voulu se reconstituer qu'avec l'âge. Quatre-vingts ans !... De l'avis général, j'ai toujours été heureuse, en tout cas pas aussi malheureuse que veulent bien le dire tous ces gens qui écrivent sur moi sans me connaître vraiment. Heureuse, malheureuse... De bien jolies formules pour ceux que rassure le fait de pouvoir résumer une vie entière dans des mots courts et des idées simples. Il paraît que, dans tous les grands journaux du royaume, les nécrologies et autres hommages funèbres à la “Princesse des cœurs” sont prêts. Le bruit court qu'ils seront formidables, grandioses, sans précédent dans l'histoire de la famille royale. Dommage que je ne puisse pas les lire. Je crois que je me serais beaucoup amusée.

Je sais déjà que je m'éteindrai sur les terres de mon cher château d'Althorp, à Garden House, une maison ni trop grande ni trop petite dont ma fidèle May, entrée à mon service il y a trente-cinq ans, juste après le départ de Paul Burrell, s'occupe seule. La semaine dernière, j'en ai fait enlever tous les miroirs. Je ne veux plus voir ces plis d'amertume au coin de mes lèvres, ces cernes comme des violettes fanées. J'ai été une autre femme. Il est temps que son souvenir arrête de me hanter. Lady Di est un mythe, me dit-on. D'autres que moi en retireraient sans doute une sorte de fierté imbécile. Comme Marilyn et James Dean, me voilà rangée dans la catégorie des stars bonnes à clouer sur des posters pour chambres d'adolescents. Je rêvais de changer le monde. Je mourrai de n'avoir jamais vécu que par le regard des autres.

Il paraît que les icônes comme la Monroe ou Jackie Kennedy ont toutes eu, dès l'enfance, l'intuition du caractère exceptionnel que prendrait leur destin. Je ne sais trop quelles conclusions je dois en tirer. Après avoir renoncé à mon titre de princesse de Galles pour que Dorothy, ma belle-fille, puisse le porter à son tour, me voilà en effet condamnée à vieillir lentement et dans une indifférence relative. Les admirateurs de l'ex-épouse du roi d'Angleterre convergent vers Althorp tous les étés pour y voir l'exposition consacrée à ses diadèmes et à sa robe de mariée, mais préfèrent se tenir à distance respectueuse de leur idole abîmée par les années. Je le comprends. De toute façon, je n'en veux plus à personne depuis déjà bien longtemps.

Londres ne m'a pas chassée, non, c'est moi qui l'ai fuie. L'avènement de Charles, il y a dix-huit ans, a fait naître en moi le besoin impérieux, violent, de commencer une nouvelle étape de ma vie en ne sachant que trop que ce serait la dernière. J'ai laissé derrière moi mes collections de porcelaine, tous mes souvenirs de petite fille, de mes animaux en peluche à mes cahiers d'écolière, mes robes du soir et mes regrets. On vient maintenant au palais de Kensington comme on se rend dans un mémorial dédié à quelque grand personnage historique disparu. J'ai pourtant l'impression qu'il me reste encore quelques années de répit avant que la mort ne vienne m'emporter.

Par ma fenêtre ouverte monte le murmure des feuillages agités par le vent du soir. Mes journées se résument à quelques rituels dérisoires : des promenades dans le parc, le thé, les déjeuners du dimanche au château en compagnie de mon frère. Tous les mardis en fin d'après-midi, la grande pianiste Maureen Lee-Vyner vient jouer pour moi pendant une heure. Je l'écoute en imaginant que c'est moi qui suis en train de promener mes doigts sur le clavier. Je me revois, dans le grand salon de Kensington, concentrée sur quelque sonate de Chopin ou de Beethoven. Je sens les touches s'incliner sous mes doigts, la musique pénétrer chaque pore de ma peau. Les touristes qui se pressent aujourd'hui dans les appartements 8 et 9, transformés en musée après que j'ai trouvé refuge dans le Northamptonshire, se disent peut-être que j'y ai connu quelque chose qui ressemblait au bonheur.

Mes seuls compagnons sont à présent mes précieux souvenirs, des images et des sourires d'êtres chers, le visage des hommes que j'ai aimés. Alexandre a été emporté par un cancer il y a dix ans. Remarié à une jeune et jolie actrice d'origine indienne, Matthew a quitté les États-Unis et s'est installé à Antibes, dans le sud de la France. Hasnat, lui, vit au Pakistan. Je n'ai jamais revu Julian, mais il continue de m'écrire toutes les semaines comme pour m'entretenir dans l'illusion que lui et moi aurions pu connaître l'une de ces folles idylles dont le seul fantasme suffit à rendre l'existence plus douce. Ses courriers sont comme des bouteilles jetées à la mer. Celui qui les envoie n'est pas forcément celui qui appelle le plus au secours.

Il semble qu'autour de moi, les gens aient tous été gagnés par la nostalgie de leurs jeunes années. Fergie et Andrew se sont discrètement remariés en 2026, quarante ans jour pour jour après leurs épousailles en l'abbaye de Westminster, en présence de leurs deux filles et de leurs cinq petits-enfants. À cinquante-sept ans, Harry vient de retomber amoureux de Chelsy Davy, avec laquelle il avait failli se fiancer à son retour de la guerre en Irak, en 2008. Moi qui le croyais trop pris par sa carrière militaire et ses orphelinats en Afrique pour réaliser qu'il lui restait encore le vrai bonheur à trouver…

Mon front n'a jamais ceint la couronne d'Angleterre mais celle-ci aura pesé au-delà du raisonnable sur le cours de ma destinée. On m'a rendu mon titre d'altesse royale en 2005, à l'issue de l'affaire Athelstan, comme on accroche une médaille au revers d'un veston. La reconnaissance de la maison Windsor s'est arrêtée là. Charles m'a appelée la veille de son couronnement pour me demander quelle place je comptais désormais occuper dans la vie officielle du royaume. J'ai eu alors l'impression d'être l'une de ces poupées de collection qui prennent de la valeur avec le temps. Les enfants m'assurent qu'il a conservé l'alliance que j'avais passée à son doigt le jour de notre mariage. Ils auraient aussi aperçu dans l'un des tiroirs de son bureau une photographie de moi prise à Clarence House, peu avant mon départ pour la cathédrale St Paul, ce beau jour de juillet 1981. Je ne leur ai jamais dit que le seul bijou que j'avais emporté avec moi en partant de Kensington était le petit bracelet que leur père m'avait offert après l'annonce de nos fiançailles. Tous les ans, le jour de mon anniversaire, Charles y ajoutait une petite breloque en or symbolisant quelque moment heureux de notre vie de couple : l'initiale du prénom des enfants, une reproduction miniature du yacht *Britannia* sur lequel nous avons passé notre voyage de noces, un petit wombat... Il m'est si précieux que je n'avais jamais osé le porter. Je l'ai passé à mon poignet pour la première fois ce matin. La prochaine fois qu'il téléphone, je le lui dirai.

Charles est devenu roi sur le tard, mais, soucieux de l'exemple que lui a donné la reine Elizabeth, il n'abdiquera pas en faveur de William. C'est mieux ainsi. Heureux au côté de Dorothy et aujourd'hui père de trois enfants, notre fils mène sur ses terres de Harewood Park une existence tranquille et cossue. Elizabeth Rose, sa fille aînée, lui succédera un jour. Lorsque je la regarde, il me semble voir dans cette jeune femme passionnée, douée pour la peinture et déjà si sûre de ses convictions, comme une autre projection de moi-même. "Je serai reine un jour, et alors ? me confiait-elle encore récemment. N'ai-je pas pour autant le droit de vivre en accord avec mes valeurs et pas seulement celles que grand-père essaie de m'inculquer ? Pourquoi ne devrais-je respecter que les idées des autres ? Les miennes comptent donc si peu que ça ? Tu te rends compte, granny, que je suis censée attendre bien gentiment la disparition de papa avant d'avoir un job ? Est-ce que ça n'est pas tout simplement révoltant ? Mais je veux que papa vive jusqu'à cent ans, moi ! Et puis, je suis jeune, je veux travailler, gagner ma place dans cette société par mon seul mérite, côtoyer des gens qui ne pensent qu'à la vie, au présent!..." J'admire son intelligence, sa clairvoyance et son courage. Cette enfant va trouver sa route seule, sans avoir besoin de personne pour la guider. Elle incarne les aspirations d'une nouvelle génération forte des leçons apprises à l'aune du malheur de leurs parents, une génération qui a choisi d'être libre et de s'affranchir des convenances dans lesquelles nos vies à nous n'ont jamais cessé d'étouffer.

Je me demande souvent ce que serait mon existence aujourd'hui, si je m'étais remariée. Je serais sans doute installée dans un joli cottage un peu ancien couvert de glycine et de rosiers grimpants, à une ou deux heures de route de la capitale. Les soirs d'hiver, mon époux et moi-même nous retrouverions côte à côte auprès du feu, échangeant nos souvenirs ou parlant peu, au gré de nos humeurs ou de notre inspiration. Devenue Mrs Smith ou Mrs Brown, Diana, ancienne gloire du *royal show*, viendrait encore de temps en temps parader à la cour dans les réunions de famille. Elle échangerait quelques propos convenus avec la reine Camilla et poserait pour les photos officielles avec un sourire las sur le visage et ses petits-enfants sur les genoux. La presse en profiterait chaque fois pour rappeler à ceux qui l'auraient oublié quelle mère exemplaire mais aussi quelle princesse triste elle a été.

A été... Il me semble pourtant que la passion est restée vivace en moi. Le temps a fait naître à l'intérieur de mon corps des douleurs nouvelles, celles de l'âge, dit mon médecin, mais il a eu le bon goût d'effacer toutes les autres. Comme il a été doux de souffrir pour Charles ou pour Hasnat, comme il a été merveilleux d'être aimée d'eux et de les aimer en retour! Que n'aurais-je sacrifié pour eux... Et pourtant, lorsque je l'ai compris, il était déjà trop tard. Aurais-je épousé Charles à trente ans et non à vingt, j'aurais eu l'intelligence et le courage de tout abandonner pour lui, celui de le suivre sur le chemin qu'il aurait tracé pour moi sans exiger autre chose de la vie. Ai-je aimé mon mari ? Oui, mille fois oui. Il m'arrive encore de prier pour lui. Je demande à Dieu de le soutenir dans sa tâche et de le garder en bonne santé. Je ne veux pas savoir s'il lira ou non ces quelques lignes. Qu'il sache seulement que je regrette de n'avoir été qu'une enfant lorsqu'il a posé les yeux sur moi pour la première fois. Et que, pour lui, j'aurais pu tout accepter.

Quand j'y pense, je suis heureuse, vraiment heureuse, de ce que Dieu me donne aujourd'hui. Elizabeth Rose aimerait que je la conseille, que je la prenne sous mon aile. Je n'en ferai rien. Mon existence valait la peine d'être vécue, mais je souhaite qu'aucun des membres de ma famille ne cherche à prendre exemple sur elle. Trop d'honneurs et de gloire, trop d'espoirs déçus et de rêves brisés… Je n'ai pas peur de la mort. Je pense à elle comme à l'une de ces amies de longue date sur laquelle on retombe un jour par hasard et qui vous emmène on ne sait où en vous prenant gentiment par la main. Je ne veux pas que mes fils souffrent, c'est tout. J'ai vu la reine Elizabeth pour la dernière fois au château de Balmoral, deux jours avant sa disparition. Malade, elle gardait la chambre depuis déjà plusieurs semaines. Je me suis assise près d'elle, sur le lit. Elle m'a pris la main sans mot dire. Nous sommes restées ainsi l'après-midi entier sans même ressentir le besoin de nous parler. Notre passé à toutes deux était là, dans la pièce, bien vivant. Il n'y avait rien à dire, juste une émotion et une tendresse immenses à partager.

Avant de la quitter, j'ai pris sa main et l'ai posée bien à plat sur ma joue. Sa peau était aussi fraîche que les eaux de la rivière Dee qui coule sur ses chères terres écossaises. En regardant son visage, j'ai compris que la vieillesse n'était pas une épreuve, mais ce moment béni où l'âme peut enfin se libérer des fardeaux que sont le pouvoir, les autres, les chagrins du quotidien, les décisions à prendre, l'angoisse du lendemain, la peur de décevoir ou de mal faire. Il me revint alors en mémoire ces quelques lignes de Vita Sackville-West sur Lady Slane : "Le temps était venu de se laisser aller totalement. Après tout, elle n'avait rien d'autre à faire. Adossée à la mort, elle pouvait enfin contempler sa vie. Et pendant ce temps l'air vibrait du bruissement des abeilles[1]…" »

---

1. Citation extraite de *Toute passion abolie,* de Vita Sackville-West, Éditions Autrement.

Remerciements

Écrire ce livre aurait sans doute été très difficile si Paul Burrell n´avait pas raconté de manière très vivante et très détaillée sa vie au côté de la princesse de Galles dans ses deux ouvrages, *Confidences royales* (2003) et *Nos plus belles années* (2006), publiés chez Michel Lafon. Qu'il en soit ici remercié.

Diana, de Sarah Bradford (Viking, 2006) et *Diana : Her Last Love,* de Kate Snell (André Deutsch Ltd., 2000) se sont également révélés de précieuses sources d'informations. Tout comme *Grace and Favour,* les Mémoires de Lœlia, duchesse de Westminster, publiés chez Weidenfeld and Nicolson en 1961, et *Coronation : A History of Kingship and the British Monarchy,* de Roy Strong (HarperCollins Publishers, 2005).

Cet ouvrage a été imprimé par

FIRMIN DIDOT

GROUPE CPI

Mesnil-sur-l'Estrée

pour le compte des Éditions Robert Laffont
24, avenue Marceau, 75008 Paris
en mai 2007

Composition Interligne

N° d'édition : 47925/01 – N° d'impression : 85180
Dépôt légal : mai 2007
Imprimé en France